KB041445

들뢰즈의 『차이와 반복』 입문

들뢰즈의 『차이와 반복』 입문

조 휴즈 지음 | 황혜령 옮김

서광사

이 책은 Joe Hughes의 *Deleuze's 'Difference and Repetition'* (Bloomsbury Publishing Plc., 2009)을 완역한 것이다.

들뢰즈의 『차이와 반복』 입문

조 휴즈 지음
황혜령 옮김

펴낸이 | 이숙
펴낸곳 | 도서출판 서광사
출판등록일 | 1977. 6. 30.
출판등록번호 | 제 406-2006-000010호

(10881) 경기도 파주시 회동길 77-12 (문발동)
Tel: (031) 955-4331 | Fax: (031) 955-4336
E-mail: phil6161@chol.com
http://www.seokwangsa.co.kr | http://www.seokwangsa.kr

제1판 제1쇄 펴낸날 · 2014년 5월 10일
제1판 제4쇄 펴낸날 · 2022년 1월 30일

ISBN 978-89-306-2274-5 93160

옮긴이의 말

『들뢰즈의『차이와 반복』입문』은 다년간의 들뢰즈 연구의 결과물인 조 휴즈(Joe Hughes)의 저서 *Deleuze's Difference and Repetition: A Reader's Guide*(Continuum, 2009)를 우리말로 옮긴 것이다. 들뢰즈의『차이와 반복』이 출간된지 십수 년이 지나 한국에서 들뢰즈 연구가 활발하게 이루어지고 있음에도 들뢰즈의 가장 중요한 저서 중 하나라 할 수 있는『차이와 반복』을 간결하고도 핵심적으로 설명해 내는 입문서들의 존재는 미미했던 것이 사실이다. 이 책의 저자가 말하는 바와 같이, 그러한 이유 중 하나는『차이와 반복』이 그 자체로 아리스토텔레스, 플라톤, 스피노자, 라이프니츠, 칸트, 헤겔, 니체, 하이데거, 메를로-퐁티 등 방대한 철학자들에 대한 이해 없이는 쉽게 접근하기 어려운 책이기 때문일 것이다. 조 휴즈의『들뢰즈의『차이와 반복』입문』은 들뢰즈와 처음으로 조우하는 입문자들이『차이와 반복』을 보다 쉽고 정확하게 이해할 수 있게 하고자 이러한 방대한 철학 역사에 대한 상세하고도 독창적인 설명을 제공한다. 또한 이 책은 그간 다소 포괄적이고 애매하게 사용되어 온 들뢰즈의 철학 개념들을 강도, 종합, 잠재성, 재현이라는 핵심 개념을 중심으로 재정의하고, 이들 개념 간의 관계를 살피기 위해 노력한다. 조 휴즈는 '재현에 대한 비판'이라는 표제를 달고 있는『차이와 반복』의 결론을 출발점으로 삼아『차이와 반복』이 재현에 대한 비판이자 재현의 발생에 대한 설명이라고 주장한다. 저자는

'재현'과 '비판'이라는 용어를 보다 정확하게 개념화하는 것에서부터 시작하여 궁극적으로 들뢰즈의 철학을 특징짓는 '발생적 현상학'과 '초월론적 경험론'이라는 두 용어를 들뢰즈가 물려받은 철학적 유산과의 관련하에 보다 엄밀히 이해할 수 있도록 돕는다. 그간 『차이와 반복』의 난해함 때문에 독서를 미뤄 뒀던 독자들에게 『들뢰즈의 『차이와 반복』 입문』은 만족스러운 입문서가 될 것이라고 확신한다. 이 책과 더불어 본격적으로 『차이와 반복』을 읽어 내는 것이 부담스럽다면 『들뢰즈의 『차이와 반복』 입문』에서 가장 명료하고도 집약적으로 쓰인 1장, "칸트, 후설을 만나다"를 먼저 읽어 볼 것을 권한다. 독자들을 『차이와 반복』의 세계로 인도하는 1장을 읽는 순간, 『차이와 반복』 독해에 대한 부담이 상당 부분 해소될 것이 분명하기 때문이다.

들뢰즈 연구서를 번역하는 것은 역자로서 꽤나 불편한 일이었다. 한국에서의 들뢰즈 인기와 들뢰즈 연구의 엄밀함을 고려할 때 이 책을 그어떤 경우보다 정확하게 번역해 내야 한다는 부담이 그 첫 번째 이유이고, 두 번째는 『들뢰즈의 『차이와 반복』 입문』이 참조하고 있는 수많은 철학자들을 제대로 이해하고 설명해 낼 수 있을지에 대한 고민 때문이다. 그러한 고민에 처할 때마다 역자로서의 가능성을 믿어 주고 힘을 실어 준 조 휴즈 선생님의 격려와 무한한 신뢰가 없었다면 이 책은 결코 역서로 출간되지 못했을 것이다. 바쁜 일정 중에도 역자가 원하는 순간마다 주요 개념들의 불어, 영어, 독어 번역을 비교해 주시고 개념의 정확한 이해를 돕기 위해 한 시간이고 두 시간이고 역자와 대화하는 것을 마다하지 않으신 조 휴즈 선생님께 무한한 감사의 말씀을 전한다. 또한 번역의 고단함으로 힘들어할 때마다 긍정적인 힘과 기운을 북돋아 준 미네소타 대학교 영문학과의 동료들 및 Theory Reading Group 의 멤버들에게도 감사를 전한다. 특히 칸트와 하이데거의 용어들을 정의하고 개념화하는 데 큰 도움을 준 스티븐 맥컬로우(Stephen McCull-och)와 마이클 라우(Michael Rowe), 들뢰즈의 문학론에 대한 심도 있는 비평을 제공해 준 앤드류 마조니(Andrew Marzoni)에게 감사를 표하고 싶다. 철학 전공자로서 철학 역사 전반에 걸쳐 전문성 있는 견해를 펼쳐 준 미네소타 대학교 철학과 박사 신현주, 유학 생활의 정서적 고단함을 위로해 주고 번역 작업에 매진할 수 있는 심리적 환경을 제공해 준 이지연, 나윤하, 김나래, 윤보미에게도 감사의 뜻을 전하고 싶다. 들뢰즈와의 조우가 역자에게 그 어떤 철학자보다도 의미 있는 만남이었다면, 이는 그러한 만남의 시초 및 지속 자체가 특별하게 이루어졌기 때문이기도 하다. 들뢰즈와의 이러한 특별한 관계를 가능하게 해 주신 부산대학교 영문학과의 김용규 교수님과 윤화영 교수님, 그리고 박지숙 선생님께 깊은 감사와 뜻깊은 애정을 표하는 바이다. 마지막으로, 영원한 학문적 동지이자 삶의 동반자로서 아낌없는 조언과 무한한 이해를 베풀어 준 차동호에게 감사를 전하고 싶다. 이 책의 번역에 흔쾌히 동의해 준 서광사 측에도 감사드린다. 무수히 많은 분들께 빚지고 있는 만큼 이 책의 품질 또한 담보되어야 하지만 부족한 면이 많은 번역이라 생각된다. 독자들의 아낌없는 질타와 조언을 바라는 바이다.

2014년 3월
황혜령

어머니, 아버지, 그리고 사라에게 바칩니다.

시간성, 유한성 — 이것이 내가 말하는 전부이다.

『두려움과 떨림』(*Fear and Trembling*), p. 49.

차례

옮긴이의 말   5

감사의 말   12

한국 독자들을 위한 서문   13

인용에 대하여   18

약어   19

제1장 칸트, 후설을 만나다.   21

제2장 주제들의 개관   37

제3장 본문 읽기   57

　　1절. 서론: 반복과 차이   58

　　2절. 차이 그 자체   80

　　3절. 사유의 비판적 이미지와 독단적 이미지   122

　　4절. 세 가지 수동적 종합   155

　　5절. 차이의 이념적 종합   217

　　6절. 비대칭적 종합   251

　　7절. 재현과 반복   291

제4장 수용과 영향   297

더 읽어야 할 책들   307

찾아보기   319

감사의 말

본 저서는 다년간에 걸친 들뢰즈 연구의 결과물로서 너무나 많은 부분을 무수히 많은 이들에게 빚지고 있기에 그들의 이름을 여기서 모두 언급하기란 불가능하다. 특히, 이안 부캐넌(Ian Buchanan)과 클레어 콜브룩(Claire Colebrook)의 도움이 없었다면 본 저서는 결코 현재와 같은 형태를 띠지 못했을 것이다. 또한 필자는 필자의 가족, 누구보다도 사라 투쿠아(Sarah Tukua)에게 감사를 표하는 바이다.

한국 독자들을 위한 서문

『들뢰즈의 『차이와 반복』 입문』은 단언컨대 『차이와 반복』을 배반하는 작업과도 같다. 모든 책이 그러한 배반을 감내할 수 있는 것은 아니나, 『차이와 반복』만큼은 이 배반을 감내할 수 있는 기본적 구조를 지니고 있다. 『차이와 반복』은 사유의 전통적인 독단적 이미지에 반대하여 사유의 새로운 비평적 이미지를 전개하는데 충실하면서도 그러한 이미지를 사유의 재현을 통해 전개하는 것을 거부하는 대신 (이를 테면 칸트 혹은 헤겔과 같은) 다른 철학적 양식이 단순히 재현하기에 그칠 사유 행위를 실질적으로 수행해 낸다. 『차이와 반복』이 그토록 읽기가 어려운 것은 바로 이러한 이유 때문이며, 또한 철학 텍스트에 대한 우리의 일반적 기대와 관련하여 특히 이 책이 일종의 입문서를 필요로 하는 것처럼 보이는 것도 이러한 이유 때문이라 할 수 있다.

사실상 여기서 내가 덧붙이고자 하는 것은 두 가지인데, 바라건대 이 두 가지가 독자들이 『차이와 반복』을 보다 엄밀하게 읽어 내는 데 도움이 되었으면 한다. 가장 진부하다고 할 수 있는 첫 번째 사실은, 들뢰즈가 『차이와 반복』 전체에 걸쳐 방대한 양의 철학의 역사에 기대고 있다는 점이다. 아리스토텔레스, 플라톤, 둔스 스코투스, 데카르트, 스피노자, 라이프니츠, 칸트, 헤겔, 니체, 후설, 하이데거, 베르그송, 블랑쇼, 아르토, 사르트르, 시몽동, 클로소프스키, 모노드, 이뽈리뜨, 발, 메를로-퐁티 등 소수의 이름만 거론해도 이 정도에 달한다. 또한 이러한 철학자들은 단순히 지나가는 말로 거론되거나 암시적으로 등장하는 것이 아니다. 미셸 투르니에가 한때 언급했듯이, 오히려 이러한 철학자들은 일종의 포탄과 같이 『차이와 반복』에 존재한다. 들뢰즈는 엄밀하고 독창적이며 종합적인 독서를 하는 철학자였으며, 『차이와 반복』이 주는 가장 큰 어려움 가운데 하나는 독자들에게 저자와 마찬가지로 광대한 철학의 역사를 가로질러 엄밀하고 정확하며 독창적인 독해를 하도록 요구한다는 사실에 있다. 필자는 가능한 들뢰즈와 이러한 철학자들과의 조우의 본질을 명백히 밝히기 위해 노력했다. 하지만 이는 모든 독자가 자기 나름의 방식대로 수행해야 할, 영구히 열려 있는 과정이기도 하다.

『들뢰즈의 『차이와 반복』 입문』의 가장 핵심적인 목표는 이러한 조우를 명료하게 드러내는 것이다. 이는 들뢰즈 연구에 여전히 심각하게 결여되어 있는 부분이다. 출간된 지 50년 이상이 지난 후에도 『차이와 반복』은 여전히 잠재적인 것과 현실적인 것 사이의 단순 이항대립을 설정하는 것 이상의 텍스트로 여겨지지 않고 있다. 잠재적인 것은 흐름이고 생성이자 불안정성이며 들뢰즈의 독단적 이미지 안에서 '좋은' 것으로 기입된 모든 것을 의미한다는 식으로 말이다. 아마도 이를 보여주는 가장 명백한 증거는 '잠재적 강도'(virtual intensity)라는 용어가 이차 문헌들에서 거의 일상적인 용어로 자리매김했다는 사실에 있을 것이다. 들뢰즈의 텍스트에는 사실 그러한 개념이 존재하지 않는다. 강도와 잠재성은 급진적으로 다른 두 가지의 생성 유형, 즉 물질적인 것과 비물질적인 유형에 속한다. 이러한 두 가지 유형의 생성에 대한 설명 누락은 잠재적/현실적이라는 단순 이항대립을 가능하게 만든 여러 생략적 설명들의 일부일 뿐이다. 『들뢰즈의 『차이와 반복』 입문』은 들뢰즈에 대한 이러한 지나치게 단순한 해석을 끝내고자 하는 일련의 시도로서, 『차이와 반복』이 하나의 전체로 이해되어야 하며, 또한 각각의 부분이 그러한 전체성과 관련하여 어떻게 기능하는지 분명히 설명되어야 할 필요가 있다고 주장한다.

필자는 (1) 강도 (2) 종합 (3) 잠재성 (4) 재현이라는 『차이와 반복』의 가장 주요한 개념적 지형들 간의 관계를 살펴봄으로써 이 과제를 수행한다. 들뢰즈는 이러한 각각의 용어들을 어떻게 개념화하고 있으며, 또 이들은 어떻게 서로서로 관련되는가? 필자는 이 개념들이 일종의 유적인 선을 따라서 서로 관계 맺는다고 주장한다. 이 유적인 선은 1956년의 강의 『정초란 무엇인가?』(*What is Grounding?*)에서부터 『니체와 철학』(*Nietzsche and Philosophy*), 「칸트 미학에서의 발생의 문제」"Problem of Genesis in Kant's Aesthetics", 『칸트의 비판 철학』(*Kant's Critical Philosophy*)에 이르기까지 들뢰즈의 초기 저작들에서 들뢰즈가 계속해서 언급하는 '유적인 칸트주의'를 이루어 낸다. 이를 짧게 요약하자면, (1) 강도에 대한 들뢰즈의 설명은 초월론적 감성에 대한 상세한 설명이며, (2) 세 가지 수동적 종합은 감성을 가로질러 분배되는 강도들을 한 데 끌어모은다. 칸트가 종합의 성공을 보장하는 방식은 종합을 위한 규칙들로 기능하는 미리-주어진 범주들의 집합에 종합을 관련시키는 것이었다. 하지만 유적인 관점은 이를 거부한다. 들뢰즈가 『니체와 철학』에서 말하는 바와 같이, "우리는 이성 그 자체의 발생, 그리고 오성과 오성의 범주들의 발생을 필요로 한다." 어떠한 인도도 받지 못한 채, 세 번째 수동적 종합은 실패하게 되어 있다. 하지만 사유의 끝을 재현하는 것과는 거리가 먼 이 실패는 사유를 새로운 힘으로 부상시켜 준다. (3) 즉 사유는 이념적인 혹은 잠재적인 종합들을 수행하는 능력이 된다. 잠재적인 사유는 강도의 물질적인 장에서 급진적으로 분리된 비물질적인 생성에 참여하지만 그것의 이념이 물질성의 장으로 되돌아가 수동적인 종합을 이끄는 것을 막지는 못한다. 들뢰즈가 명백히 칸트의 도식론과 결부시키는 이러한 극화의 과정을 통해 수동적 종합은 능동적 종합이 된다. (4) 수동적 종합은 이념의 인도에 따라 작동하며, 강도의 장 속에서 이념을 현실화하는 한편 그러한 가운데 재현을 발생시킨다.

『의미의 논리』(*The Logic of Sense*)에서 들뢰즈는 재현의 올바른 사용과 올바르지 않은 사용에 대한 중요한 구분을 행한다. 죽은 재현이란 재현의 생산 조건에서 잘려 나온, 따라서 더 이상 그들이 발생하게 된 잠재적인 삶에 참여하지 못하는 재현을 의미한다. 이러한 재현은 변화하는 능력을 잃어버린 클리셰(cliché)가 된다. 한편, 살아 있는 재현은 『차이와 반복』에서 들뢰즈가 '타자-구조'(Other-structure)라고 부르는 것을 통해 자신의 발생의 조건들과 결부되어 있다. 이러한 살아 있는 재현은 그들의 존재 조건인 생기적 생성과 더불어 끊임없이 변화한다. 『들뢰즈의 『차이와 반복』 입문』이 잠재적으로 들뢰즈의 텍스트에 대한 배반이라면, 그 이유는 『차이와 반복』에 대한 이러한 총체성의 시각으로 인해 이 책이 스스로를 죽은 재현으로 변형시킬 위험을 떠안기 때문이다. 즉, 『들뢰즈의 『차이와 반복』 입문』은 독자들이 들뢰즈의 텍스트와 상호 작용하고, 또한 그 텍스트가 생산하는 이념을 사유할 수 있는 생산의 과정을 무효화한다. 하지만 만약 이러한 시각이 독자들로 하여금 『차이와 반복』으로 돌아가 이 텍스트가 수행하는 바를 보다 정확하고 창조적인 방식으로 목도할 수 있게 한다면, 『들뢰즈의 『차이와 반복』 입문』은 아마도 배반이 아니라 텍스트의 필수적인 순간, 즉 텍스트 그 자체가 생산해 내는 이념 — 텍스트 그 자체의 물질적인 강도들로 영원히 회귀해야 하는 이념 — 에 대한 일종의 순간적인 해석이 될 수 있을 것이다.

  이 책이 한국 독자들과 만날 수 있게 된 것은 너무나 기쁜 일이다. 번역은 그 노고에 대해 쉬이 감사받지 못하는 작업이지만, 이번 번역 작업에 대해서만은 큰 감사가 전해질 필요가 있다. 이 책을 새로운 독자들에게 소개하기 위한 황혜령의 노고와 헌신은 필자에게 큰 영광이었다. 이 책의 번역을 위해 그녀는 누구보다도 엄밀한 독서를 했고, 기술적인 용어들이 영어, 불어, 독어 및 한국어를 가로질러 제대로 통용될 수 있게 하기 위해 끊임없이 들뢰즈, 하이데거, 칸트의 한국어 번역본들을 대조했다. 텍스트의 세세한 면들에까지 주의를 기울여 정확한 번역을 하려는 그녀의 존경스러운 노력은 가히 고무적이고 때로는 영웅적이기까지 했다. 기꺼이 이 책을 번역해 주고 엄밀하게 번역 작업을 진행해 준 황혜령에 대해서는 아무리 감사를 표해도 부족할 것임을 안다. 또한 이 책의 출판을 도맡아 헌신해 준 서광사에도 큰 감사를 전하는 바이다. 마지막으로 필자는 내재성의 기본적이고 필연적인 귀결들 중 하나를 재확신시켜 준 헨리(Henry)에게도 고마움을 표해야 할 필요를 느낀다. 즉 현실과 완벽은 동일하다는 사실 말이다.

2014년 3월

조 휴즈(Joe Hughes)

인용에 대하여

필자는 본 저서에서 『차이와 반복』의 세 가지 판본 (1994년도의 콜롬비아 대학교 출판사 판본, PUF의 2003년도 프랑스어 판본, 2004년도의 컨티뉴엄 판본) 모두를 인용하고 있는데, 이 판본들의 페이지 번호는 각각 상이하다. 본문 속의 이러한 텍스트들의 인용은 다음의 순서를 따르고 있다.

(Columbia/PUF/Continuum)

필자는 종종 다른 텍스트들의 프랑스어 판본들 또한 참조하고 있는데, 이런 경우 처음에 등장하는 페이지 번호는 영문 번역본, 두 번째 페이지 번호는 프랑스어 판본임을 일러둔다(영어/프랑스어).

약어

들뢰즈의 저서들

AO   『앙티-오이디푸스』(*Anti-Oedipus*)

BG   『베르그송주의』(*Bergsonism*)

C1   『시네마 1』(*Cinema 1*)

C2   『시네마 2』(*Cinema 2*)

DI   『무인도』(*Desert Islands*)

EC   『비평과 진단』(*Essays Critical and Clinical*)

EP   『철학의 표현주의』(*Expressionism in Philosophy*)

ES   『경험주의와 주체성』(*Empiricism & Subjectivity*)

KP   『칸트의 비판 철학』(*Kant's Critical Philosophy*)

LS   『의미의 논리』(*The Logic of Sense*)

NP   『니체와 철학』(*Nietzsche and Philosophy*)

PI   『순수 내재성』(*Pure Immanence*)

PS   『프루스트와 기호들』(*Proust and Signs*)

TF   『주름』(*The Fold*)

다른 저자들의 저서들

APS   『수동적 종합과 능동적 종합』(후설)(*Passive and Active Synthesis*)

CPR   『순수이성비판』(칸트)(*Critique of Pure Reason*)

CTM 『데카르트적 성찰』(후설)(*Cartesian Meditations*)

E&J   『경험과 판단』(후설)(*Experience and Judgment*)

KPM 『칸트와 형이상학의 문제』(하이데거)(*Kant and the Problem of Metaphysics*)

LE   『논리와 실존』(이뽈리뜨)(*Logic and Existence*)

MM   『물질과 기억』(베르그송)(*Matter and Memory*)

PP   『지각의 현상학』(메를로-퐁티)(*Phenomenology of Perception*)

칸트, 후설을 만나다

재현: 질과 연장

『차이와 반복』(*Difference and Repetition*)의 결론 첫 장은 '재현에 대한 비판'이라는 표제를 달고 있다. 이 짧은 표제가 책 전체의 내용을 담지하고 있다는 점에서 이러한 시작은 훌륭해 보인다. 만약『차이와 반복』을 처음 읽은 후, 이 책이 '재현에 대한 비판'이라는 점을 끌어낼 수 있다면 우리는 이미 이 책의 모든 것을 간파한 셈이나 다름없다. 단, 두 가지 사실을 이해했다는 가정하에서 말이다. 첫째, '재현'이라는 말이 의미하는 바가 무엇인가, 둘째, '비판'이라는 말이 의미하는 바는 무엇인가. 이것이 이 책의 어려운 부분이다. 개념의 사용에 있어 들뢰즈는 항상 그 의미를 변형하고 재창조하는 철학자이기 때문이다.

『차이와 반복』에서 '재현'이라는 말은 수많은 의미를 지니고 있다. 때때로 재현은 '동일성의 형식'과 등치되고, 때로는 '개념'의 형식과 동일시되며, 가끔은 '사중의 뿌리'로 나누어지기도 한다. 들뢰즈는 재현을 '지식,' '명제,' 문제에 대한 해결, 의식, 의견, 그리고 판단과 등치시키기도 한다. 이러한 목록의 예는 꽤 길어질 수 있지만 이 모든 예들이 결국 '대상'을 지시한다는 점은 동일하다.

그렇다면 이 '대상'이라는 말로 들뢰즈가 뜻하는 바는 무엇인가? 이 문제가 바로『차이와 반복』의 마지막 두 장의 내용과도 상당 부분을 공유하고 있는 1968년 들뢰즈의 강연, '극화의 방식'의 핵심이라 할 수

있다. 여기서 들뢰즈는 우선 '사물이란 무엇인가?' 라는 질문으로 강연
을 시작한다.

> 먼저 저는 다음과 같이 묻고 싶군요. 일반적인 사물의 특징이라 할 수 있
> 는 것, 즉 사물의 변별적인 자질이란 무엇입니까? 이는 대개 사물이 소유
> 하는 질과 양, 그리고 그것이 차지하는 연장이라는 이중의 자질로 요약될
> 수 있습니다. (⋯) 다시 말해, 각각의 사물은 질화(qualification) 혹은 종
> 별화(specification)의 종합, 그리고 부분화, 구성, 혹은 조직화의 종합이라
> 는 이중의 종합 교차점에 존재합니다.[1]

대상은 두 가지 차원을 지니고 있다. 즉, 대상은 질을 소유하며, 공간적
연장을 차지한다. 또한 들뢰즈는 강연을 통해 '일반적인 사물' 이라는
말이 다름 아닌 재현된 사물을 뜻한다는 점을 명백히 하고 있다.[2] 들뢰
즈가 지속적으로 전통을 재창조하는 철학자라는 점은 분명하지만 여기
서는 놀랍게도 불편하리만큼 전통적이다. 대상이 지니고 있는 이러한
두 가지 차원은 적어도 아리스토텔레스 이후로 계속해서 지속되어 온
설명이기 때문이다. 모든 대상은 제 1성질(공간적 형식)로 구성되어 있
고, 보다 순간적인, 색깔과 같은 제 2성질 또한 소유하고 있다.

들뢰즈는 『차이와 반복』에서 이러한 대상의 정의를 고수한다. 여기
서 그는 '펼쳐진 질과 연장들' 로 구성된 '지각의 세계' 에 대해 논하고
(281/360/351), '재현의 요소들' 이 '질과 연장' 에 다름 아니라고 주장
한다(235/303/295). 일반적인 대상은 질과 연장이 교차하는 지점에서

---

1   DI 96. 폴 패튼(Paul Patton)은 '질화' 와 '종별화' 를 각각 '질의 규정' 과 '종의 규
    정' 으로 일관되게 번역하고 있다.
2   DI 98, 99, p. 102 참조.

의 재현이며, 반대로 '재현'은 질과 연장이라는 두 가지 '요소들'로 구성된다. 이러한 재현의 두 가지 요소는 들뢰즈가 『차이와 반복』에서 사용하는 재현 개념의 모든 다른 형태들의 근간이 되는 바, 이들이 바로 '동일성'의 토대를 이룬다고 할 수 있다. 대상은 이후 '개념'으로 포괄되는데, 이것이 바로 의식의 '앎'의 대상이며, 판단의 대상이다.

　'비판'이라는 말은 어떠한가? 『차이와 반복』을 재현에 대한 비판으로 특징짓는 것은 결코 이 책이 '생성'이나 '차이'와 같은 보다 더 '리좀적인' 것에 모호하게 가치를 부여함으로써 일반적으로 재현에 대한 애매한 부인으로 이해될 수 있는 난해한 문장들을 집적해 놓은 것이라고 말하는 것과는 거리가 멀다. 오히려 들뢰즈는 비판이라는 용어에 대한 매우 명료한 이해를 지니고 있다. 이러한 비판 개념에 대한 이해는 일찍이 그의 1962년 저작 『니체와 철학』에서부터 개진되어 왔다. 들뢰즈는 비판이란 반드시 '총체적'이며 '긍정적'이어야 한다고 말한다. 즉 비판은 '어떤 것도 그것을 빠져나갈 수 없다'는 의미에서 총체적이어야 한다. 또한 비판은 하나를 제한하거나 약화시킴과 동시에 다른 하나를 드러내고 개방한다는 점에서 긍정적이다.[3] 재현에 대한 비판으로서 『차이와 반복』은 이 두 가지를 모두 수행한다. 재현은 비판에 처하며, 이 비판은 동시에 또 다른 비재현적(*non-representational*)인 사유의 차원(차이를 반복하는 '잠복해 있는 주체')을 드러낸다. 하지만 아직 이것이 비판 개념에 대한 들뢰즈의 완전한 이해는 아니다.

　비판 개념을 완성하기 위해서는, 혹은 비판 그 자체가 '급진적 비판'이 되기 위해서는 니체가 『도덕의 계보학』(*Genealogy of Morals*)에서 행한 것과 같이 (혹은 심지어 헤겔이 『정신현상학』(*Phenomenology of*

3　NP 89. '어떤 것도 그것을 빠져나갈 수 없다'는 불길한 문구는 칸트의 것이다. CPR Axx 참조.

Spirit)에서 보여 준 것과 같이) 비판 대상의 발생 또한 설명되어야 한다.[4] 들뢰즈가 끊임없이 강조하는 것이 바로 이 점이다. 진정으로 급진적인 비판은 비판 대상의 잔해를 과거 속에 내버려 두는 비판이 아니다. 급진적인 비판은 그것이 비판하는 대상의 발생을 논증한다. 그것은 대상이 어떻게 그만큼의 확실성을 얻어 비판이 밝혀낸 새로운 요소를 대체하게 되는지를 보여 준다. 비판은 '[비판이 드러내는 차원의] 발생, 그리고 동시에 [비판에 의해 약화된 차원의] 발생을 설명하는 한에서만 급진적이고 논증적이다' (206/266/257, 들뢰즈의 강조). 그렇다면 재현에 대한 비판으로서 『차이와 반복』이 행하는 바는 다음의 세 가지로 요약될 수 있을 것이다. 첫째, 『차이와 반복』은 재현을 넘어서고자 하며, 둘째, 새로운 긍정적인 요소를 발견(차이를 반복하는 '잠복해 있는 주체')하고, 셋째, 차이와 반복 모두가 생산되는 과정을 보여 주고자 한다. 『차이와 반복』은 재현의 소멸에 대한 찬양이며 동시에 재현의 발생에 대한 상세한 해설이다.

칸트의 두 비판서

비판이라는 테마는 『차이와 반복』의 가장 중요한 철학적 맥락 중의 하나인 칸트의 비판철학을 환기한다. 『니체와 철학』에서 들뢰즈는 『도덕의 계보학』의 형식적 구조가 『순수이성비판』(*Critique of Pure Reason*)을 다시 쓰고 싶어 하는 니체의 바람을 보여 준다는 다소 악명 높은 결론을 내놓은 바 있다.[5] 『도덕의 계보학』에 한해서는 이러한 들뢰즈의 주장이 약간의 확대 해석으로 여겨질 수 있으나, 『차이와 반복』에 관한 이는 분명한 사실이다. 즉, 『차이와 반복』의 모든 형식적 구조는 『순

---

4 NP 86-94 참조.
5 NP 88.

수이성비판』에 근거하고 있다. 다만, 『판단력 비판』(*Critique of Judgment*)의 관점을 통해서 말이다.

들뢰즈가 특히 칸트에 매료된 한 가지 이유는 칸트가 서구철학의 역사상 가장 영향력 있고 중요한 철학자라는 명성을 이미 얻게 해 준 두 비판서를 저술한 후에도 60대 중반의 나이에 모든 것을 다시 사유했다는 사실 때문이다. 들뢰즈에 따르면 칸트가 자신의 체계를 재사유한 것은 '발생의 관점' 때문이었다. 처음의 두 비판서는 '이미 주어진' 인식능력들을 토대로 하고 있다. 여기서 칸트는 경험으로부터 주어진 사실을 취하여 그 사실의 조건들이 무엇인지 묻는다. 그는 이러한 조건들을 인식능력들 속에서 발견하는데, 이러한 능력들의 존재는 당연한 것으로 간주된다.[6] 하지만 세 번째 비판서에서 모든 것은 달라진다.

처음의 두 비판서는 실로 사실을 가지고 이 사실의 조건을 찾고, 이 조건을 이미 주어진 인식능력 속에서 발견한다. 그렇다면 처음의 두 비판서는 이들 자체로는 확보할 수 없는 발생을 암시하고 있다는 말이 된다. 하지만 미학적인 『판단력 비판』에서 칸트는 본래적인 자유로운 관계 속에서 이 능력의 발생에 대한 문제를 제기한다. 그는 여기서 다른 두 비판서에서는 여전히 결여되어 있는 궁극적 토대를 밝혀내고 있다. 즉 칸트의 비판은 단순한 **조건 짓기**를 넘어 초월론적 교육, 초월론적 문화, 초월론적 발생으로 바뀐다.[7]

『판단력 비판』은 초월론적 발생 속에서 다른 두 비판서의 토대를 확보함으로써 이들의 근간을 이루고 있다. 이제 인식능력은 더 이상 사실로

6   DI 61.
7   DI 61.

부터의 퇴행을 통해 파생되지도, 이미 주어진 것으로 여겨지지도 않으며, 발생의 과정 속에서 생산되는 것으로 파악된다.

　칸트에 대한 들뢰즈의 마지막 강의는 이러한 두 비판서 사이의 관계에 대한 독해를 통한 개념적 실험을 중심으로 하고 있다. 이 강의에서 들뢰즈가 질문하는 것은 '만약 우리가 첫 번째 비판을 세 번째 비판의 관점에서 재사유한다면 어떻게 될까?' 하는 점이다. 『순수이성비판』이 발생의 관점에 놓인다면 이 비판의 개념적 구조에 어떤 일이 발생하게 될까?

　　만약 우리가 『순수이성비판』에 머무르지 않고 칸트의 더욱 심도 있는 성찰을 보여 주는 그의 마지막 저작들 중 하나로 눈을 돌려 본다면, 즉, 만약 우리가 궁극의 저서인 『판단력 비판』을 가져와 그것이 『순수이성비판』에 끼치는 영향을 살펴본다면, 우리는 칸트가 『판단력 비판』에서 드러내는 놀라운 이중의 모험을 깨닫게 될 것이다.[8]

『판단력 비판』은 '놀라운 이중의 모험'에 관한 이야기이다. 『판단력 비판』에서 이러한 이중의 모험은 종합과 도식론이라는 두 개의 운동과 관련된다. 종합은 정신이 감성에서 오성으로 나아가는 과정을 뜻하며, '오성의 도식론'은 그와 반대되는 움직임, 즉 오성에서 다시 감성으로 되돌아가는 과정을 의미한다. 들뢰즈가 칸트의 두 저서를 대면시킬 때, 이 두 움직임은 두 개의 서로 밀접히 관련된 수정을 겪게 된다. 첫 번째 모험에서 종합과 도식론은 숭고와 맞닿게 된다. 즉 그들은 한계에 직면하지만, 그들의 기원과도 마주치게 된다. 두 번째 모험에서, 종합과 도

8　칸트 세미나(1978년 4월 4일).

식론은 이미 주어진 두 개의 정적인 능력들, 즉 감성과 오성 사이를 더 이상 오가지 않는다. 이제 이들은 발생적 선으로 배열되는데, 이러한 선을 따라 각각의 종합은 한계에 직면한다. 이 한계는 인식능력을 일깨우고, 그 능력이 차례로 폭력을 전달하여 다음 능력 또한 일깨우게 한다. 따라서 처음부터 감성도, 오성도 존재하지 않는다. '부서진' 인식능력의 선을 따라 여행하며 각각의 능력을 창조하는 초월론적 발생만이 존재할 뿐이다.

마지막 강연에서 이러한 이중의 모험을 설명하는 데 그친 들뢰즈는 『차이와 반복』에서 이 주체를 책의 구조적 모델로 받아들여 발생의 관점에서 『순수이성비판』을 다시 쓰고자 한다. 본 저서는 아래의 순서대로 이러한 점들을 명료화 해 보고자 하는데,[9] 이러한 시도가 의미하는 바 중 하나는 칸트에 대한 이해, 특히 칸트에 대한 들뢰즈의 해석에 관한 기본적인 이해 없이는 『차이와 반복』을 이해하는 것이 불가능하다는 사실이다. 칸트에 대한 들뢰즈의 강연들을 온라인상에서 볼 수 있고, 그 강연들이 매우 이해하기 쉬우면서도 그 자체로 『차이와 반복』의 가장 훌륭한 전반적 서문이 된다는 점은 고마운 일이다.

발 생 적 현 상 학

『차이와 반복』의 구조는 『순수이성비판』의 일반적 틀에 의거하고 있지만, 그렇다고 들뢰즈가 18세기 초반의 맥락에서 글을 쓴 것은 아니다. 『차이와 반복』은 들뢰즈의 여러 초기 저작들을 모으고 체계화한 것이기에 이 책은 주로 20세기 초반에서 중반까지의 프랑스의 지적인 분위기 속에서 탄생한 것이라 볼 수 있다. 철저히 대립적이라고 여겨지는

---

9 들뢰즈의 칸트에 대한 이해는 본 저서의 3장 4절에 정리되어 있다.

담론들이 아직 무형적이고 가변적인 교환의 장 속에 소개되는 등 이 시기의 프랑스적 사유는 극도로 복잡했다. 철학의 역사에 관한 심오한 지식은 정신분석과 혼합되고, (종종 베르그송의 관점에서) 후설과 하이데거의 만남이 이루어졌으며, 모든 것이 헤겔의 그늘하에서, 주로 마르크스에 대한 재해석에 고무된 열혈 정치학과 관련하여 발생했다.

　이러한 주제들 대부분이 『차이와 반복』의 여러 지점들에서 지배적인 역할을 하고 있다. 『차이와 반복』이 특히나 흥미로운 이유는 들뢰즈 자신이 이 책을 후설의 후기 저작과 동일시하고 있을 정도로 후설이 『차이와 반복』에 심대한 영향을 끼치고 있기 때문이기도 하다. 『차이와 반복』의 핵심적인 '발생'이라는 주제는 결코 후설에게만 특별한 것은 아니다. 들뢰즈 자신이 종종 지적하듯 이는 포스트 칸트주의자들, 특히 마이몬(Salomon Maimon)과 피히테(J. G. Fichte)의 사유에 지배적인 것이기도 했다(종종 들뢰즈의 저작에서도 그러하듯 그 배경에는 늘 헤겔이 부유하고 있었다). 생산되는 것이 절대지 혹은 자기인식이 아니라 대상이라는 점에서 『차이와 반복』은 이러한 포스트 칸트주의자들의 기획과는 그 맥을 달리한다. 이는 후기 후설의 주된 관심사이기도 했다.

　결코 모든 것을 재사유하기를 그치지 않는다는 점에서 후설은 칸트와 유사하다. 그 어떤 후설의 저작들에서도 그가 궁극적으로 논리의 토대에 관심을 가지지 않은 경우는 없지만, 생애의 후반으로 가면 갈수록 그는 더욱더 끊임없이 이러한 토대를 세계 속으로 가져오고자 했다. 『경험과 판단』(*Experience and Judgment*)은 이러한 시도의 가장 명확한 예시라 할 수 있다. '논리의 계보학'이 자신의 주제라고 밝히면서 이 책을 시작하는 후설은 논리의 토대들로 거슬러 올라가 논리가 그것의 토대들로부터 발생하는 과정을 추적하고자 한다. 판단 행위에 관한 짤막한 분석을 제공한 후, 그는 이러한 판단 행위의 선전제가 무엇인지를 묻는다. 판단은 항상 무언가에 관한 판단이다. 그렇다면 이러한 '판단의 전제가 되는 무언가,' 혹은 '기체'(substrate)는 무엇인가? 궁극적으로, 판단은 다시금 대상을 환기한다. **"본래적인 기체들은 (…) 개체들, 개체적 대상들**이며, 모든 판단은 궁극적으로 개체적 대상들을 환기한다."[10] 그러나 후설은 여기서 그치지 않고 계속해서 자신의 계보학을 펼쳐 나간다. 대상은 '선술어적인 경험'에서 주어진 것이지만 그렇다고 우리가 단순히 대상을 주어진 것으로 가정할 수는 없다. 그렇다면 이러한 개체적 대상은 어디에서 유래하는가? 후설은 대상의 기원을 추적하여 일련의 운동 감각적, 수동적, 시간적 종합들로 거슬러 올라간다. 이러한 종합들은 감각의 자료를 조직하고 판단에 내맡겨지는 대상을 실제로 생산해 낸다. 논리의 계보학 기획은 궁극적으로 대상의 발생에 대한 설명으로 끝을 맺는다. 신체적, 시간적 종합들에 내맡겨진 감각의 자료들 속에서 대상이 본래적으로 형성되는 과정에 초점을 맞추었기에, 후설의 후기 사유는 종종 '초월론적 미학'이라고 일컬어진다.

이러한 기획은 후설의 사유에 있어서도 결정적인 전환을 이루는 것이었다. 후설 자신은 그의 새로운 현상학을 '발생적' 현상학이라 칭했으며 그의 초기의 사유, 즉 보다 '기호논리학적인 현상학'[11]을 '정적인' 것으로 묘사했다. 그러나 후설의 프랑스 독자들은 대상을 향한 그의 이러한 전환을 새로운 형이상학적 입장으로의 전환으로 여기는 경향이 컸다. 그것은 후설의 초기 이상주의에 대한 거부이자 경험주의와 프랑스 실존주의로의 방향 전환이었다. 폴 리쾨르(Paul Ricoeur)는 1957년

10 E&J 26. 후설의 강조.
11 이는 던 웰턴(Donn Welton)의 특징적 기술에 의거한 것이다. 웰턴은 『의미의 기원』(*The Origin of Meaning*)의 5장에서 정적인 현상학에서 발생적 현상학으로의 이러한 전환에 대한 명쾌한 설명을 제공한다.

도의 에세이 「실존적 현상학」에서 특히 이 점을 강조하고 있다.[12]

> 그러나 보다 더 실존적인 것으로 변해가는 과정 속에서 후기 후설의 현상
> 학은 더욱더 경험적인 것이 되고 있다. 따라서 술어적 판단, 긍정과 부정,
> 종합과 연속의 활동 등 모든 오성의 질서가 지각의 단계에서 개시되는 '수
> 동적 종합'으로부터 출발하게 된다. 이후 보다 더 본원적인 것을 향한 진
> 행이 우리가 세계를 의식 '안에서' 구성한다는 모든 주장, 혹은 세계가 의
> 식 '에서 시작된다'는 모든 주장을 해친다는 것은 자명한 일이다. 그리하여
> 초월론적 현상학의 이상적 경향은 우리가 본원적인 것을 구성하는 것이 아
> 니라 그것으로부터 파생된 것일 뿐이라는 점진적 발견으로 보충된다.[13]

(아마 후설은 결코 이에 동의하지 않을 테지만) 리쾨르에게 있어 발생
적 현상학에서 서술된 의식은 어떠한 외부를 향해 접근하고 있다. 대상
에서 기원으로 향하는 퇴행적 과정 속에서 의식은 결국 의식이 아닌 어
떤 것에 도달하게 되고, 이는 의식이 세계 창조의 유일한 근원으로 자
처하는 것을 막는다. 리쾨르가 설명하듯이, 이러한 관점에서 의식은 그
것이 세계로부터 파생되는 방식에 의해 정의된다. 발생적 현상학은 경
험주의로의 전환이자 후설의 이상주의에 대한 거부이다. 초기의 한 에
세이에서 리쾨르는 이를 발생적 현상학의 결정적 행위라고 묘사한 바
있다. 이러한 '결정적 행위'는 '새로운 분석들과 관계 맺음으로써 『데
카르트적 성찰』(*Cartesian Meditations*)에서 드러나는 이상주의를 혁신

---

12 장 발(Jean Wahl)과 루드비히 란트그레베(Ludwig Landgrebe)의 지적 교류 또한
이런 관점에서 매우 흥미롭다고 할 수 있다. 이는 『선험과 세계』(*Apriori and World*)
에 번역되어 실려 있다.
13 Ricoeur, *An Analysis*, p. 205.

적으로 포기하는 것'[14]에 다름 아니라 할 수 있다.

초월론적 경험론

대상, 그리고 대상의 본래적 구성을 향한 이러한 전환은 이상주의에 대한 두 번째 유형의 거부 또한 함축하고 있다. 후설의 정적 현상학에서 자연적 지각에 대한 그 어떤 편견도 없이 우리의 시각을 내부로 향하게 하는 그 유명한 '현상학적' 혹은 '초월론적' 환원은 이후 곧바로 '형상적'(eidetic) 지각을 동반한다. 정적 현상학의 정점이자 발생적 현상학으로의 전환의 시작을 알리는 『이념들』(*Ideas* I)에서 후설은 이러한 두 가지 환원의 윤곽을 그리고 있다. 초월론적 환원은 자연적 태도를 괄호 치고 현상학자의 응시를 의식의 내용들로 향하게 한다. 세계 속에 존재하는 '초월론적' 사물들로서가 아니라 의식의 내용들로서 말이다. 이 과정에 의해 드러나는 의식이 세계의 기원이자 원천인 한에서 '초월론적'이라고 불릴 수 있다는 간단한 이유로 이 환원은 '초월론적 환원'이라 명명된다. 따라서 우리 또한 여타의 사람들과 마찬가지로 현상학이 초월론적인 것의 경험과 더불어 시작된다고 말할 수 있을 것이다. 즉 현상학은 '초월론적 경험론'이다. 그러나 후설은 자신의 응시를 내부로 향하게 하는 것만으로는 충분치 않다고 생각했다. 그는 그러한 경험들의 '법칙적인 규칙성'을 발견하기를 원했다. 따라서 두 번째 환원, 즉 각각의 재현 이면의 **'형상'**(eidos)을 발견하는 형상적 환원이 즉각 설정되었다. 이러한 두 가지 환원이 작동하는 방식, 특히 초월론적 환원이 형상적 환원으로 매끄럽게 연결되는 방식에 주목하여 다음의 인용문을 살펴보자.

---

14 같은 책, p. 12.

나는 붉음에 대한 하나의 **특수한** 직관, 혹은 여러 직관들을 지니고 있다.
나는 순수 내재성을 엄격히 고수한다. 나는 신중하게 현상학적 환원을 수
행한다. 나는 붉음이 지니는 그 어떤 의미도 배제한 채 그것이 초월론적인
무언가로 보일 수 있는 방식을 추구한다. […] 그리고 나는 순수한 '보기'
를 통해 **일반적인** 붉음 개념의 의미를 포착한다. […] 더 이상 그것은 그
자체로 어떠한 지시의 대상이 되는 특수한 것 혹은 이런저런 붉은 것이 아
닌, 일반적인 붉음이다 […](『현상학의 이념』(*Idea of Phenomenology*)
44-5, 필자의 강조).

후설은 먼저 초월론적 혹은 현상학적 환원을 수행하는데, 이에 따라 그
의 응시는 '순수 내재성' 혹은 초월론적 의식의 우연적 특수자들로 제
한된다. 하지만 그는 계속해서 이러한 특수한 붉은 것의 다양한 측면들
을 잘라 내며, 불시에 사실에서 개념으로, 특수한 붉은 것에서 일반적
인 붉음이라는 개념으로 이동하는 형상적 환원에 이르게 된다.

　후설이 그의 초기 저작에서 형상적 환원을 주장한 것은 현상학이 엄
밀한 과학이 되기를 원했던 그의 바람 때문이었다. 현상학적 환원은 우
발적인 조우와 우연성들이 운집한 순수 내재성을 개방해 줄 뿐, 법칙적
규칙성의 가능성을 제공하거나 감각을 설명해 주지는 못했다. 이는 헤
겔이 지적하듯이, 감각-확실성의 찰나적 특이성들은 무의미한 게 아니
라면 기껏해야 고립된 개념을 대변하는 것에 불과하기 때문이다.

　폴 리쾨르는 자신이 1950년에 번역한 『이념들 I』에 장문의 서문과
해설을 게재했는데,[15] 그는 후설이 형상적 환원의 필요성을 주장한 직
후 다음과 같은 짤막한 기록을 남긴 바 있다. '현상학적 환원의 가능성,

15　이 해설은 번역되어 후설의 텍스트와는 별개로 『에드문트 후설의 현상학의 이념
들 I』(*A Key to Edmund Husserl's Ideas I*)이라는 책으로 출간되었다.

즉 **초월론적이고 경험적인 현상학**의 가능성은 형상적 환원 없이는 불가
능하다'(『에드문트 후설의 현상학의 이념들 I』(*A Key to Edmund Hus-
serl's Ideas I*) 116, 필자의 강조). 형상적 환원은 현상학이 초월론적 경
험론이 되는 것을 막는다. 그러나 발생적 현상학의 도래, 그리고 대상
의 본래적 구성의 순간까지 대상의 계보학을 추적하려는 시도와 더불
어 형상적 환원은 이내 불필요하게 되고, 현상학은 이제 초월론적 경험
론을 구성할 수 있게 된다. 리쾨르는 후설의 『데카르트적 성찰』에 대한
1954년도의 에세이에서 이러한 가능성을 보다 분명하게 표현한다.

> 나는 후설의 사유가 지니는 가장 주된 어려움이 이 상황에서 포착될 수 있
> 다고 생각한다. 세계와 독립적으로 자체적으로 믿음을 중지하는 초월론적
> 환원을, 사실에서 본질로 이동하는 형상적 환원과의 관계하에 둔다는 것
> 은 어려운 일이다. 초월론적 환원은 형상적 환원을 수반한다. 의식이 보기
> 및 (의식 그 자체의) 직관된 경험을 위한 장으로 다루어지는 순간에서부
> 터 말이다. **만약 이러한 [형상적 환원의] 수반이 뒤따르지 않는다면, 현상학
> 은 사실상 초월론적 경험론이 되고 만다**(『후설 현상학의 분석』(*Husserl: An
> Analysis of His Phenomenology*) 91, 필자의 강조).

리쾨르가 여기서 초월론적 경험론을 문제적인 것으로 제시하고 있다면
이는 후설이 『데카르트적 성찰』에 이르러서까지도 여전히 현상학이 초
월론적 이상주의라고 주장하기 때문일 것이다. 이 책의 초반 몇 장들이
후설의 경험주의로의 새로운 전환을 무심코 드러내 보이고 있기는 하
지만 말이다. 후설은 이상주의를 추구하는 것일까 아니면 외부로 내닫
고자 하는 것일까? 사실 바로 이 애매성이 프랑스에서의 후설 수용의
상당 부분, 특히 정신분석학을 현상학의 궁극적 종착지로 여기는 경향

의 특색을 이루고 있다.[16] 현상학은 이상론인가 경험론인가? 산재하는 모든 감각들로 역행하는 발생적 현상학의 관점에서 볼 때 이는 의문의 여지가 없어 보인다. 현상학은 초월론적 경험론이다.

현상학은 두 가지 관점에서 초월론적 경험론이라 할 수 있다. 첫째, 그것이 초월론적, 혹은 구성적인 의식의 경험과 더불어 시작된다는 점에서, 둘째, 이러한 경험이 의식의 더욱 깊숙한 단계를 통과함에 따라 결국은 의식의 외부, 즉 베르그송이 '비개인적 지각'이라 명명한 것, 혹은 사르트르가 '비개인적인 초월론적 장'이라고 칭한 것을 드러낸다는 점에서 그러하다.[17] 『차이와 반복』에서 들뢰즈가 반복적으로 자신의 철학을 '초월론적 경험론'으로 일컬을 때, 그는 스스로의 사유를 명백

---

16 일례로, 바타이유(Bataille)의 책 pp. 15–16과 p. 113을 참조할 것. 다시 한 번, 이 점을 가장 분명하게 밝히고 있는 이는 리쾨르라 할 수 있다. 『프로이트와 철학』(*Freud and Philosophy*)에서 리쾨르는 정신분석학이 의식 그 자체를 괄호침으로써 『이념들 I』의 후설을 넘어선다고 주장했다. '우리가 직면하고 있는 것은 의식으로의 환원이 아니라 의식의 환원이다'(Ricoeur, *Freud*, p. 424, 리쾨르의 강조). 프로이트는 그의 메타심리학에서 후설을 넘어섰으며 대상의 발생을 신체와 신체의 욕동 속에 정초할 수가 있었다. '따라서 본능의 변화'라는 개념은 낡은 의식심리학의 재현의 법칙들을 대신한다. 이러한 본능의 경제의 맥락에서 우리는 리비도의 경제적인 분배들에 합치하는 대상 개념의 진정한 발생을 파악해 볼 수 있다'(Ricoeur, *Freud*, p. 425). 하지만 리쾨르는 이를 흥미롭게 비틀어 후설이 사실은 프로이트 만큼 멀리 나아갔으며, 제대로만 발전된다면 수동적 발생의 기획 또한 정신분석학적 충동 이론에 상응하는 현상학적인 이론을 마련할 수 있는 가능성을 지니고 있다고 주장한다.

17 Bergson, *Matter and Memory*, p. 34. 지각은 '비개인적'인데 그 이유는 지각은 자-의식적인 주체에 속하지 않기 때문이다. 여기서 주체는 **그것이 대상 그 자체가 되는 정도로까지** 완전히, 그리고 철저히 그것의 대상에 흡수되어 있다. 베르그송이 지적하듯이, 주체는 '지각된 대상과 일치하는데, 이 지각된 대상은 사실상 외재성 그 자체이다'(MM 66). 사르트르의 『자아의 초월』(*Transcendence of the Ego*) 및 메를로-퐁티의 『지각의 현상학』(*The Phenomenology of Perception* pp. 69–71) 참조. 사르트르와 메를로-퐁티를 따라 들뢰즈 또한 『의미의 논리』(*The Logic of Sense*)에서 잠재적인 것을 비개인적인 초월론적 장이라고 기술하지만, 앞으로 우리가 보게 될 바와 같이 그의 개념은 감각과는 관련이 없다. 오히려 그것은 사유의 감각으로부터의 해방에 가깝다.

히 후설의 후기 사유의 전반적 방향과 동일한 선상에 두고 있다. 들뢰즈가 후설의 사유를 아주 상세하게 다루고 있지는 않지만 (이는 부분적으로는 후설의 사유를 즉각 이용하는 것이 불가능했기 때문이다) 그럼에도 몇몇 중요한 유사성은 지적될 수 있을 것이다.

『차이와 반복』은 재현에 대한 급진적 비판이다. 이 비판의 첫 번째 순간에 『차이와 반복』은 새로운 차원을 드러내 보인다. 예술 작품과 마찬가지로, 철학은 "재현의 영역을 떠나 '경험,' 초월론적 경험론, 혹은 감성적인 것에 관한 학문이 된다"(56/79/68). 대상에서 선술어적인 경험으로의 이러한 역행적 움직임은 후설의 초월론적 경험론의 첫 번째 측면이다. 하지만 그것이 여전히 의식 안에 머무는 한 이러한 경험론은 여전히 이상론에 머무를 수 있다. 따라서 들뢰즈는 다음과 같이 덧붙인다. "경험론은 […] 우리가 감성적인 것 안에서 오직 감각될 수밖에 없는 것을 직접적으로 포착할 때 비로소 초월론적인 것이 된다"(57/79-80/68). 의식이 그것의 외부, 즉 자신이 기원한 지점에 도달할 때까지 계속 감성적인 것으로 역행하는 것, 이것이 바로 후설의 경험론의 두 번째 측면, 그리고 보다 더 중요한 측면이다.

지금까지 우리는 들뢰즈의 사유 체계의 기원에 대해 논했다. 비판의 두 번째 순간, 즉 발생이 시작되는 것은 바로 이 지점부터이다. 의식은 오직 감각될 수밖에 없는 것을 감성적인 것 속에서 직접적으로 포착한다. 들뢰즈는 이것이 감성의 능력을 끌어올려 감성의 초월적 실행을 가능하게 한다고 말한다. 이는 인식능력을 일깨우지만, 숭고로부터 탄생하는 이 능력은 이내 자신을 일깨운 폭력을 상상력으로 전달하고, 상상력 또한 무력한 것으로 판명되고 나면 이 능력은 경험을 기억으로, 그리고 기억을 사유로 전달한다.

이 책의 세 번째 장에서 필자는 이러한 과정을 가능한 한 매우 상세히 기술할 것이다. 인식능력 발생의 관점에서 볼 때, 우리는 들뢰즈가 명백히 『순수이성비판』을 다시 쓰고 있으며, 이미 주어진 능력들이 감성에 그 기원을 둔 발생에 종속되는 한에서 칸트의 '초월론적 이상론'은 초월론적 경험론이 된다는 점을 확인할 수 있다. 들뢰즈는 또한 대상의 기원에 관한 이야기도 들려주고 있다. 후설의 사유에서 대상은 감각으로, 또한 감각을 조직하는 수동적 종합으로 거슬러 올라간다. 들뢰즈는 동일한 절차를 후설과는 다른 개념적 구조 안에서 수행한다. 대상의 질과 연장은 이념 안에서 그 기원을 발견하게 되지만, 이 이념은 또한 특정한 인식능력이 초래하는 세 가지의 수동적 종합 속에서 그 기원을 발견하게 된다. 들뢰즈의 재현에 대한 비판은 칸트의 『순수이성비판』을 다시 쓰는 일과 대상의 계보학을 추적해 내는 일을 동시에 해내고 있다.

2 장

주제들의 개관

세계를 재현하기: 타자-구조

앞 장에서 필자는 재현의 구체적 정의를 제시했다. 들뢰즈에게 재현이란 대상이 지니는 두 가지 변별적인 자질인 질과 연장의 관점에서 대상을 고려하는 것을 의미한다. 이러한 배치가 지각의 개체적 대상을 특징 짓는다. 하지만 우리가 주변 세계와 분리된 자족적인 개체적 대상과 직면하게 되는 것은 오직 철학에 관한 서적들에서 뿐이다. 여러 철학자들 중에서도 특히 하이데거와 메를로-퐁티는 직관적이거나 지각적인 행위를 설명하기 위해 독립된 대상이라는 그릇된 예를 설정한다는 이유로 끊임없이 철학을 비판했다. 세계와 분리된 개체적인 대상은 추상(abstraction)이다. 일차적이고 즉각적인 것은 맥락 속에 존재하는 대상이며, 이 맥락이 대상에게 그것의 의미와 중요성, 다른 대상들과의 관계, 대상과 우리의 행위, 또한 대상의 잠재적 사용들과의 분리불가능성 등을 부여해 준다. 후설이 말하듯이 각각의 대상은 잠재성들의 '후광'으로 둘러싸여 있다(APS 42).

   이는 후설이 모든 지각이 포함하는 '본질적인 모순'이라 부른 것으로 귀결된다. '외재적 지각은 끊임없이 무언가를 달성한다고 자처하지만 본성상 그것은 무언가를 달성할 수 있는 위치에 있지 않다'(APS 39). 모든 지각은 통일체, 즉 일종의 완전체를 지향하지만 동시에 그 통일체는 '가능성들'(potentialities) 혹은 '잠재성들'(potentialities)의 영역으로 흩어진다.

> 각각의 지각의 단계에서 나타나는 모든 사물에 특유한 것은 새로운 텅 빈
> 지평, 일종의 규정 가능한 미규정성의 새로운 체계, 즉 가능한 외양들의
> 질서 정연한 체계로 들어설 수 있는 가능성들을 지닌, 전진적 경향들의 새
> 로운 체계이다 […](APS 43).

모든 현상하는 사물은 '규정 가능한 미규정성의 체계' 내에 기입되어
있다. 이러한 미규정성들이 바로 '가능성들' 혹은 '잠재성들'이라 불
리는 것이다. 여기서 후설은 이러한 잠재성들이 초월론적 경험, 혹은
'순수한 내재성'의 장을 **구조화**한다는 사실에 주목하고 있다.

  잠재성들의 후광은 '질서 정연한 체계'를 형성하는데, 이를 통해 우
리는 외양의 질서 속에서 다음에 무엇이 나타날지를 예측하고자 한다.
'끊임없는 예측의 과정, 끊임없는 선이해(preunderstanding)의 과정이
존재'(APS 43)하는 것이다.[1] 『데카르트적 성찰』에서 후설은 '**모든 현실
성은 그것의 잠재성들을 수반한다**. 이 잠재성들은 텅 빈 잠재성들이 아
니라 내용에 관해 의도적으로 미리 기술된 잠재성들'이라고 말한 바
있다(CTM 44, 후설의 강조). 이 체계가 열려 있으면서도 규정적인 전
체성을 형성한다는 이유로 (칸트적 의미에서의 '이념'), 또한 그것이
모든 대상의 외양을 구조화한다는 이유로 후설은 이를 '세계의 이념'

---

1   리쾨르는 이를 다음과 같이 설명한다. 현재적 인식 작용(cogitatio) 각각은 '무언
가 잠재적인 것 혹은 가능한 것을 암시한다. 사유의 모든 상황은 그것이 지각되든 상
상되든 의도되든 간에 특정하게 동기화된 방향으로 계속해서 지각하거나 상상하거나
의도할 가능성을 함축한다. 모든 상황은 어떠한 탐구를 필요로 하는데, 이러한 탐구
가운데서 관련 잠재성들은 그들 자신의 현실화의 스타일을 지정하게 된다'(*An Analysis* 97).

이라고 부른다.[2]

분명 모든 규정적인 지각이 잠재성들의 후광으로 둘러 싸여 있다는 명제를 지적한 이가 후설이 처음인 것은 아니다. 우리는 이와 동일한 설명을 제임스에서도, 혹은 베르그송의 『창조적 진화』(*Creative Evolution*)에서도 발견할 수 있다.[3] 심지어 우리는 이 명제가 더 큰 지각의 주변에서 지각 불가능하게 운집하면서 지각에 맥락을 제공해 주는 라이프니츠의 **미세지각**(petites perceptions) 개념으로까지 거슬러 올라간다고 말할 수도 있다.[4] 그럼에도 이 맥락에서 후설이 강조되는 이유는 들뢰즈가 '타자' 이론을 전개함에 있어서 이러한 현상과 관련하여 후설의 기술에 대한 여러 중요한 측면들을 직접적으로 다루고 있기 때문이다.

들뢰즈는 『차이와 반복』의 말미에서 '타자' 개념을 간단히 소개한다. 하지만 이 개념의 중요성은 『차이와 반복』에서 들뢰즈가 '타자' 에 대한 설명을 위해 할애하는 부분들을 뛰어넘어 멀리 확장된다. 사실 『차이와 반복』의 타자에 대한 설명은 일 년 일찍 출간된 「미셸 투르니에와 타자 없는 세계」 "Michel Tournier and the World Without Others"라는 에세이에 기반하고 있기에 들뢰즈의 타자 개념을 완전히 이해하기 위해서는 짤막하게나마 이 에세이를 살펴볼 필요가 있다.

『차이와 반복』에서 들뢰즈는 타자에 대해 두 가지 사실을 지적한다. 실로 후설적이라 할 수 있는 첫 번째 사실은 '모든 심리적 체계 내에는

---

2   CTM §19-22, 28. 이 모든 점들에 대한 설명으로는 Ricoeur, *An Analysis*, pp. 90-105 참조.
3   Levinas TI 19 참조.
4   라이프니츠의 미세 지각들에 대한 이론의 뿌리를 데카르트에서 찾는 것 또한 어렵지 않다. *Principles of Philosophy* §201 참조. 하지만 라이프니츠와 데카르트에게 있어서 이러한 지각 불가능한 지각들은 가능한 것이 아니라 현실적인 것이었다.

현실을 둘러싼 가능성들이 운집해 있으며, 우리의 가능한 것들은 항상 타자적인 것'(260/334/323)이라는 점이다. 「투르니에와 타자 없는 세계」에서 들뢰즈는 이러한 '가능한 것들'(possibles)을 '가능성들 혹은 잠재성들'(potentialities or virtualities)(LS 306)이라는 후설적인 명칭으로 부르고 있다. 이 글에서 그는 타자의 첫 번째 기능에 대해 다음과 같이 설명한다.

> 내가 지각하는 각각의 대상 혹은 내가 생각하는 각각의 사유들 주위로는 주변적인 세계의 조직, 맨틀 혹은 배경이 존재하고 있다. 그러한 조직 내에서 하나에서 다른 하나로의 이동을 규제하는 이행의 법칙에 부합하여 다른 대상들 혹은 다른 사유들이 생겨날 수 있다(LS 304).

후설의 세계 개념과 마찬가지로, 타자-구조는 하나의 대상에서 다른 대상으로의 이행을 가능하게 하는 잠재성들의 군집 내에서 지각되는 대상을 둘러싸고 있다. 심지어 들뢰즈는 이 구조를 '세계의 구조'라는 후설적인 명칭으로 부르기까지 한다. 따라서 들뢰즈가 말하는 '타자'는 또 다른 자아가 아니다. 나에게는 유일하게 잠재성(potentiality)이기만 한 것, 예를 들어 의자의 뒷면은 그 의자 뒤에 서 있는 다른 사람에게는 하나의 현실성(actuality)이 될 수 있다.[5] 즉, '타자'적인 것은 현실의 주변에 운집하고 있는 현실의 잠재성들이다.[6]

『차이와 반복』에서 들뢰즈가 타자-구조에 대해 지적하는 두 번째 사

---

5 '내가 보지 못하는 대상의 부분을 나는 타자들에게 가시적인 것으로 상정하는데, 그리하여 이러한 숨겨진 부분에 도달하기 위해 서성일 때 나는 그 대상 이면의 타자들과 합류하여 내가 이미 예상한 방식대로 그것을 전체화하게 된다'(LS 305).
6 CTM §19-22, 28. 이 점에 대해 Ricoeur의 *An Analysis*, pp. 90-105도 참조할 것.

실은 타자-구조가 '표현적'이라는 것이다. 대상은 어떻게, 또한 어떤
수단을 통해 구성되는가? 표현성이란 무엇을 의미하는가? 『차이와 반
복』이라는 기획 전체는 바로 이 질문에 대한 대답이라 할 수 있다. 궁
극적으로 들뢰즈는 대상이 이념(Idea)에 의해 구성되며, 이념은 수동
적 종합을 통해 구성된다고 결론짓는데 이는 의식의 더 낮은 지층과 관
계하는 '타자' 개념의 두 번째 의미를 드러내 준다. 대상의 의식으로부
터 우리는 이념으로 돌아가고, 이념으로부터 다시 우리의 감성에 주어
진 순간적인 물질성으로 돌아간다. 이 모든 세 순간들, 즉 물질, 이념,
그리고 재현이 유일하고 동일한 주체의 부분을 구성한다.[7] 비록 타자-
구조가 '대상과 주체의 한계 내에서 (지각하는 것, 또는 지각되는 것으
로서 재현에 제시되는) 개체화의 요소들과 전-재현적인 특이성들'을
둘러싸고 있긴 하지만, 타자-구조는 여전히 재현 속에 이러한 더 낮은
지층이 지속되고 있다는 사실을 입증한다(281-2/360/352).

하지만 대상의 발생에 관한 들뢰즈의 설명을 보기 이전에 『차이와
반복』의 전체에 걸쳐 나타나는 들뢰즈의 언어 사용에 관해 살펴보는
일이 우선적이다.

자유간접화법

아마도 『차이와 반복』의 가장 어려운 측면은 들뢰즈의 사유의 복잡성
이 아니라 그의 표현 양식에 있다고 할 수 있을 것이다. 들뢰즈가 무언
가를 직접적으로 일컫는 경우는 극히 드물다. 대신 그는 모든 것에 우
회적으로 접근하는데, 이는 비단 『차이와 반복』에만 해당되는 것은 아
니다. 『경험주의와 주체성』(*Empiricism and Subjectivity*)에서부터 『순

---

7 『의미의 논리』에서 들뢰즈는 이 세 순간들을 '일차적 질서'(물질), '이차적 조
직'(이념), '삼차적 질서'(재현)라고 부른다. *Logic of Sense*, pp. 239-49 참조.

수 내재성』(*Pure Immanence*)에 이르는 그의 모든 저작들은 자유간접
화법(free indirect discourse)의 방식으로 구성되어 있다. 자유간접화
법은 흔히 소설에서 어떠한 인물의 생각을 보다 직접적으로 발생시키
는 내러티브 기법을 의미한다. 이는 독자가 그 인물의 의식에 매개 없
이 접근할 수 있게 하는데, 보통은 일인칭과 삼인칭의 경계를 모호하게
하는 방식을 통해 이루어지곤 한다. 제라르 주네트(Gerard Genette)
가 언급하듯, 이 경우 소설 속 인물의 발화는 화자의 발화와 혼합된다.[8]
스티븐 디덜러스(Stephen Dedalus)가 해변에서 코를 후비는 장면을 예
로 들어 보자.

> 그는 자신의 콧구멍에서 나온 코딱지를 조심스럽게 바위에 얹었다.
> 누가 있든 없든, 볼 테면 보라지.
> 뒤쪽에. 아마 누군가가 있는 듯하다.
> 그는 머리를 약간 젖혀 어깨 너머로 고개를 돌려 보았다. 공기를 가로질러
> 일정한 속도로 조용하게 움직이는 고요한 배 꼭대기의 가로장 위로 돛대
> 가 죄어져 있을 뿐이었다(Joyce 50).

'그는 자신의 콧구멍에서[…]'로 시작되는 첫 번째 문장은 삼인칭으로
서술되어 있다. 그러나 아무런 경고도 없이 그 다음의 세 문장은 스티
븐의 머릿속으로 들어간다. 조이스는, '스티븐은 자신이 코를 파는 것
을 누군가 본 사람이 있는지 궁금했다. 하지만 신경쓰지 말자고 생각한
순간 자신의 뒤에 누군가가 있음을 의식하고는 고개를 돌려 보고 싶은

---

8 Genette, *Narrative Discourse*, p. 172. 들뢰즈 철학에서의 자유간접화법의 역할에
대한 탁월한 논의에 대해서는 클레어 콜브룩(Claire Colebrook)의 책 『질 들뢰즈』
(*Gilles Deleuze*)의 6장을 참조할 것.

충동을 느꼈다' 라는 식의 단순한 간접화법을 사용하지 않는다. 대신 그는 첫 번째 문장의 삼인칭 서술로부터 일인칭으로 **자유롭게**, 혹은 아무런 암시 없이 옮겨 간다. '누가 있든 없든, 볼 테면 보라지. 뒤쪽에. 아마 누군가가 있는 듯하다' 는 문장의 바로 다음에 아무런 암시도 없이 우리는 다시 삼인칭으로 되돌아간다. 조이스의 화자는, 스티븐이 처음의 자신만만한 무관심과는 달리 그의 어깨 너머로 뒤를 돌아보지만 보이는 것은 지나가는 배일뿐이었다는 것을 우리에게 알려 준다. 여기서 화자의 말과 소설 속 인물의 생각은 서로 뒤섞이며 구분이 모호해진다. 특히 조이스의 소설 속에서 이는 독자로 하여금 어디서 화자의 말이 끝나고 어디서 인물의 생각이 시작되는지를 구분하기 어렵게 한다. 들뢰즈의 말로 표현하자면, 이는 '저자가 그의 인물들을 향해 한 발을 내딛고, 다시 그의 인물들은 저자를 향해 한 발을 내딛는 이중의 생성' (double becoming)(C2 222)이다.[9]

이 내러티브 기법은 철학의 역사가 일련의 이야기들로 구성된다고 믿는 작가들에게 특히 중요하게 여겨진다. 들뢰즈는 그의 강연들에서 '내가 지금 여러분에게 이야기를 하고 있다고 가정해 보세요'[10] 혹은 '이 문제를 하나의 이야기로 생각하고 접근해 봅시다'[11]라는 말을 반복적으로 해 왔다. '여러분이 (스피노자를) 읽었든 아니든 그건 별로 중요치 않아요. 나는 지금 하나의 이야기를 하고 있으니까요.'[12] 들뢰즈에게 모든 것은 하나의 이야기이다. 영원 회귀에 관한 이야기, 코기토에

---

9   들뢰즈의 시네마 연구에 있어서의 자유간접화법의 역할에 대한 탁월한 논의로는 패트리샤 피스터스(Patricia Pisters)의 *The Matrix of Visual Culture*, p. 92를 참조할 것.
10   라이프니츠 세미나(1980년 4월 15일).
11   라이프니츠 세미나(1980년 4월 15일).
12   스피노자 세미나(1978년 1월 24일).

관한 이야기, 오직 강도적으로만 차이나는 하얀 벽에 관한 이야기, 시
간에 관한 이야기, 분석적 진리에 관한 이야기 등등. '원하신다면 반성
적 판단에 대한 이야기를 하나 해 드리지요.'[13] 혹은 '인식능력들에 관
한 이야기를 좀 더 명쾌하게 설명해 볼게요.'[14] 들뢰즈는 그 자신의 책
에 대해서도 같은 말을 한다. 『의미의 논리』(The Logic of Sense)는 '논
리적이며 심리적인 소설'이고, 『차이와 반복』은 '공상 과학 소설'과 결
합된 '탐정 소설'이다.[15] 따라서 다양한 이유로 들뢰즈의 책들은 철학
서적이 아니라 소설로 읽어야 한다. 각각의 책에서 핵심이 되는 것은
이야기의 서사이다. 『차이와 반복』의 경우는 다소 단조로운, 재현의 발
생에 관한 이야기라 할 수 있다. 아무튼 지금 여기서 중요한 점은 이 모
든 이야기들이 자유간접화법의 양식으로 서술된다는 것이다.

들뢰즈가 철학적인 맥락 내에서 자유간접화법을 사용할 때도 이 관
계는 여전히 지속된다. 이중의 생성, 즉 일인칭과 삼인칭의 식별불가능
한 혼합은 여전히 존재하지만, 이제 일인칭과 삼인칭으로 간주되던 것
에 변화가 생긴다. 문제는 더 이상 화자와 인물이 아니다. 즉 인물의 자
리를 또 다른 작가에게 내어 주는 동시에 들뢰즈 자신의 작가적 목소리
가 화자의 역할을 하게 된다.[16] 사유의 역사 속 인물들에 관한 그의 초
기 저작들이 바로 이런 방식으로 작업되었다. 예를 들어 『니체와 철학』
(Nietzsche and Philosophy)에서 현재 말하고 있는 이가 들뢰즈인지 니

---

13   칸트 세미나(1978년 4월 4일).
14   칸트 세미나(1978년 3월 28일).
15   LS xiv와 DR xx/3/xix 참조.
16   이로 인해 새로운 수준의 어려움이 생기게 된다. 왜냐하면 이제 우리는, 예를 들
어, 더 이상 들뢰즈의 목소리와 니체의 목소리 사이에서 뿐 아니라, 어떤 때는 들뢰즈
자신의 사유의 반영이고 어떤 때는 니체를 충실히 재현하려는 낡은 시도인 들뢰즈의
니체 해석, 그리고 들뢰즈 자신의 견해 사이에서도 둘 중 하나를 결정해야 할 처지에
놓이기 때문이다.

체인지를 분간하기란 종종 불가능하다. 이런 이유로 니체의 말인지 들 뢰즈의 말인지를 고민하지 않고 마치 들뢰즈 자신의 말인 것처럼 단순 히 그의 말을 인용하는 비평가들에 대한 불평이 빈번하게 들려온 것이 사실이다. 심지어 알랭 바디우(Alain Badiou)처럼 민감한 독자 또한 모든 것이 간접적이라는 사실을 인식하면서도 여전히 푸코에 대한 들 뢰즈의 비평을 그 주제에 대한 들뢰즈의 고유한 사유로 등치시키는 것 을 멈추지 않는다. 우리는 들뢰즈의 모든 저작들에 이 질문을 던져 볼 수 있다. 프루스트가 끝나고 들뢰즈가 시작되는 지점은 어디인가? 『베 르그송주의』(*Bergsonism*)에서 무엇이 들뢰즈적인 것이고 무엇이 베르 그송적인 것인가? 들뢰즈는 말하는 주체와 그 말의 대상을 너무나 우 아하고 자연스럽게 혼합한다. 따라서 우리는 어디서 들뢰즈가 들뢰즈 자신이고, 어디서 그가 흄인지, 프루스트인지, 혹은 니체인지를 결코 분간할 수가 없다.

『차이와 반복』의 영문판 서문에서 들뢰즈는 '철학의 역사를 쓰는 것 과 철학을 쓰는 것에는 엄청난 차이가 존재한다'고 밝힘과 동시에, 그 책이 '그 자신의 고유한 이름으로'[17] '"철학하기"를 시도하고자 한' 첫 번째 책이라고 말한다. 하지만 (프랑스어판 서문의 마지막 단락에서 그가 정반대의 말을 한다는 사실을 차치하고서라도) 매우 단순한 이유 로 우리는 들뢰즈의 말을 그대로 받아들일 수 없는데, 그 이유인 즉슨 들뢰즈가 **여전히** 그 자신의 이름으로 말하지 않고 있기 때문이다. 『차 이와 반복』의 책 전체는 정교한 은유들의 맥락에서, 혹은 들뢰즈가 직 접적으로 말하고자 하는 바를 간접적으로 표현하고 발전시키는 다른 철학자들에 대한 해석의 맥락 내에서 전개된다. 책 전체에 걸쳐 들뢰즈

---

17 (xv/NA/xiii).

는 그의 초기 저작들에서와 같은 방식으로 자유간접화법을 사용한다. 세 가지 종합에 대한 들뢰즈의 설명은 전적으로 흄, 베르그송, 니체, 칸트, 프로이트, 라캉, 후설, 그리고 물리학의 범주 내에서 발생한다. 어디서든 그가 무언가를 직접적으로 말하는 경우란 없다. 이념들에 대해 말할 때도, 들뢰즈는 수학, 니체의 주사위 던지기, 그리고 말라르메를 경유한다. 강도에 대한 설명 또한 19세기의 에너지론을 통해 이루어진다. 영원 회귀에 대한 그의 설명 가운데 어떤 부분들이 니체와 관련되고 어떤 부분이 들뢰즈와 관계되는가? 데카르트의 코기토에 대한 칸트의 거부에 대해 말할 때, 들뢰즈는 자신의 이야기를 하는 것인가 아니면 칸트에 대해 말하고 있는 것인가?

『차이와 반복』이 자유간접화법으로 구성된 것이 사실이라면, 이 책을 글자 그대로 읽는 것, 혹은 간접적 서술들을 직접적 서술들로 취급하는 것은 아마 우리가 할 수 있는 최악의 일이 될 것이다. 들뢰즈는 생물학이나 미분학, 혹은 현대물리학에 대한 철학을 개진하는 것이 결코 아니다. 플라톤, 데카르트, 그리고 다른 철학자들에 대한 그의 비판은 우리가 그 말들을 곧이곧대로 받아들여 보다 직접적인 문장으로 바꾼다고 해서 크게 많은 것을 얻을 수 있는 종류의 주장들이 아니다. 들뢰즈가 다른 철학자들과 비판적으로, 또는 (특히 칸트와 관련하여) 옹호적으로 관계하는 정도를 살펴보는 것이 필수적인 일임에는 의문의 여지가 없지만 우리가 명심해야 할 것은 궁극적으로 들뢰즈가 하나의 이야기를 하고 있다는 사실이며, 이러한 확장된 은유들, 사소한 개입들과 짤막한 논쟁들이 『차이와 반복』을 실제로 작동시키는 보다 큰 구조의 지표들에 불과하다는 사실이다.

역사와 언어

들뢰즈가 자유간접화법을 사용한다는 사실보다 더 중요한 것은 아마도
그가 자유간접화법을 사용하는 **이유**일 것이다.[18] 간접적으로 글을 쓰고
자 하는 결정은 들뢰즈의 사유 중 가장 중요하고 또 가장 근본적인 측
면들 중 하나이기에 지금 이 책에서 서술하는 것보다 훨씬 더 폭넓고
상세한 설명을 필요로 하는 것임에 틀림없다. 그렇다 하더라도 우리는
들뢰즈가 왜 자유간접화법을 사용하는지에 대해 두 가지 이유를 들어
볼 수는 있을 것이다. 첫 번째 이유는 하이데거가 제기한 역사적 영향
력에 관한 질문과 관련되어 있다. 하이데거의 책에서 계속해서 등장하
는 것 가운데 하나는 역사가 전적으로 지나간 것에 대한 것이 아니라
현재의 우리에게도 여전히 보이지 않는 엄청난 영향력을 발휘하고 있
다는 주장이다. '사람들은 여전히 전통에 의해 계승되어 온 것이 실제
로 우리의 배후에 자리하고 있다고 생각한다. 하지만 사실 전통은 우리
에 앞서 존재하면서 우리를 향해 다가오고 있는데, 이는 우리가 전통의
포로이자 전통과 함께 할 운명이기 때문이다'(*What is Called Thinking*
76). 심지어 우리가 역사를 우리의 뒤켠에 제쳐 두었다고 생각할 때,
혹은 특히 우리가 그렇게 생각하는 순간 우리 스스로가 역사의 포로임
이 분명해진다.[19] 『존재와 시간』(*Being and Time*)에서 하이데거가 개진
한 '파괴'라는 유명한 개념의 배후에는 바로 이러한 사유가 자리하고
있다.

---

18   다음에 필자가 설명하고 있는 내용은 *Philosophy and Post-Structuralist Theory*,
pp. 228-33에서 클레어 콜브룩이 주장한 것을 확장한 것이다. 새로운 감각의 논리,
즉 고전적인 논리에 대립되는 '내재성'의 새로운 논리를 구성해야 할 필요성에 대해
서는 메를로-퐁티, PP 57과 42-5 참조.
19   들뢰즈는 『앙티-오이디푸스』 세미나(1974년 1월 14일)에서 이와 같은 주장을 펼
친다.

현-존재(Da-Sein, 거기에-있음)는 세계 속에 얽혀 있는 것뿐만이 아니다. […] 동시에 현-존재는 그것이 다소 명시적으로 붙잡고자 하는 전통 속에도 얽혀 있다. 이 전통은 현-존재로부터 물음과 선택의 주도권을 빼앗는다. […] 여기서 지배력을 획득하는 전통은 그것이 '전달하고자' 하는 것을 거의 접근 불가능하게 만들고 스스로가 대신 그것을 완전히 뒤덮어 버린다. 그리하여 전통은 전승되는 것 자체를 명백한 것으로 만들어 버린다. 전통은 전통적 범주와 개념들이 진정으로 속해 있는 본래의 '원천'에 대한 접근을 가로막는다(*Being and Time* 18-19).

우리는 역사 속에 **얽혀** 있다. 하지만 우리는 심지어 이 사실을 알지도 못하는데, 왜냐하면 우리가 무의식적으로 받아들이는 것이 '명백한' 것으로 전승되어 왔기 때문이다. 이 주장이 표적으로 삼는 것은 분명 후설이라 할 수 있다.

후설은 현상학적 환원이라는 수단을 통해, 또한 초월론적 경험 그 자체로의 회귀라는 수단을 통해 철학을 위한 급진적이며 새로운 시작을 발견할 수 있다고 주장한 바 있다. 『존재와 시간』을 출간하기 바로 직전, 거의 수정되지 않은 『존재와 시간』의 첫 절반 부분을 담고 있는 강의에서 우리는 하이데거가 이 점에 대해 후설을 문제 삼는 것을 확인할 수 있다.

심지어 현상학적 연구조차 오랜 전통의 제약하에서 이루어집니다. 특히 현상학에 가장 적절한 주제인 의도성의 가장 원초적인 규정에 관한한 말이지요. 따라서 현상학의 가장 적절한 원리와는 **반대로**, 현상학은 자신의 가장 적절한 소재를 소재 그 자체로부터 정의하는 것이 아니라, 꽤 자명한 것임에도, 그것에 대한 전통적인 선판단(prejudgment)으로부터 정의하게 됩

니다. […] 존재 그 자체에 대한 가장 일차적인 물음들을 간과하면서, 현상
학은 아무리 강조해도 지나치지 않을만큼 전통의 힘과 무게를 보여 준다
고 할 수 있습니다(*History of the Concept of Time* 129, 하이데거의 강조).

보이지 않는 '전통의 힘과 무게'는 현상학으로 하여금 그것에 '가장 적
절한' 것, 즉 초월론적 경험의 서술을 선판단하도록 만들었다. 후설이
행하는 것은 현상학적 소재 그 자체를 다루는 것이 아니라 그것에 대한
전통적인 선판단이다.

하이데거는 여기서 환원의 폭을 확장하고 있다. 후설이 자연적 태도
를 괄호 친 반면, 하이데거는 두 가지 형식으로 역사를 괄호 친다. 첫째
로, 하이데거는 자신이 '이론적' 전제들이라 부르는 것의 도입을 피한
다. 이 전제들은, 예를 들면, 우리가 의식을 살펴보기도 전에 우리에게
의식이 무엇인지를 말해 주는 종류의 것인데, 합리성, 다양한 시간과
공간을 가로지르는 수적인 통일성 등등이 이에 해당한다.[20] 하지만 둘
째로 더욱 중요한 것은 (이는 프랑스에서의 하이데거 수용에 있어 중
요한 역할을 했다) 철학적인 언어 그 자체에 대한 의문이다. 하이데거
는 철학적인 어휘가 이론적인 전제들을 불러오는 방식에 끊임없이 주
의를 기울인다. 우리는 하이데거가 이론과 언어 양쪽 모두를 어떻게 세
밀히 검토하는지를 다음의 인용을 통해 살펴볼 수 있다.

범주적인 직관의 중요성을 요약하고 그것의 긍정적인 측면을 스스로 확보
하기 이전에 우리가 먼저 해야 할 것은 범주적 직관이라는 현상학적 개념
에 쉽사리 들어서는 특정한 오해들을 해소하는 일이다. 이러한 오해들은

---

20 *History of the Concept of Time*, p. 122 참조.

특정한 발견이 그 자체로 물음의 전통적 지평 속에서 획득되고 또한 전통적인 개념들과 더불어 해석되기에 한층 더 쉽게 발생하곤 한다(*History* 68).

전통적인 철학적 **개념들**뿐 아니라 전통적인 이론적 지평 또한 괄호 쳐져야 한다. 이러한 이중의 환원 이후에야 하이데거는 비로소 존재의 **경험**에 대한 적법한 접근을 만족스럽게 행할 수 있었다.

　언어가 역사적이고 이론적인 전제들 전체를 수반하는 경향은 새로운 철학적 담론을 창조할 필요성의 오직 한 측면일 뿐이다. 클레어 콜브룩은 두 번째로 보다 니체적인 이유를 지적하는데, 이는 언어의 구조 그 자체가 우리가 논의하는 대상에 스스로를 부여한다는 사실과 관련된다. '우리는 주어/술어 구조, 혹은 우리의 논리 형식 그 자체로 인해 존재, 실체, 혹은 토대에 대해 먼저 사유한 **다음에야** 비로소 술어를 지니게 된다.' [21] 물음이 일단 시작되기도 전에 주어가 이미 그것의 일시적인 술어의 상위에, 혹은 그것을 넘어서는 무언가로 결정되기에, 콜브룩이 지적하는 바와 같이 우리는 주어 그 자체가 발생하는 본래적 움직임을 확증할 수 없게 된다. [22]

　이 모든 점들은 『니체와 악순환』(*Nietzsche and the Vicious Circle*)에서 피에르 클로소프스키(Pierre Klossowski)가 대립시키는 '깨어 있는 의식'과 신체의 '육화하는 사유' 속에서 보다 분명하게 드러난다. 클로소프스키는 신체를 '강도들'과 '변화하는 자극들'이 움직이는 장으로 묘사한다. 다양한 이유로 인해 우리의 깨어 있는 의식은 신체의 이러한 강도들을 거의 경험하지 못한다. 이러한 이유들 중 하나는 의식이 언

21　Colebrook, *Philosophy and Post-Structuralist Theory*, p. 228. 콜브룩의 강조.
22　같은 책, p. 233.

어, 혹은 클로소프스키가 '일상적 기호들의 코드'라고 부르는 것과 공외연적(co-extensive)이라는 사실과 관계가 있다. 언어는 그 자체의 논리, 그리고 그 자체의 관계들의 집합을 보유하고 있으며, '우리의 [산] 상태의 완전한 불연속성을 숨기기 위해 그 자신의 연결 고리들을'[23] **부과**한다. 이는 우리가 의식의 저층의 깊이들을 연구하기 원하기 전까지, 혹은 '우리가 이해할 수 있는 방식으로 삶의 **진실성**을 확증'[24]하기 원하기 전까지는 아무런 문제가 없다. 그러나 곧 우리는 강도나 생성에 대해 정확하게 이야기하는 것이 불가능하며, 이는 '**우리가 생성 속에 존재하는 것을 표현할 언어를 가지고 있지 않기 때문**'[25]이라는 사실을 곧 깨닫게 된다. 언어는 그 자신의 연결 관계들을 생성에 부과한다. 우리가 생성에 대해 이야기하고자 하는 매순간마다 우리는 그것을 명사로 바꾸거나, 혹은 어떠한 의미를 부여하거나, 혹은 그것을 이해 가능한 사유로 전환시켜 버린다. 일상적 언어는 결코 '우리가 우리 자신의 이해 불가능한 깊이에 대해 말하는 것을 허용하지 않는다. 그러한 깊이를 사유되지 않거나 말해지지 않는 것, 혹은 우리가 언어를 통해 **생각**하는 어떠한 의미나 목적으로 발생되지 않는 것으로 환원하는 경우를 제외하고는 말이다.'[26] 이것이 바로 모리스 블랑쇼(Maurice Blanchot)가 '모든 직접화법의 내재적인 그릇됨'[27]에 대해 말하는 이유이기도 하다.

들뢰즈는 『시네마 1(운동-이미지)』(*Cinema 1: Movement-Image*)과 『시네마 2(시간-이미지)』(*Cinema 2: Time-Image*)에서 클로소프스키와 매우 유사한 주장을 펼친다. 현상학적 환원은 언어로까지 확장

23 Klossowski, *Vicious Circle*, p. 30.
24 같은 책, p. 33. 클로소프스키의 강조.
25 같은 책, p. 38. 클로소프스키의 강조.
26 같은 책, p. 33. 클로소프스키의 강조.
27 Blanchot, *Friendship*, p. 175.

되어야 한다. 지각의 경향들에 반대하는 것만으로는 부족하다. 언어 그
자체가 신체가 된다 등등.

> 실로 **우리의 지각과 우리의 언어**는 신체(명사), 질(형용사), 행위(동사)를
> 구분한다. 하지만 정확히 이런 의미에서 행위는 그것이 향하게 되는 잠정
> 적인 장소에 대한 생각, 혹은 그것이 확보하는 결과에 대한 생각으로 이미
> 운동을 대체한다. 질은 또 다른 것이 그것을 대체하기를 기다리는 가운데
> 지속하는 어떤 상태에 대한 생각으로 운동을 대체한다. 신체는 그것을 수
> 행하는 주체에 대한 생각, 혹은 그것에 종속되는 특정 대상에 대한 생각,
> 혹은 그것을 행하는 수단에 대한 생각으로 운동을 대체한다. 우리는 그러
> 한 이미지들이 우주 속에서 형성되는 것을 볼 수 있을 것이다. […] 하지만
> 그들은 새로운 조건들에 의존하며 확실히 지금 이 순간에는 나타날 수가
> 없다. **지금 이 순간 우리는 오직 순간들만을 지니며, 이 순간들은 아직 오지**
> **않은 모든 것과 구분되기 위해 이미지들이라고 불린다.** (『시네마 1』 59-60,
> 필자의 강조)

들뢰즈의 목표는 물질, 혹은 운동에 대해 사유하는 것이다.[28] 신체, 질,
그리고 행위 등 물질이 이후에 변하게 될 결과물에 관계없이 말이다.
그렇게 하기 위해 우리는 모든 것이 이미 구성된 신체, 질 혹은 행위로
나타나는 자연적 지각을 괄호 쳐야 할 뿐 아니라 자연적 언어까지도 괄
호 칠 필요가 있다. '행위'라는 단어 자체는 그 행위가 향하게 될 잠정
적인 장소를 수반한다. '질'이라는 단어 그 자체는 그 질을 품게 될 어
떠한 장소에 대한 생각을 수반한다. '신체'라는 단어는 주체에 대한 장

---

28 CI 59 참조. '이러한 이미지 그 자체가 바로 물질이다. 그 이미지 뒤에 숨어 있는
어떤 것이 아니라 반대로 그 이미지와 운동의 절대적인 동일성 말이다.'

소를 수반한다. 결국 발생이라는 작업의 덕택으로 규정적인 신체들, 질
들, 행위들이 모두 생산될 것이지만 (『시네마 1』과 『시네마 2』는 모두
이 발생에 관한 이야기이다), 그 발생의 토대를 정의하기 위해서는, 자
연적인 지각의 선입견에서 발생한 것이든 혹은 자연적 언어의 선입견
에서 온 것이든 그 발생의 종착지를 암시하는 모든 것들을 엄격히 배제
할 필요가 있다.

　들뢰즈는 『차이와 반복』에서 니체와 키르케고르를 헤겔과 대립시키
는 짧은 단락을 통해 이 모든 점들을 발전시킨다. 이 세 명의 철학자 모
두는 생성, 운동, 혹은 발생을 포착하는 것을 자신들의 목표로 삼고 있
다. 하지만 헤겔은 여전히 동일성과 대립의 언어의 관점에서 운동을 포
착하는데, 이는 부분적으로는 그가 우리를 운동 안에서 살게 하기보다
는 그 운동을 단순히 재현하는 것에 만족하고 있기 때문이다.

　키르케고르와 니체는 철학에 새로운 표현의 수단을 도입한 사람들이라 할
수 있다. 이들의 모든 저작에서 문제시되는 것은 바로 **운동**이다. 이들이
헤겔을 비난하는 것은 그가 거짓 운동, 즉 '매개'의 추상적인 논리적 운동
에 머물러 있다는 점 때문이다. 키르케고르와 니체는 형이상학이 운동성
과 활동성을 띠기를 원한다. 이들은 형이상학이 활동하기를, 그것도 즉각
적이고 무매개적인 활동을 수행하기를 원한다. 따라서 이들은 운동을 새
롭게 재현하는 것으로 만족하지 않는다. 재현은 이미 매개이기 때문이다.
오히려 이제는 모든 재현을 넘어 정신에 영향을 끼칠 수 있는 어떤 운동을
작품 안에 생산해 내는 것이 관건이다. 중요한 것은 운동 자체를 어떠한 중
재도 없는 하나의 작품으로 만드는 것, 매개적인 재현들을 직접적인 기호
들로 대체하는 것, 직접적으로 정신에 가닿는 어떤 진동, 회전, 소용돌이,
중력들, 춤 또는 도약들을 고안하는 것이다(8/16/9, 들뢰즈의 강조).[29]

이 단락에서 눈에 띄는 점은, 들뢰즈의 헤겔에 대한 반대가 단지 개념
들의 수준에서 이루어지는 것이 아니라 주로 헤겔이 그러한 개념들을
표현하기 위해 선택하는 방식과 관계한다는 것이다(물론 이 단락의 전
체적인 요지는 이 두 가지가 상호 분리 불가능하다는 점이기는 하지만
말이다). 헤겔이 생성을 **재현**하는 반면, 니체와 키르케고르는 독자 안
에 생성을 생산할 수 있는 새로운 표현 수단을 철학에 가져온다. 니체
를 읽을 때 독자는 사유의 운동을 경험하게 된다. 저자가 더 이상 사유
의 운동을 재현하려 하는 것이 아니라 독자 안에 그 운동을 창조하려고
시도하기 때문이다. 물론 여기서 우리가 주의해야 할 점은 들뢰즈가 키
르케고르와 니체에 대해 이야기하는 것이지 그 자신에 대해 말하고 있
는 것이 아니라는 점이다. 들뢰즈 자신의 고유한 스타일은 키에르케고
르와 니체 특유의 스타일적 장치를 훨씬 넘어설 것이다.

하지만 두 가지 사실은 분명하다. 우선, 처음부터 직접화법은 배제된
다는 것. 우리가 언어 속에서 사유를 **직접적으로** 재현하려고 하자마자,
우리는 그 사유를 놓치게 될 것이다. 이런 의미에서 들뢰즈는 철학에
엄청난 미학적 차원을 부여한다. 논리는 철학의 대상도, 철학의 관심사
도 아닐뿐더러 헤어날 수 없는 철학의 오르가논(*organon*)도 아니다.
철학은 반드시 '언어의 모든 가능성들'을 이용해야 한다. 다시 말해,
운동을 창조할 수 있도록, 철학은 문학이 되어야 한다.[30] 만약 모든 것
이 계획대로 된다면 들뢰즈의 독자는 의미 없고 덧없는 물질성에 직면
하게 될 것이고(거의 모든 이들이 종종 아무런 의미가 없다는 데 동의

---

29 (127/166-7/155)도 참조.
30 우리가 바디우와 들뢰즈 간의 거리를 가장 잘 표현할 수 있는 것은 아마도 개념들
의 수준이 아니라 스타일의 수준에서일 것이다. 바디우에게 있어서, 직접화법에서 자
유간접화법으로 가는 것만으로는 충분치 않다. 자연적 언어 또한 함께 포기되어야
한다. *Theoretical Writings*, p. 80 참조. *Being and Event*의 pp. 16-20과 3장도 참조.

하는 텍스트), 종국에는 그것을 되풀이함으로써 대상의 의미와 규정적
인 재현을 추출할 수 있게 될 것이다. 즉 들뢰즈의 독자는 체계를 살아
낼 것이며 그러한 작업의 끝에 그 작업 자체가 정확히 내내 들뢰즈가
의도했던 것임을 깨닫게 될 것이다. 미리 말해 두건대, 두 번째로 중요
한 점은 『차이와 반복』의 모든 진동, 회전, 소용돌이들을 일상적 언어
의 미심쩍은 명료함으로 옮기고자 시도하는 이 책 자체가 사실은 들뢰
즈의 미학적 프로젝트 자체를 근본적으로 배반하는 것이라는 사실이
다. 의미 해석(sense-making) 과정을 피함으로써 아마도 우리는 『차
이와 반복』의 전체적 요지를 이미 놓쳐 버린 것일지도 모른다.

『차이와 반복』은 탐정 소설이다. 이 소설은 몇몇 들뢰즈 독자들이 끔찍한 범죄라고 간주할 만한 이야기, 대부분의 사람들은 다소 지루하다고 생각할 만한 '재현의 탄생'에 대한 이야기를 하고 있다. 이 이야기에는 세 번의 순간들이 존재하는데, 이는 다음과 같이 요약될 수 있다. (1) 순간적인 물질성 내에서의 시작 지점, 그리고 '잠재적 주제'(latent subject) 속에서의 그 물질성의 반복 (2) '우발점'(aleatory point)이 이념들을 발생시키는 중간 지점 (3) 이념들이 재현을 창조하기 위해 강도들과 연결되는 마지막 지점. 나아가 대부분의 훌륭한 탐정 소설이 그러하듯 이 책의 모든 내용은 파편화되어 있다. 따라서 독자들이 일방향적인 소통의 방식으로 이 이야기를 파악하는 것은 불가능하며 일련의 사건들을 꼼꼼히 정독하고 심지어 모든 사소한 것들조차 잠재적인 중요성을 지니고 있을지 모른다는 생각으로, 모든 내용을 연결시켜 주고 책 전체를 관통하는 하나의 이념, 혹은 의미를 찾으려는 생각으로『차이와 반복』을 읽어야 한다. 하지만 가이드북으로의 본 저서는 탐정 소설이 아니기에, 이 책에서는 전체적인 이야기가 명료하게 전개될 수 있게끔『차이와 반복』의 각 장의 순서를 재배치했다는 사실을 미리 밝혀 두는 바이다.

『차이와 반복』은 그 중요성이 상당하다고 할 수 있는 서론과 결론이 다섯 개의 장을 떠받치고 있는 구조로 구성되어 있다. 서론과 1장, 그리고 결론은 들뢰즈가 열정적으로, 또한 예측할 수 없는 방식으로 이야기의 한 부분에서 다른 부분으로 마구 건너뛰는 식으로 쓰인 장들이라고 할 수 있다. 따라서 세 번째 장에 이르기 전까지 우리는 거의 물질에서 재현으로 이동하는 전체적인 시스템에 대한 그림을 명확하게 그릴 수가 없으며, 심지어 그 장에서조차도 그러한 정보는 부정적인 방식으로, 하나의 방법론의 맥락에서 주어진다. 2장과 4장, 그리고 5장은 이 시스템의 주요한 순간들이 전개되고 상세하게 서술되는 핵심적인 장들이라고 할 수 있다. 따라서 필자는 이 장들을 함께 묶었으며 3장을 도입부와 핵심적인 장들 사이를 연결하는 이행적인 순간으로 다루었음을 밝혀 둔다.

1절. 서론: 반복과 차이

비밀스러운 주체

일반적인 수준에서 『차이와 반복』의 서론은 두 가지 기능을 지닌다. 누구나 예상하듯, 먼저 서론은 이 책의 주된 주제들을 소개하고 있다. 하지만 들뢰즈가 너무나 암시적이고 은유적인 방식으로 서론을 쓰고 있기에 독자들이 내용을 따라가기란 여간 어려운 것이 아니다. 서론이 더욱 어려운 것은 들뢰즈가 서론에서 이야기하는 거의 모든 내용이 추후 『차이와 반복』의 본론의 더 큰 개념적 구조 내에서 개진될 순간들을 참조하고 있기 때문이기도 하다. 들뢰즈의 저작 모두에서 그러하듯, 그의 개념들에 의미를 부여하는 것이 바로 이 개념적 구조이다. 결과적으로 서론은 『차이와 반복』을 읽기에 가장 부적절한 시작 지점이라 할 수 있다. 하지만 비록 주제들에 대한 진정한 전개가 이루어지고 있지 않다

해도, 또한 체계적 맥락의 부재로 인해 들뢰즈의 개념들의 의미가 아직 불분명하다해도 적어도 한 가지 사실은 분명해 보인다. 즉, 이후에 그가 자신만의 방식으로 '반복'이라는 단어를 사용할 수 있도록, 서론 전체를 통해 들뢰즈가 천천히 그리고 정교하게 이 단어를 해방시키고 있다는 사실이다. '반복'이라는 단어의 기술적이고 본래적 사용에 단계적으로 모든 관심을 집중시키는 것, 이것이 바로『차이와 반복』의 서론이 지니는 두 번째 기능이다.

서론은 들뢰즈의 반복과 재현 사이의 구분을 중심으로 구성되어 있다. '우리의 문제는 반복의 핵심의 본질과 관계한다. 이는 왜 반복이 개념이나 재현 내의 동일성의 형식으로 설명될 수 없는지, 어떤 의미에서 반복이 더 우월한 '긍정적' 원리를 필요로 하는지를 이해하는 것과 관련된다' (19/31/22). 반복은 재현의 형식으로 설명될 수 없으며 그보다 더 우월한 원리를 필요로 한다. 재현이 반복을 설명할 수 있다고 잘못 이해되곤 한다고 말할 때, 들뢰즈가 이 재현이라는 말로 의미하는 바는 무엇인가?

서두에서 필자는 들뢰즈에게 재현이란 특별한 의미를 지닌다는 것을 이미 밝혀 두었다. 즉 재현은 어떠한 주어진 사물 속의 질과 연장의 배치이다. 들뢰즈가 이러한 배치를 설명하기 위해 사용하는 또 다른 단어는 '일반성'(generality)이다.

연장과 질은 일반성의 두 가지 형식이다. 하지만 이는 정확히 이 두 형식들을 재현의 요소들로 구성하기에 충분하다(235/303/295).

'재현'이라는 단어와 '일반성'이라는 단어는 둘 다 질과 연장의 관점에서 바라본 대상을 다시금 지시한다. 따라서 '반복은 일반성이 아니다'라는 『차이와 반복』의 첫 번째 문장은 들뢰즈가 서론에서 제시하고 자 하는 구분을 다시금 환기하고 있는 것이라 볼 수 있다. 반복은 재현 과 혼동되어서는 안 된다. 좋다. 그런데 우리가 왜 이 둘을 혼동해서는 안 되는 것인가? 또한 '사물,' 규정적인 질과 연장을 지닌 재현을 **일반 적인** 것으로 기술하다니, 이상하지 않은가? 하나의 사물은 특이하거나 (singular), 혹은 적어도 특수한(particular) 것이어야 될 것 같은데 말 이다.

들뢰즈는 서론의 첫머리에서 이 모든 질문에 답하고 있다. '일반성 은 두 가지 커다란 질서를 제시한다. 유사성들이라는 질적 질서와 등가 성들이라는 양적 질서가 바로 그것이다'(1/7/1). 개체적인 대상은 결 코 일반적이지 않지만, 그것이 유사성과 일반성을 정초하는 한에서 그 대상은 일반성과 등치될 수 있다. 질을 보유하는 한, 그 대상은 또 다른 대상과 유사할 수 있다. 측정 가능한 연장을 보유하는 한, 그것은 다른 대상들과 등가적인 것이 될 수 있다. 게다가 바로 이런 것들이 일반성 의 법칙 그 자체를 이룬다. '유사성은 질의 법칙이다. 동등성이 연장의 법칙인 것과 마찬가지로 말이다'(235/303/295). 질을 보유하는 한에 서만 한 사물은 또 다른 사물과 유사할 수 있다. 양을 보유하는 한에서 만 그 대상은 또 다른 대상과 등가적인 것이 될 수 있다.

우리가 재현과 반복을 혼동하고 또한 재현을 반복에 대한 설명으로 잘못 착각할 수 있는 것은 바로 이러한 관점에서이다. 재현의 법칙들이 유사성과 등가성이라면, 만약 질은 항상 유사성으로, 양은 항상 등가성 으로 귀결된다면, 이는 분명 반복을 설명해 주는 것이 재현인 것처럼 보이기 마련일 것이다. 유사성과 등가성이 그것을 매우 완벽하게 설명 해 주기에, 반복은 '우월한 긍정적 원리'를 더 이상 필요로 하지 않게 될 것이다. 시간에 의해 분리된 두 가지 경우 사이에서 만약 유사성도,

등가성도 아니라면, 도대체 반복이란 무엇이란 말인가? 유사성과 등가성을 정초하는 가운데 재현은 반복 또한 정초하는 것처럼 보일 수 있다. 사실 들뢰즈는 이런 종류의 반복이 일반성의 관점에서 설명 가능하다는 사실을 부정하지는 않는다. 문제는 일반성 그 자체가 설명을 필요로 한다는 사실이다. 일반성은 우리가 일상적으로 사용하는 '반복'이라는 말의 의미에 상응하지 않는 더욱 심도 있는 형태의 반복에 의해 설명된다.[1]

그렇다면 반복과 재현의 구분보다 더욱 중요한 것은 들뢰즈가 **두 가지 유형의 반복**이라고 부르는 것 간의 구분일 것이다. 단순화해서 설명컨대, 우리는 이 두 가지 유형의 반복을 일상적으로 사용하는 반복이라는 말과 들뢰즈가 독특하게 사용하는 반복이라는 의미 간의 구분이라고 설명할 수 있다. 우리가 일상적으로 사용하는 반복은 시간에 의해 분리된 두 대상들 간의 유사성 혹은 등가성이라 할 수 있다. 반면 들뢰즈적 의미의 반복은 전자적 의미의 반복을 일상적이고 '피상적인' 개념으로 파악한다. 일차적인 의미에서의 '반복'을 즉각적으로 이해하는 것은 가능하지만 이러한 두 번째 종류의 들뢰즈적 의미의 반복을 우리가 이해하기란 훨씬 어려운 것이 사실이다.

우리는 반복의 정초적, 혹은 구성적 역할에 주목해서 이 개념을 이해하려는 시도를 해 볼 수 있다. 서론이 끝을 향해 나아감에 따라 들뢰즈는 계속해서 이 점으로 되돌아온다.

이 두 가지 반복은 결코 독립적이지 않다. 하나는 특이한 주체이고 다른

---

1 '차이'와 '반복'이라는 단어들은 기술적으로 사용되는 경우에도 한 가지 의미만을 띠는 것이 아니라는 사실을 지적해 둘 필요가 있다. '차이'도 '반복'도 일의적으로 사용되고 있지 않다.

하나의 내부이자 심장이며, 또한 그것의 깊이이다. 다른 반복은 단지 외피
이자 추상적 결과일 뿐이다(24/37/27).

한 반복은 다른 반복의 깊이이다. 하나는 원인이다. 다른 하나는 그 원
인을 둘러싼 결과이다. 하나는 재현을 창조한다. 다른 하나는 재현 및
일반성과 공외연적이다. 이는 이미 들뢰즈의 반복이라는 단어의 기술
적 사용에 대해 많은 것을 말해 주고 있다. 그가 말하는 반복이란 재현
된 세계에 우선하는 반복이며 그 세계와 관련하여 정초적이고 구성적
인 역할을 행하는 반복이다. 들뢰즈적인 반복은 '세상의 내부'에서 발
생하며 '외면적인 반복'을 발생시킨다. 그가 말하듯, 반복은 우리로 하
여금 **'일반성의 질서를 되찾게'**(25/38/28, 필자의 강조)한다. 즉 반복
은 우리가 재현을 되찾는 것을 가능하게 해 준다. 달리 표현하면, **재현
이 반복을 통해 생산된다**. 반복이 재현을 설명해 주는 것이다.

　앞의 인용문에서 들뢰즈는 피상적인 반복의 '특이한 주체'라는 용어
로 반복을 설명했다. 서론에서 가장 중요한 순간들 중 하나가 바로 이
점에 대한 들뢰즈의 주장이라 할 수 있다. 즉 반복의 주체는 반복이 펼
치는 하위-재현적인 깊이들 내에 거주한다. 이러한 반복의 주체로서의
역할은 재현의 질서를 '되찾거나' 혹은 생산하는 것이다.

절대적으로 같은 개념을 지니고 있는 어떤 동일한 요소들에 직면할 때 우
리는 반복에 대해 말할 수 있다. 그러나 우리는 이 이산적 요소들, 이 반복
되는 대상들 가운데서 비밀스러운 주체, 즉 반복되는 대상들을 통해 스스
로를 반복하는 반복의 진정한 주체를 구별해 내야만 한다. 반복은 반드시
대명사적으로 이해되어야 한다. 또한 우리는 반복의 자기(Self)를, 즉 반복
하는 것 내의 특이성을 발견해야만 한다(23/36/26).

두 페이지 뒤에 들뢰즈는 또다시 이와 매우 유사한 점을 지적한다.

> 하지만 우리는 보여 주고자 했다 […] 어떻게 동일한 요소들의 자명한 반
> 복이 잠재적인 주체를 다시금 참조하는지, 그리고 이 잠재적인 주체가 어
> 떻게 그 요소들을 통해 스스로를 반복하는 가운데 첫 번째 반복의 심장부
> 에서 '또 다른' 반복을 형성하는지를 말이다(25/37-8/28, 영문 번역은 수
> 정된 것).

이 두 개의 인용문 모두에서 우리는 먼저 재현의 세계 속 동일한 요소
들의 반복이라는 피상적인 반복 혹은 자명한 반복과 마주한다. 다음으
로 우리는 '비밀스러운' 혹은 '잠재적인' 주체에 대해 알게 된다. 그것
은 '반복함'으로써 재현의 세계를 **구성**하는 것이다. 그러나 위의 두 인
용문은 이보다 훨씬 더 멀리 나아간다. 즉 이 두 인용문이 특히나 흥미
로운 것은 이 잠재적인 주체가 그것의 결과물 가운데 **스스로를 반복**한
다는 사실을 우리에게 알려 주기 때문이다. 다시 말해, 만약 잠재적인
주체가 수행하는 하위-재현적인 반복을 통해 재현이 구성된다면, 아마
도 이 주체는 재현의 세계가 나타남에 따라 스스로를 발전시키게 될 것
이다. 재현이 생산됨에 따라, 반복의 주체는 재현의 주체가 된다. 따라
서 우리는 잠정적으로 주체의 이 두 가지 순간들을 구분해야 할 것이
다. 반복의 '비밀스러운' 주체는 '잠재적인' 주체이다. 재현의 세계 속
에서 살아가는 이러한 주체성의 발전된 형식을 잠시 '자명한' 혹은 '경
험적인' 주체라고 부르도록 하자. 다음에서 우리는 이러한 주체의 두
가지 종착점이 각각 초월론적 감성과 경험적 감성을 구성하는 것을 확
인할 수 있을 것이다.

행위와 법

들뢰즈가 반복이라는 주제를 본격적으로 발전시키는 것은 서론의 중후 반부에 이르러서이다. 하지만 우리는 서론의 초반부에서도 잠재적이고 자명한 주체들에 대한 들뢰즈의 언급을 확인할 수 있으며, 자명한 주체 들이 거주하는 재현의 세계, 그리고 잠재적인 주체들의 하위-재현적인 세계 모두에 대한 매우 중요한 특성들도 알 수 있게 된다. 이 논의는 반 복과 일반성을 구별할 필요성에 대한 주장과 관련하여 이루어지는데, 들뢰즈는 이를 행위, 법, 그리고 개념들이라는 세 가지 관점에서 다루 고 있다.

먼저 들뢰즈는 반복과 재현을 '행위의 관점에서' 구별한다. 그렇다 면 이는 누구의 행위를 일컫는 것인가? 잠재적-자명한 주체를 제외한 또 누가 거기에 존재하는가?[2] 일반성과 관련하여 재현과 공외연적인 **자명한** 주체는 한 가지 행위 양식을 지니고 있다. 즉 자명한 주체는 재 현들을 '교환하거나 대체' 할 수 있다(1/8/1). 이러한 교환은 재현되는 사물이 그것의 질의 관점에서 고려되느냐 혹은 연장의 관점에서 고려 되느냐에 따라 유사성 혹은 등가성의 법칙을 따라 발생한다.

'특이성' 과 관련하여 **잠재적인** 주체 또한 한 가지 행위 양식을 지닌 다. 즉 잠재적인 주체는 반복을 행한다.

[자명한 주체 속의 교환과는] 대조적으로, 우리는 반복이 대체할 수 없는 것과 관련해서만 필수적이고 정당한 행위라는 사실을 알 수 있다. 행위로서 의 반복은 교환 불가능하고 대체 불가능한 특이성들과 관계한다(1/8/1).

---

2 들뢰즈가 '우리의 행위' 라고 말하고 있는 것은 사실이다. 이 모든 것이 말해 주는 것은 들뢰즈가 주체성의 개념을 수정하는 과정 중에 있다는 것이다. 우리는 무의식적 인 잠재적 주체에 의해 구성된 자명한 주체이다.

이는 결코 균형잡힌 유비가 아니다. '특이성'이라는 단어 또한 갑자기 어디에선가 나타난 것처럼 보인다. 만약 반복과 일반성이 행위의 관점에서 대립되고 있다면, 또한 교환이라는 것이 일반성과 관련하여 행하는 것이라면, 우리는 아마 주체가 반복과 관련하여 어떻게 스스로를 행하는지를 발견할 수 있을 것이라고 기대할지도 모른다. 하지만 여기서 **반복 자체가 행위**인 것이 드러났다. 반복은 비밀스러운 주체가 특이성에 직면했을 때 행하는 것이다. 따라서 진정한 대립은 반복과 일반성 사이에 존재하는 것이 아니라 특수성(particularity)과 특이성(singularity) 사이에 존재한다. 주체가 특수한 재현들 (질+양)에 직면할 때 그 주체는 유사성과 등가성의 법칙에 따라 **교환**을 행한다. 주체가 특이성들에 직면할 때, 그것은 반복을 행한다. '특이성을 가지고, 그것을 반복하는 것 이외에 할 수 있는 것이 무엇이겠는가'라고 들뢰즈는 묻고 있다.

4장에서 들뢰즈는 특이성들에 대한 수학적인 개념을 논의하게 될 터인데, 거기서 특이점이란 연속된 보통의 점들을 가로질러 확장되는 것으로 기술되고 있다. 이런 점에서 '특이한'이라는 단어는 '눈에 띄는' 혹은 '변별적인'이라는 의미를 띤다고 할 수 있으며, 나아가 그것이 일련의 다른 점들을 포괄한다고도 볼 수 있을 것이다. 하지만 위의 인용문에서 사용된 특이성은 전혀 이런 의미를 띠고 있지 않다. 여기서 '특이한'이라는 단어는 '눈에 띈다'는 의미도, 다른 점들을 모으는 하나의 점을 의미하지도 않는다. 오히려 그것은 '단일한' 혹은 절대적으로 개체적인 것, 즉 어떤 다른 대상도 참조하지 않는 직접적인(비매개적인) 직관의 대상을 일컫는다고 할 수 있다.

이는 헤겔에 대한 암유, 특히 장 이뽈리뜨(Jean Hyppolite)의 헤겔 독해에 대한 중요한 암유이기도 한데, 이런 의미에서 잠시 여기서 이뽈리뜨의 논지를 자세히 한 번 살펴볼 필요가 있다. 헤겔의『정신현상학』
(*Phenomenology of Spirit*)은 직접적인(비매개적인) 것에 대한 지식으
로 시작한다. 헤겔에 따르면, 우리는 확실성의 모델로서 대상과의 직접
적인 대면을 추구하는 경향이 있다. 내 눈 앞에 바로 존재하는 대상보
다 내가 더 잘 알 수 있는 대상이 무엇이겠는가? 하지만 헤겔은 우리가
그 대면을 한계까지 밀어붙일 때 그것이 실제로 어떠한 모습으로 보이
게 될지를 상상해 볼 것을 요구한다. 직접적인 현전이란 궁극적으로 우
리가 단독적인 대상과 직접적으로 대면하는 단독적인 의식을 상상해야
한다는 것을 의미한다. 우리는 그 대상을 다른 대상들과 비교하지 않는
데, 그 이유는, 그러한 비교가 다른 대상을 위해 그 대상을 잠시 동안이
나마 떠나는 행위를 수반할 것이기 때문이다. 그때 우리는 엄격히 말해
더 이상 대상의 직접적인 현전 가운데 있는 것이 아닌게 된다. 또한 우
리는 대상에 진리를 가져오기 위해 우리의 다른 능력들에 의존할 수도
없는데, 그 이유는 우리가 만약 대상을 기억하거나 상상한다면 우리는
다시 그 대상의 현전 가운데 있는 게 아닌 것이 되기 때문이다. '이러
한 것들(다른 대상들 혹은 다른 '나') 중 그 어느 것도 감각-확실성의
진리와는 관계가 없다.'[3] 오히려 감각-확실성 속에서는 어떠한 특이한
의식이 대상의 특이성 속에서 그 대상을 '의도'하고, 그것에 대한 직접
적인 지식의 풍성함과 풍요로움을 한껏 향유한다. '특이한 의식은 단
일하고 특이한 하나의 항목, 즉 순수한 "이것"을 안다.'[4] 주체와 대상은
'가능한 한 통합에 가까운 직접적인 관계 속에서'[5] 병합된다.

하지만, 장 이뽈리뜨가 언급하듯, 헤겔에게 이는 '모든 진부한 것들

---

3 Hegel, *Phenomenology*, p. 58.
4 같은 책, p. 59.
5 Hyppolite, *Genesis and Structure*, p. 84.

중 최악의 것'이며, 이러한 조건들하에서 지식이란 불가능하게 된다. '[의식의 특이성과 그것의 대상을] 상정'할 때, '우리는 그것이 즉각적으로 용해되는 것을 목도한다.' '감각적인 특이성은 그 자신의 폐기 속에서 진정으로 스스로를 드러낸다.' 그리고 특이한 대상의 폐기와 더불어 '특이한 "나"'또한 사라지게 된다.' '죽음은 정신의 삶의 시작이다.'[6] 지식이 존재하기 위해서, 의식이 대상과 직접적으로(비매개적으로) 대면하는 것은 반드시 이미 **'매개된'** 것이 되어야 한다.

다음으로 이뽈리뜨는 두 가지 점을 강조한다. 하나는 매개란 복잡한 변증법을 통해 발생하며, 나아가 매개 혹은 변증법은 진정한 발생이라는 점이다. 그는 『발생과 구조』(Genesis and Structure)에서 이 과정에 대한 놀랍도록 명료하고 상세한 설명을 제공하는데, 여기서는 지면 관계상 대략적인 요약만이 가능하다. 일반적으로 감각-확실성에서 의식의 다음 순간인 '지각'으로의 발생은 대상을 관조하는 특이한 의식의 (아직은 불완전한) 통일성과 더불어 시작된다. 변증법의 첫 번째 순간에 의식은 이 대상을 본질로 다룬다. 두 번째 순간에, 그 대상이 본질을 결여한다는 사실을 발견한 의식은 그 대상으로부터 자기 자신으로 돌아서며 그 자신을 본질로 간주하게 된다. 마지막으로, 세 번째 순간에 이 두 가지 관점은 주체와 대상의 통일 가운데 승화된다. 이러한 통일은 더 이상 직접적인 대상을 의도하는 특이한 의식의 단순한 통일성이 아니다. 이제 그것은 매개의 다양한 순간들(그리고 특히 각각의 순간에 전개되는 단일한 것과 보편적인 것 사이의 다양한 관계들)을 포함하고 또 표현한다. 새로운 통일은 그 자신 안에 스스로의 역사를 지니며, 따라서 대상과 의식의 전진적 발전을 표현한다. 여기서 대상은 이

---

6 Hyppolite, LE, p. 15.

제 '사물'이라 불리고 주체는 '사유하는 주체'가 되는데, 이 둘은 추후 지각의 변증법 속에서 다시 발전을 거듭하게 된다.

이 맥락은 적어도 두 가지 이유에서 중요하다고 할 수 있다. 첫째, 우리는 들뢰즈에 있어 비밀스러운 주체란 특이성을 사유하는 주체라는 것을 알게 된다. 만약 '특이성'이 이러한 헤겔적인 의미로 이해된다면 우리는 반복이 대상에 대한 직접적인 사유와 관련한 우리의 감성의 행위일 수도 있다고 (이 점은 나중에 확증될 것이다) 생각해 볼 수 있을 것이다. 반복은 직관의 직접적인 대상과 관련된 주체의 행위이다. 잠재적인 주체, 즉 우리의 감성은 직접적인 대상, 즉 특이성을 반복한다. 이러한 해석은 이후의 장들에서 『차이와 반복』의 다른 순간들을 통해 지속적으로 등장하게 될 것이다. 둘째, 이 짧은 암유 속에는 헤겔에 대한 숨겨진 비판이 들어 있는데, 이는 서론의 후반부에서 더욱더 개진된다. 특이성과 대면할 때, 들뢰즈적인 의식은 반복을 행하고, 헤겔적인 의식은 매개를 행한다. 반복은 매개를 대체하고, 이와 더불어 대립에 의해 진행되는 발생의 전체 모델을 대체하게 된다.

일반성과 반복은, 두 번째로 법의 관점에서 대립한다. 이 대립 또한 잠재적이고 자명한 주체라는 두 주체의 선들을 따라서 펼쳐진다. 자연법과 도덕법은 모두 재현의 수준에서 법을 제정한다. 법은 현상들에 대해 그것들의 질과 양의 관점에서 제약을 가한다. '법은 자신이 지정하는 항들에 등가적인 것과 더불어, 법에 의해 지배되는 주체들의 유사성을 규정한다'(2/8/2). 따라서 법은 자명한 주체 및 그것이 스스로에게 재현하는 대상들에 대하여 법을 제정한다. 하지만 우리가 이미 알고 있듯이, 반복이란 이러한 수준의 아래, 즉 잠재적인 주체 내에서 발생하는 것이다. 따라서 반복은 법의 규칙에 종속되지 않고 법에 의해 지배되는 영역 그 자체를 생산한다. '모든 관점에서 반복이란 위반이다. 반

복은 법을 의문시하고, 보다 심오하고 보다 예술적인 현실을 위해 법의
명목적인 혹은 일반적인 성격을 비난한다'(2-3/9/3). 만약 법이 유사
성과 등가성을 규정한다면, 질도 연장도 아직 생산되지 않은 세계를 어
떻게 지배할 수가 있겠는가? 재현된 세계는 법들에 의해 지배되는 세
계이다. 반복의 '더 깊은' 하위-재현적인 세계는 아직 법들이 존재하
지 않는 '예술적인' 혹은 미학적인 영역이다.

첫 번째 대립의 숨겨진 목표가 헤겔이었다면, 이번 대립의 목표는 칸
트라 할 수 있다. 칸트가 오성을 자연의 입법자로 기술한 것은 너무나
유명하다.

> 따라서 오성이 그 자체로 자연법의 근원이며 자연의 형식적 통일성의 근
> 원이라 말하는 것은 그것이 모순적으로 들리는 것만큼이나 그 대상, 즉 경
> 험에, 정확하고 적절한 주장이다. 확실히 경험적인 법들은 그 자체로 결코
> 그들의 기원을 순수한 오성에 두지 않는다[…]. 그러나 모든 경험적인 법
> 칙들은 오성의 순수한 법칙들의 특수한 규정자들이다[…](CPR A127).

오성은 자연에 대하여 법을 제정한다. 그것은 물리학의 법칙들과 같은
경험적인 법들을 결정하지는 않지만, 들뢰즈가 말하듯이 '형식의 관점
에서 **모든** 현상들이 종속하게 되는 법칙들을 구성한다'(KP 17, 필자의
강조).[7] **모든** 현상들이 종속하게 되는 법칙들이 바로 범주들이다. 범주
들은 그것이 대상인 이상 어떠한 대상도 반드시 따를 수밖에 없는 규칙

---

7 칸트는 이를 다음과 같이 표현한다. '따라서 자연을 우선적으로 가능하게 하는 특
정한 법칙들, 실로 **선험적인** 법칙들은 존재한다. 경험적인 법칙들은 오직 경험의 수단
들을 획득할 수만 있으며, 또 그 수단들에 의해서만 정초될 수 있다. 경험을 우선 가능
하게 하는 본래적인 법칙들에 부합해서 말이다'(CPR A216/B263).

들을 구성한다(CPR A126). 결정적으로 범주들은 또한 상상력이 인식의 종합을 도식화하고 또 실행할 때 따르는 법칙들이기도 하다. 다음에서 우리는 보다 상세히 이 점을 논의하게 될 것이다. 다만 여기서 중요하게 이해되어야 할 점은 재현의 비밀스러운 주체는 어떠한 법의 지배도 받지 않는다는 것이다. 이 주체는 어떠한 범주와도 관계하지 않는다. 이 주체가 종합에 다름 아니라는 점을 우리가 발견하는 순간, 종합은 범주들의 외부에서 이들과는 독립적으로 기능하게 될 것이다.

반복과 일반성의 첫 번째 구별은 잠재적인 주체가 특이성들과 직면하며, 또 그 특이성들을 반복한다는 사실을 우리에게 알려 준다. 두 번째 구별은 이 반복이 규칙에 지배받는 것이 아니라는 사실을 알려 준다.

거짓 운동

행위와 법의 관점에서 반복과 일반성을 구별한 후 들뢰즈는 반복을 논하는 두 명의 또 다른 철학자들인 니체와 키르케고르 간의 일련의 비교를 행하는데, 이는 헤겔에 대한 그들의 대립, 혹은 '거부'에서 정점을 이룬다. '헤겔에 대한 그들의 거부는 헤겔이 "거짓 운동," 다시 말해 "매개"의 추상적이고 논리적인 운동을 넘어서지 않는다는 데 있다'(8/16/9). 다음에서 우리는 헤겔의 매개에서 '거짓' 되고, '추상적'이며 '논리적'인 것이 정확히 무엇을 의미하는 것인지를 보게 될 것이다. 단지, 여기서 지금 필자가 강조하고자 하는 바는 들뢰즈에게 있어 '반복'이라는 단어는 '매개'에 대한 대안을 의미한다는 사실이다.

들뢰즈가 운동을 묘사하기 위해 극장이라는 이미저리(imagery)를 사용하기는 하지만, 운동이라는 것이 단순히 A 지점에서 B 지점으로의, 혹은 코펜하겐에서 베를린으로의, 공간을 통과하는 운동이라는 의미는 결코 아니다. 오히려 그것은 '사유' 혹은 '정신' 속의 운동이며,

이는 종종 유한한 사유에서 무한한 사유로의 운동을 의미한다.[8] 즉 운동이란 장 이뽈리뜨가 **'이행 그 자체를 포착'**(LE 115, 이뽈리뜨의 강조)하고자 하는 시도라 부르는 철학적 기획이다. 그렇다면 이 운동의 본성은 과연 무엇인가? 이것이 아마도 『차이와 반복』의 핵심적 질문일 것이다. 사유의 운동이라는 것이 플라톤이 말하는 회상의 일종을 일컫는 것인가? 혹은 아리스토텔레스의 키네시스(kinesis), 즉 잠재성에서 현실성으로의 운동을 일컫는 것인가? 아니면 칸트가 말하는 종합적이고 **선험적인** 명제인가? 혹은, 이뽈리뜨가 주장하듯, 헤겔적인 '매개'(LE 115)인 것인가? 처음의 세 가지 개념들은 모두 들뢰즈가 '진정한 운동'이라는 개념을 정의할 때 다양한 방식으로 환기된다. 반면, 들뢰즈의 운동에 대한 개념은 궁극적으로 헤겔의 운동과는 대립되며, 따라서 테제에서 안티테제로, 또 진테제(종합)로 진행되는 변증법적 운동에 대립된다. '반복'은 수정된 매개 개념을 위한 새로운 용어이다.

이는 두 군데의 주석에서 가장 명료하게 나타난다. 먼저, 키르케고르의 반복 개념을 언급하는 첫 번째 주석에서 들뢰즈는 '진정한 운동은 매개가 아니라 "반복"이며, 이는 헤겔이 기술한 추상적이고, 논리적이며, 거짓된 운동과는 대립된다'(306n5/17nl/33n5)[9]고 말한다. 또 다른

---

8   지금 문제시되고 있는 운동이 '사유'와 관련된다고 말하려면 다소 조심해야 할 필요가 있는데, 그 이유는 이 문제가 정확히 사유의 본성과 관련되기 때문이다. 예를 들어 키르케고르는 유일하게 진정한 반복은 자연이나 자연의 천문학적인 주기 안에서 발생하는 것이 아니라 '자유 속의 개인들,' '유한한 정신' 그리고 특히 '유한한 정신이 그것의 반복적인 운동에 공감하여 스스로를 관조적으로 포기하는 과정'(Kierkeggard, 288, 292)과 관계된다고 주장한다. 하지만 들뢰즈는 이보다 더 나아가 다음과 같이 묻고 있다. '이 운동은 정신의 영역에서 발생하는 것인가 아니면 신도 자아도 알지 못하는 세계의 내부에서 발생하는 것인가?'(11/29/12). 우리는 들뢰즈의 질문을 이렇게 바꿔 볼 수도 있을 것이다. '이것은 자명한 주체의 운동인가 아니면 잠재적인 주체의 운동인가?'

9   키르케고르가 생각하는 반복의 본성, 그리고 그것이 헤겔식의 매개와 플라톤적인

주석에서 들뢰즈는 키르케고르와 동일한 방식으로 반복을 차용하는 가 브리엘 타르드(Gabriel Tarde)를 인용하여 다음과 같이 말한다.

'반복은 안티테제보다 훨씬 더 강력하지만 덜 피로한 문체상의 방법으로 서, 주제를 새로이 환기하는 데도 훨씬 더 적합하다[…].' 타르드는 반복 을 철저히 프랑스적인 사유로 이해했다. 키르케고르가 반복을 철저히 덴 마크적인 개념으로 이해한 것도 사실이다.[10] 그들은 반복이 헤겔의 것과는 아주 다른 방식으로 변증법을 발생시킨다고 보았다(308n15/39nl/34n15).

여기서 중요한 말은 바로 '헤겔의 것과는 아주 다른 방식의 변증법'이 다. '반복'은 '매개'에 해당하는 들뢰즈식 용어이다. 반복은 더 이상 부정(negation)과 승화(sublimation)에 의해 펼쳐지는 것이 아닌 매개 이다. 반복은 새로운 변증법을, 키르케고르식으로 말하자면 일종의 '시적 변증법'을 구성한다. 다음에서 우리는 이 새로운 변증법이 한 가 지 기본적인 점에서, 즉 그것이 '비대칭적'이라는 점에서 헤겔의 변증 법에 대립된다는 사실을 확인하게 될 것이다. 차이는 내내 모순으로 전 진하게 되는 것이 아니며, 따라서 종합 또한 테제와 안티테제의 균형 잡힌 종합이 아니다. 매개와 마찬가지로 반복은 사유 그 자체의 운동이 라 할 수 있는 일종의 **과정**이지만, 반복은 목표를 지니지 않는 비대칭 적인 종합들을 구성하는 과정이다. 이것이 바로 들뢰즈가 '반복'이라 는 말로 의미하는 바가 무엇인지를 이해하기가 너무나 어려울 수 있는

상기와 대립되는 방식에 관한 매우 읽기 쉬운 설명으로는 존 카푸토(John Caputo)의 『급진적 해석학』(*Radical Hermeneutics*)의 1장을 참조할 것. 이 책의 첫 세 장은 반복 일반의 주제를 탁월하게 소개하고 있다.
10 Kierkegaard, *Repetition*, p. 149 참조.

이유이다. 반복은 시간 속에서 분리된 두 가지 심급들의 등가성 혹은 유사성을 의미하는 것이 아니다. 반복은 일종의 종합적 **과정**인데, 이 과정에 의해 사유 그 자체가 구성되고 스스로를 인식하게 된다. '반복' 은 들뢰즈가 그 자신의 변증법에 부여하는 이름이다.

봉쇄된 개념

행위와 법의 관점에서 반복과 일반성을 대립시킨 후, 들뢰즈는 개념의 관점에서 이 둘을 다시금 대립시킨다. 여기서 들뢰즈는 그가 '속류 라이프니츠주의'라고 칭하는 것의 좌표들을 보여 준다. 극도로 엄밀하고 복잡한 이 부분은 속류 라이프니츠주의뿐 아니라 속류 아리스토텔레스주의, 칸트주의, 헤겔주의 전체를 관통하고 있기에 이 모든 과거 역사들 각각에 대한 이해 없이, 그리고 들뢰즈가 놀라울 정도의 비범한 기교로 그들과 병합되는 방식에 대한 이해 없이 이 부분을 이해하기란 거의 불가능하다고 할 수 있다.[11] 지면 관계상 여기서 들뢰즈가 기술하는 모든 철학적 사유의 선들을 보여 주기란 힘들다. 그리고 이러한 종합만큼이나 흥미로운 사실은 들뢰즈가 강조하고자 하는 바가 이러한 사유의 선들에 의존하고 있지 않다는 점이다. 앞에서 행위와 법의 관점에서 반복과 일반성을 구분한 것과 마찬가지로, 이 부분에서 들뢰즈는 개념의 관점에서 반복과 일반성을 구분한다. 우리가 이미 알고 있듯이, 개념과 관련해서 두 가지 유형의 반복이 존재하는데, 하나는 잠재적인 것, 또 하나는 자명한 것이 바로 그것이다. 첫 번째 종류의 반복은 개념을 **생산**한다. 두 번째 종류의 반복은 개념을 **전제**한다.

---

11 이러한 라이프니츠적인 측면들에 대한 탁월한 설명으로는 댄 스미스(Dan Smith)의 에세이 「들뢰즈와 라이프니츠」 "Deleuze on Leibniz" 및 「순수 사건들의 지식」 "Knowledge of Pure Events" 참조.

들뢰즈는 네 가지 종류의 개념들과 이 개념들에서 나오는 반복의 종류들(인위적인 개념, 명목적인 개념, 자연적 개념, 그리고 자유의 개념)을 상세히 기술한다. 라이프니츠에 대한 강의에서 들뢰즈가 사용한 예를 하나 들어 보자. 나는 물방울이라는 하나의 개념을 가질 수 있지만 이 개념은 모든 물방울에 적용 가능할 것이다. 경험을 통해 내가 만나게 되는 각각의 물방울은 다른 물방울들의 반복이 될 수 있다(그것은 다른 물방울들과 유사하거나 혹은 등가적일 수 있다). 일반적인 '물방울'이라는 개념 속에의 참여를 통해서 말이다(들뢰즈는 『차이와 반복』에서 이러한 유형의 개념을 '인위적인' 개념이라고 부른다). 이런 의미에서 개념은 실로 반복을 설명하지만, 정확히 말해서는 반복의 피상적인 형식만을 설명해 줄 뿐이다. 들뢰즈가 제안하기를, 우리가 제기해야 하는 진정한 의문은 개념이 피상적인 반복을 정초할 수 있느냐 없느냐 하는 것이 아니라, 개념을 정초하는 것은 무엇인가 하는 것이다. 개념은 어디에서 기원하는가?

개념 그 자체는 궁극적으로 다른 것을, 더 깊은 반복을 지시한다. 네 가지 유형의 개념들 각각은 '봉쇄'(blockage)로부터 나오며, '비밀스러운' 혹은 '숨겨진' 반복 없이는 봉쇄도 존재하지 않는다. 들뢰즈는 라이프니츠에 대한 강의에서 이 상황을 아래와 같이 설명한다.

물방울이라는 개념은 모든 물방울들에 적용 가능합니다. 물론 라이프니츠에 따르면, 당신이 어떤 특정한 지점, 어떤 유한한 지점에서 개념에 대한 분석을 봉쇄할 때 말이지요. 하지만 당신이 그 분석을 다시금 밀어붙이면, 개념들이 더 이상 동일하지 않게 되는 어떠한 순간이 있게 될 것입니다.[12]

---

12 라이프니츠 세미나(1980년 5월 6일).

이 예에서 우선 우리는 물방울을 쳐다보고 있는 우리 자신을 상상해야 한다. 특정한 한 관점에서 우리는 아마 '이것은 물방울이다'라고 말할 수 있을 것이며, 이는 이 물방울이 '물방울'이라는 일반적인 개념에 참여하는 한에서 우리가 이것을 하나의 물방울로 **인식**한다는 사실을 의미하게 될 것이다. 하지만 우리는 또한 이 특정한 물방울이 다른 모든 물방울들과 다르다고 말할 수도 있다. 예를 들어 이 물방울은 여기, 지금 이 순간에 있는 것이기에 거기에, 그리고 나중에 있게 될 물방울과는 다르다. 만약 우리가 신이라면(이렇게 말함으로써 우리가 신이 아니라는 사실을 암시하는 것은 아님을 밝혀 둔다) 우리는 이 분석을 무한으로까지 확장시킬 수 있을 것이다. 즉 우리는 그 순간에 이 물방울의 다른 물방울들과의 관계, 그리고 나머지 우주와의 관계를 이해할 수 있을 뿐 아니라 그것의 미래까지 볼 수 있게 될 것이다. 또한 그 물방울이 바람에 의해 결정되는 다양한 진로들을 따라 다시 구름으로 되돌아가는 과정을 위시하여, 증발된 물 분자가 처음으로 특정한 그 물방울로 응축하는 지점으로 거슬러 올라가는 과정 등등을 확인하는 것도 가능할 것이다. 개체적인 방울의 역사와 미래가 포함된 이 순간들 모두가 바로 그것의 '완전한 개념'을 구성한다. 또한 더욱 중요한 것은 이 개념이 모든 다른 방울들과 그 방울들의 개념들을 배제한다는 사실이다.[13] 이 방울의 개체적인 차이는 그 자신의 개념 안에 포함되어 있다.[14]

---

13 물방울에 대한 이러한 사실은 알렉산더 대왕에 대해서도 동일하게 적용될 수 있다. '알렉산더의 영혼(예를 들어 개념) 속에는 지금까지 그에게 발생한 모든 것의 흔적들 및 앞으로 그에게 발생할 모든 징후들이, 심지어는 우주에서 발생하는 모든 것의 흔적들이 항상 존재한다. 비록 신 이외에는 그 누구도 그것들에 대해 알지는 못하지만 말이다'(Leibniz, *Discourse on Metaphysics*, §8).

14 『차이와 반복』과 라이프니츠에 관한 모든 세미나에서 들뢰즈는 이러한 결론에 도달하는데, 이 점에 대해서는 앞으로 더 상세히 다루게 될 것이다. '오직 개념적인 차이만이 존재합니다. 다시 말해, 만약 당신이 두 가지 사물들 사이의 차이를 가정한다

봉쇄된 개념은 바로 이러한 신의 눈이라는 관점하에서 진정한 의미를 획득한다. 오직 신만이 무한한 개념을 명확하게 알 수 있기 때문이다.[15] '우주의 아름다움은 각각의 영혼 가운데서 학습**될 수** 있고 우리가 그것의 모든 주름들을 펼쳐 낼 수 있다'는 것은 맞는 말이지만, 유한한 정신을 지닌 우리 인간은 오직 그 우주의 작고 고립된 부분만을 이해할 수 있을 뿐이다.[16] 신은 무한한 개념을 이해한다. 우리는 봉쇄된, 혹은 '한정된' 개념만을 이해한다. 이 유한한 개념은 정도껏 한정될 수 있다. 예를 들어, 우리는 앞서 가상적으로 해 보았던 것처럼 이 분석을 더욱더 밀어붙여 지금, 그리고 여기 존재하는 특정한 물방울에 대한 개념을 규정해 볼 수 있다. 아니면 이 분석을 상대적으로 일찍 중단하여 그 개념이 더 이상 특정한 개념이 아니라 다수의 물방울들을, 예를 들면, 지금 이 순간 하늘에서 떨어지는 물방울들을 지시하게끔 해 볼 수도 있다. 만약 이 분석이 더욱더 한정된다면, 이 개념은 더 이상 빗방울이 아니라 모든 방울들이 될 수도 있을 것이다. 개념이 한정되면 될수록, 그것은 더욱더 일반적인 것이 된다.

'반복'은 어떻게 개념을 봉쇄하는가? 이 질문의 중요성을 이해하기 위해서는 존재들로부터 우리에게 가장 익숙한 하나의 존재로 눈을 돌려 보는 것이 도움이 될 것이다. 우리는 실체들이기도 하다. 빗방울과 마찬가지로 우리 또한 전 우주, 과거, 현재, 그리고 미래를 표현한다. 빗방울과 마찬가지로 우리는 유한하며, 따라서 신과는 다르게 어렴풋한 정도로만 우주를 이해한다. 우리는 오직 '한정된' 개념만을 명확하

면, 필수적으로 개념 속의 차이가 발생하는 셈입니다'(라이프니츠 세미나[1980년 5월 6일]).

15 하지만 들뢰즈는 그의 강연들과 『주름』(*The Fold*)에서 이 점을 부인하게 된다.

16 *Principles of Nature and Grace*, §13. 필자의 강조.

게 이해한다.[17] 『새로운 에세이들』(*New Essays*)에서 라이프니츠는 무한한 이해와 유한한 이해라는 두 가지 관점에서, 즉 '무한한 것을 수반하는' 무의식적인 '미세 지각들'과, 우리의 의식적인, '눈에 띄는' 혹은 '감성적인' 지각들을 수반하는 유한한 '통각'(apperception)이라는 개념을 통해 이 둘을 구분한다(NE 53-9).[18] 우리의 무의식은 무한하지만, 우리의 의식은 유한하다.

> 군중들로부터는 분간해 낼 수 없는 이러한 미세한 인상들이라는 개념을 더욱 명확히 이해하기 위해, 우리가 해안가에 서 있을 때 우리에게 강한 인상을 남기는 아우성치는 바다의 소리를 한번 예로 들어 보자. 이 소리를 우리가 듣는 것처럼 듣기 위해서는 각각의 파장의 소리라 할 수 있는 전체 소리를 구성하는 각 부분들을 들어야만 한다. 비록 이러한 작은 소리들 각각이 인식되는 것은 모든 다른 소리들과 혼란스럽게 합쳐질 때뿐이고, 소리를 만드는 파장이 홀로 존재할 때는 인식되지 않긴 하지만 말이다. 우리는 반드시 이 파장의 움직임에 미세하게나마 영향을 받아야 하고, 이 소리들이 얼마나 희미하든지 간에, 소리들 각각을 지각할 수 있어야 한다. 그렇지 않다면 수만개의 파장들에 대한 지각은 결코 가능하지 않게 될 것이다. 수만개의 무들이 유를 구성할 수는 없기 때문이다(NE 54).[19]

명확한 지각을 가능하게 해 주는 우리의 유한한 영역이라 할 수 있는

---

17 *Discourse on Metaphysics*, §15 참조. '따라서 무한한 범위를 지닌 실체는 그것이 모든 것을 표현하는 한, 그 표현의 다소 완벽한 방식에 의해 제한되게 된다.
18 들뢰즈는 봉쇄된 개념들에 대한 『차이와 반복』에서의 그의 논의 전체에서, 특히 다양한 인식능력들(기억과 재인)에 대한 그의 설명에서 라이프니츠의 이 문구를 빈번하게 환기시킨다.
19 *Principles of Nature and Grace*, §13 참조.

통각은 이 파장들의 엄청난 포효를 듣는다. 반면, 미세 지각은 '사물들의 측정불가능한 미세함'에 참여하는데, 이는 '항상, 그리고 어디에서나 현실적인 무한성을 수반한다.'[20] 그것은 각각의 개별적인 파장을 들으며, 또한 그것의 한계 지점에서는 무한성 그 자체를 듣는다. 그렇다면 반복이 어떻게 개념을 봉쇄하는가를 물을 때, 우리는 무한성과 관련되는 무의식적인 과정이 또한 어떻게 통각이 관장하는 표현의 명확한 영역과 관련되는가를 묻고 있는 것이기도 하다. 미세 지각과 통각은 어떤 관계를 맺고 있는가?[21]

이 질문을 어떻게 들뢰즈적인 용어로 제기해 볼 수 있을까? 라이프니츠의 '통각'을 들뢰즈의 용어로 바꾸어 본다면 이는 재현된 사물(질+양)의 이해 속에 있는 자명한 의식이 될 것이고, 미세 지각과 기능적으로 동일한 등가물은 반복 과정의 시작하에 있는 순간적인 특이성이 될 것이다. 그렇다면 여기서 질문은 특이성과 재현 간의 관계가 무엇인가 하는 점이 될 것이다. 우리는 다소 일반적인 방식으로 이미 이에 대한 답을 알고 있다. 새로운 변증법이라 할 수 있는 반복은 직접적인(비매개적인) 특이성 속에서 시작되는 비대칭적 종합이라는 방식으로 잠재적인 주체가 자명한 주체를 발생시키는 과정이다. 직접적인 대상을 재현적인 의식에 관계시키는 것이 바로 이 변증법이다. 들뢰즈는 이 점에 대해 매우 구체적으로 설명하고 있다. 즉 그는 개념을 봉쇄하는 것은 이념(Idea)이라고 말한다.[22] 이념의 현실화 과정을 따라가 볼 때, 정말로 우리는 그것이 재현된 질과 연장 속에서 정확히 끝을 맺게 된다는

---

20 NE 57.
21 라이프니츠에서의 이러한 관계에 대한 탁월한 설명으로는 들뢰즈의 라이프니츠 세미나(1980년 4월 29일)를 참조할 것.
22 (220/284/273)과 (289/369/360) 참조.

점을 확인할 수 있을 것이다. 이념 그 자체는 새로운 변증법 내의 오직 한 순간일 뿐이다. 반복은 이념을 생산한다. 이념은 재현을 생산한다. 이것이 바로 들뢰즈의 탐정 소설의 세 가지 주된 순간들이다. 특이성 혹은 물질, 이념, 그리고 재현. 이는 특이성에서 재현으로 나아가는 들뢰즈식 변증법의 행로이기도 하다.

결론

이는 여전히 우리가 제기한 질문에 대한 일반적인 방식의 대답에 불과하며, 우리가 진정으로 알기를 원하는 것은 **어떻게** '반복'이 순간적인 특이성에서 이념으로, 또 이념에서 재현으로 운동하는가 하는 것이다. 여기서 '반복'이라는 단어는 '매개'라는 단어만큼이나 애매모호하다.[23] 반복은 매개의 한 형식이자, 하나의 '새로운 변증법'이라고 하는데 이 변증법이 헤겔의 변증법보다 더 이해가 쉬운 것도 아니다. 하지만 이를 다르게 표현하여 우리는 반복이 종합의 한 형식이라고 말해 볼 수 있다. 반복을 일반성에 대립시킬 때 들뢰즈는 이러한 종합의 일반적인 세 가지 성격을 밝히는데, 이는 종합에 보다 더 결정적인 특성을 부여해 준다.

1. 행위의 관점에서, 종합은 특이성들과 관련된다. 종합은 직접적인 (비매개적인) 직관의 순간적인 파편들을 결집시킨다.
2. 법의 관점에서, 이러한 종합은 법의 아래에서, 혹은 법 이전에 발생한다. 반복은 '본질적으로 위반'이며, '법이 **아직은** 존재하지 않는

---

23   '매개는 일종의 키메라인데, 헤겔에서 이 개념은 모든 것을 설명해 내는 것이어야 한다. 또한 이는 헤겔이 결코 설명하려고 시도한 적 없는 유일한 것이기도 하다' (Kierkegaard, *Fear and Trembling*, p. 42. *Repetition*, p. 149도 참조할 것).

세상과 심장의 한 가운데서' (25/38/28-9, 필자의 강조) 형성된다.

3. 개념들의 관점에서, 반복은 무의식적이고, 전-개념적이며, 하위-재현적이다. 개념들의 봉쇄는 실로 '일반성' 내의 피상적인 반복으로 귀결된다. 하지만 개념이 일단 봉쇄되는 것은 오직 전-개념적이며 '일반성과 무관한 반복' 이라는 조건하에서이다.

다음에서 우리는 이러한 세 가지 특성들이 수동적 종합 일반의 세 가지 특징을 이룬다는 사실을 확인하게 될 것이다.

2절. 차이 그 자체

『차이와 반복』의 첫 번째 장인 '차이 그 자체' 는 여러 면에서 여전히 서론 격에 해당한다고 볼 수 있다. 서론과 마찬가지로 우리는 다시금 이 책의 핵심적 개념에 대한 서사시적인 조망 가운데서 방황하게 된다. 단, 한 가지 명백한 차이가 있다면 이 장에서는 반복이라는 개념이 중심이 되는 것이 아니라 차이 개념이 중심을 이루고 있다는 점이다. 서론에서 들뢰즈는 일상적 개념의 반복, 그리고 잠재적인 주체 및 그것의 새로운 변증법을 의미하는 보다 더 깊고 '비밀스러운' 반복을 구분했다. 이 첫 번째 장에서 들뢰즈는 다시금 '차이' 라는 개념의 기술적인 사용, 그리고 두 가지 사물 간의 차이나 어떤 다른 것과 관계 맺고 있는 차이를 의미하는 우리의 일상적인 차이에 대한 이해를 구분한다. 하지만 서론과 이 첫 번째 장 모두에서 이러한 개념들은 이들에 의미를 부여하는 체계적인 맥락의 외부에서 소개되고 있기에 아직 이 개념들은 단독적으로는 미규정적이고 무의미한 개념들로 남아 있다.

첫 번째 장은 서론에 비해서는 상당히 길다. 다음에서 필자는 생산적이면서 잠재적으로 개체화하는 차이라는 개념, 헤겔에 대한 비평, 그리고 존재에 대한 문제라는 세 가지 테마에 집중해서 이 장을 논의해 보고자 한다.

개체화하는 차이

이 장의 전체적 구조의 중심이 되고 있는 가장 중요한 사유는 차이가 생산적이며 개체화하는 것이라는 점이다. 존재가 그 자신의 특징적 통일성을 부여받아 다른 모든 개체들과 **구별되는** 과정이 개체화 과정인 한에서, 차이는 항상 이 개체화에 중요한 역할을 수행해 왔다. 들뢰즈는 개체화하는 차이가 또한 항상 보다 더 크고 더 근본적인 동일성과 관련되어 사유되어 왔다고 주장한다. 생산적이긴 해도 차이는 여전히 '개념 속에 있는' 차이이다. 따라서 들뢰즈의 방식은 매우 간단하다. 그는 우선 차이가 생산적이게 되는 다양한 방식들을 기술하고는 (특히 그는 아리스토텔레스, 라이프니츠, 헤겔, 존재에 대한 스콜라 철학의 이론들 및 플라톤을 예로 들고 있다) 곧 그것이 여전히 개념 내에 구속되어 있다는 사실을 보여 준다. 다음으로 그는 차이가 개념의 외부에서도 여전히 생산적이고 개체화하는 것일 수 있다는 사실을 주장한다.

이 장의 궁극적인 목표는 헤겔이 '차이 그 자체'라 부른 것, 즉 '즉자적이면서 대자적인' 차이, '외부의 어떤 것에서 유래한 것이 아니라 **자기-관계적인** 차이, 따라서 **단순한** 차이'라 부를 수 있는 개념을 발전시키는 것이다.[24] 헤겔은 이 차이를 오직 변증법적 대립의 과정을 통해서만 발견하는데, 이 과정을 통해서 차이는 추상적이 되며 존재의 운동

---

24 *Science of Logic*, p. 417. 헤겔의 강조. 이러한 차이 개념에 대한 이뽈리뜨의 비평 또한 참조할 것 (LE p. 118).

속의 한 순간만을 구성하게 된다. 들뢰즈는 사물들 간의 차이, 혹은 다른 사물들과의 관계하에 있는 차이가 아닌 차이 개념을 발전시키고자 하는데, 이 차이는 변증법을 통해서가 아니라 차이의 '규정적인' 산 경험을 통해 발견된다. 또한 종국적으로 이 차이는 존재의 운동 내의 한 순간만을 구성하는 것이 아니라 존재 그 자체와 구별 불가능하게 된다.

들뢰즈는 아리스토텔레스 철학에서의 차이 개념의 역할에 대해 기술하면서 이 장을 시작한다. 아리스토텔레스의 차이는 우리가 유(genus)의 차이를 서술함으로써 종(species)을 지닐 수 있게 된다는 의미에서 생산적인 것으로 간주될 수 있다. 이 점은 아마 포르피리우스(Porphyry)의 유명한 나무가 가장 잘 보여 준다고 할 수 있을 것이다.

> 실체 그 자체는 하나의 유이다. 그 아래에는 신체가 있고, 신체의 아래에는 활력 있는 신체가, 또 그 아래에는 동물이 있다; 동물 아래에는 이성적인 동물이, 그 아래에는 인간이 있다. 인간의 아래에 소크라테스와 플라톤, 그리고 개별적인 인간들이 있다(*Introduction* 6).[25]

이 나무 바로 아래에는 항상 유를 종들로 전환하는 차이가 존재한다. '육화하는' (혹은 '확장된') 차이가 '실체'에 귀착될 때, 그것은 '신체' 라는 종을 생산한다. 신체는 확장된 실체이다. 이후 '신체'는 그 다음의 차이를 지지하는 유가 된다. '활력 있는' 차이는 이 유적인 신체를 동물 종으로 전환시킨다. 동물 종에 귀착될 때, '이성적인' 차이는 인

---

[25] 아리스토텔레스에 대한 들뢰즈의 논의는 포르피리우스의 해석에 크게 빚지고 있다 (이것이 바로 들뢰즈가 그리스 용어들과 라틴 용어들을 뒤섞어 쓰는 이유이다). 이와는 약간 다른, 아리스토텔레스에게 좀 더 충실한 해석으로는 제프 벨(Jeff Bell)의 *Philosophy at the Edge of Chaos*, p. 122를 참조. 아리스토텔레스의 *Metaphysics* 1054b도 참조.

제3장 본문 읽기 83

간을 생산한다. 포르피리우스가 말하듯이, '유는 물질과 같고, 차이는 형태와 같다'(14). 이러한 관점에서 볼 때 차이는 개체화하는 것, 혹은 적어도 종들을 생산하는 것이다(일반적으로 개체화는 시간, 장소, 그리고 비-본질적인 차이들에 의존한다). '인간'은 유들에 의해 그리고 그 유들을 나누는 차이들에 의해 규정된다.

들뢰즈가 강조하는 이 차이는 이후 들뢰즈 자신만의 고유한 차이로 재등장하게 될 터인데, 이 차이 개념에 관해서 중요하게 언급되어야 할 점들이 세 가지 있다. 첫 번째는 차이가 생산적이라는 점이다. '차이는 생산적이다. 왜냐하면 유들이 차이들로 나누어지는 것이 아니라, 상응하는 종들을 생산하는 차이들에 의해 나누어지기 때문이다'(31/47/ 39; 영문 번역은 수정된 것). 두 번째 특징은 각각의 분배의 순간에 차이는 그 자신의 특징 뿐 아니라 유의 특징까지도 '담지'한다는 것이다. '차이는 자신 안에 유와 모든 매개적인 차이들을 담지한다'(31/47/ 39). 다시 말해, 차이는 접합하고 나누는 능력 뿐 아니라 한데 모으는 능력 또한 지니고 있다. 차이란 종합이면서 분석이다. 차이는 유를 분할하지만 종을 생산한다. 이는 세 번째 특징과도 연결되는데, 우리가 나무에서 실체로, 또 개체로 이동함에 따라, 차이들의 연결이 존재한다는 점이 바로 세 번째로 중요한 차이의 특징이다.

차이의 운반, 차이의 차이인 종의 규정, 즉 종별화(spécification)는 연속적인 분할의 수준들을 가로질러 차이와 차이를 연결한다. 그리고 이런 과정은 마침내 최하위 종(infirma species)의 차이라 할 수 있는 어떤 최종적인 차이에 이르는데, 이 최종적 차이는 본질과 그것의 연속된 질 전체를 선택된 방향으로 응축하고, 그들 전체를 어떤 직관적 개념 안에 결집시켜 이들의 토대를 짓는다(31/47/40, 영문 번역은 수정된 것).[26]

'종별화,' 즉 폴 패튼(Paul Patton)이 『차이와 반복』 영문판 전체에 걸쳐 '종들의 규정'이라 번역하는 이것이 차이를 차이와 연계시킨다. 차이는 차이와 연계되며 마지막 차이는 모든 이전의 차이들을 한데 결집시킨다(이를 우리는 '승화'라고 표현할 수도 있겠다). 이것이 바로 들뢰즈가 아리스토텔레스에게서 발견하는 차이의 세 가지 특성들이다. 차이는 생산적이고, 그 자체로 종합적이다. 하지만 종별화의 행위 안에 수반되는 차이의 종합 또한 존재한다. 종별화는 하나의 차이를 다음의 차이와 연계해 준다.

하지만 생산적이고 종합적인 힘을 부여받긴 했어도, 여전히 이 차이는 개념 안에 사로잡혀 있는 차이로 남아 있다. 차이는 그것이 유를 분할할 때에만 생산적이다. 제프 벨(Jeff Bell)이 지적하듯이, 사실 아리스토텔레스는 차이가 항상 사이에 있는 차이라고 주장한다. 차이는 오직 다른 것, 즉 그것이 분할하는 개념과 관련해서만 사유될 수 있는 것이다.[27] 하지만 차이가 개념 안에 사로잡혀 있다는 사실은 또 다른 의미를 지닐 수도 있다. 여기서 차이 그 자체가 일반적인 개념의 형식을 취한다는 것에 주목해 보자. 차이는 주어의 일반성보다 훨씬 더 큰 일반성을 소유한 하나의 술어이다. 들뢰즈에 따르면, 아리스토텔레스의 사유에서 '차이는 어떠한 개념의 이해 속에 있는 술어 그 이상이 될 수는 없다'(32/48/41). 차이는 일반적인 개념이면서 다른 개념들에 대한 서술이다. 물론 아리스토텔레스에게 술어가 아닌 다른 종류들의 차이 또한 존재하는 것이 사실이다. 예를 들어 범주들 사이의 차이들이 있고,

---

26   들뢰즈는 *Metaphysics* 1038a를 참조하고 있는데, 여기서 아리스토텔레스는 개체의 형식이 '종차의 종차'에 의해 주어진다고 설명한다. 들뢰즈가 언급하듯이, 계열 내의 마지막 종차는, 차이들의 첫 번째 유와 계열을 대상의 형식으로 '응축'한다.
27   벨의 *Philosophy at the Edge of Chaos*, p. 122 참조. 아리스토텔레스의 *Metaphysics* 1054b도 참조할 것.

어떠한 사물의 본질 혹은 정의와 관계없는 개체적인 차이들도 있다. 하지만 들뢰즈에 따르면 아리스토텔레스는 결코 다른 차이들을 통합하는 포괄적인 차이 개념을 발전시키려고 하지는 않았다. 즉, 그는 개념 속의 차이와 차이의 개념을 혼동했다.

들뢰즈는 아리스토텔레스가 차이들을 범주들의 상위에, 그리고 규정되지 않은 최하위 종의 하위에 동시적으로 상정했기에 결코 완전한 차이 개념을 만들어 내지는 못했다고 말하고 있다. 하지만 라이프니츠에 대해서 들뢰즈가 이와 동일한 이야기를 하기는 훨씬 더 어려워 보인다. 무한소적인 차이의 형식을 띠는 라이프니츠의 차이는 생산적인 것 뿐 아니라 실제로 무한한 것을 향해 나아가며, 게다가 개체적인 것을 직접적으로 규정하기도 하기 때문이다. 그럼에도 들뢰즈는 라이프니츠에게서도 차이가 개념의 이해 속에 있는 술어 이상이 아니라고 주장한다. 이 술어의 본성이 완전히 차이적인 본성을 지닌 것임에도 말이다.

앞서 우리는 라이프니츠에게 있어 어떠한 실체에게 발생할 수 있는 모든 것은 그것의 개념 안에 포함되어 있는 것이라는 점을 확인했다.

> 알렉산더의 영혼 (혹은 개념) 속에는 지금까지 그에게 발생한 모든 것의 흔적들 및 앞으로 그에게 발생할 모든 징후들이, 심지어는 우주에서 발생하는 모든 것의 흔적들이 항상 존재한다. 비록 신 이외에는 그 누구도 그것들에 대해 알지는 못하지만 말이다.[28]

만약 우리가 신과 같이 이 개념을 볼 수 있다면, 우리 또한 알렉산더의 개체성을 이해할 수 있을지 모른다. 신은 '알렉산더의 개체적인 개념

---

28   Leibniz, *Discourse on Metaphysics*, §8.

혹은 그의 '이것임'(haecceitas)을 이해하는 한편, 동시에 진정으로 그에 대해 서술될 수 있는 모든 술어들의 근원 및 그에 대한 이유를 발견할 수 있다.[29] 라이프니츠는 여기서 둔스 스코투스(Duns Scotus)를 참조하고 있는데, 만약 이 개체적인 개념이 무한으로까지 확장된다면, 이 개념은 또한 알렉산더의 **'이것임'**(haecceity, thisness)이 될 수 있을 것이다. 이는 그의 구체적인 개체성을 구성하는데, 즉 신은 무엇이 알렉산더를 다른 모든 존재들과 다른 존재로 만드는지 알 수 있다. 만약 각각의 개체에게 오직 하나의 개념만이 존재한다면, 또 각각의 개체가 단하나의 개념만을 소유한다면, 들뢰즈가 말하듯, '오직 개념적인 차이만이 존재하게 될 것이다. 다시 말해, 만약 당신이 두 가지 사물 사이의 차이를 지정한다면, 거기에는 필수적으로 개념상의 차이가 존재하게 될 것이다.'[30]

개체적인 것에 대한 이 이론의 가장 중요한 점은 이 개념이라는 것이 반드시 무한으로까지 내내 확장되어야 한다는 사실일 것이다. '개체성은 무한성을 수반하며, 무한한 것을 포착할 수 있는 사람만이 주어진 사물의 개체화의 원리를 이해할 수 있다. 제대로 이해될 때, 이 개체화는 우주 속의 모든 것들이 서로서로에게 미치는 영향으로부터 발생하는 것이다.'[31] 개체화는 무한성을 수반하며 우주 속의 모든 것들이 서로에게 끼치는 **영향**으로부터 발생한다. 다르게 표현하자면 개체성은 어떠한 개체가 영향을 받는 방식(또한, 그것의 '지각들'은 아니라 할지언정 하나의 모나드를 다른 모나드와 구분시키는 것[32])에 의해 구성되는

---

29 같은 책. §8.
30 라이프니츠 세미나(1980년 5월 6일).
31 Leibniz, *New Essays*, p. 290.
32 *Principles of Nature and Grace*, §2 참조.

것이다. 존재로부터 우리 자신의 고유한 존재로 눈을 돌려 볼 때, 우리는 그것이 우리 자신의 개체성, 그리고 우리 자신과 우주와의 연계 모두가 규정되는 미세한 지각들의 수준에서 발생한다는 사실을 알게 된다. 미세 지각들은 '우리를 둘러싸고 있는, 무한한 것을 수반하는 신체들이 우리에게 남기는 인상들'을 구성하는데, 이는 '각각의 존재와 모든 나머지 우주와의 연결'[33]이라 할 수 있다. 이러한 인상들은 단순히 우리에게 영향을 미치고 나서 사라지는 것들이 아니다. 오히려 이들은 우리의 개념 속에 머물러 '흔적들'을 남긴다. 알렉산더의 '이것임'이 진정으로 그에 대해 진술하는 것을 가능하게 하는 모든 술어들을 위한 토대였던 것과 동일한 방식으로, 우리 자신의 개념 또한 지금까지 발생한 모든 것과 앞으로 발생한 모든 것의 흔적들을 지니고 있다. '이러한 감각 불가능한 지각들이 또한 동일한 개체를 지시하고 **구성**하는데, 이 개체는 지각들이 그의 이전의 상태들로부터 보존한 흔적들, 혹은 표현들(지각들은 이 표현들을 그의 현 상태와 연계시켜 준다)에 의해 특징지어 진다.'[34]

들뢰즈는 이러한 속류 라이프니츠에 대해 계속해서 두 가지 점을 강조한다. 첫째로, 우리의 개념은 전체 세계를 표현하지만 이 세계는 우리를 선행하고 우리의 개체성을 구성한다. 미세 지각들의 수준에서 '이 세계'는 개체적인 것에 **선행**하면서 개체적인 것을 **구성**하는, 현실적이고 계속적인 무한성이다. 이 세계는 개체적인 것 이전의 것이며, 연속체를 구성하는 무한히 작은 차이들이 하나의 개체를 다른 모든 개체와 구별하는 유한한 차이들을 규정한다.[35] 들뢰즈에게 문제는 이 '속

---

33 *New Essays*, p. 55.
34 Ibid.
35 (47-8/67-9/58-9) 참조. LS 110과 171 및 라이프니츠에 대한 세미나들(1980년

성들'과 '변용들'(affections)의 연속체가 신에 의해 미리 선별된다는
점이다. 들뢰즈는 우리가 사는 세계가 모든 가능한 세계들 중 최고의
것이며, 최대의 연속성을 보증하기 위해 신이 선택한 세계라고 말한다.
이것이 들뢰즈가 강조하는 두 번째 점인데, 즉 이 연속체를 지배하는
미리 정립된 조화가 존재한다는 것이다. 만약 우리의 개체성이 우리의
개념을 결정하는 변용들의 모든 집합에 의해 규정된다면, 또한 만약 이
변용들의 연속체가 미리 정립된 조화에 의해 지배된다면, 우리의 개체
적인 차이는 신의 동일성 및 이 세계의 동일성에 의해 이미 한계 지워
진 셈이 된다. 진정한 차이 개념을 개진시켰다는 점에서 라이프니츠는
아리스토텔레스(및 헤겔)보다 한 발짝 더 나아갔다. 즉 개체들 간의 유
한한 차이는 연속체의 무한히 작은 차이들에 의해 직접적으로 결정되
며 이들과 연계된다. 달리 말해, 차이는 실로 개체화하는 것이지만, 또
한 이 세계가 최대의 연속성, 혹은 '수렴'(convergence)을 보증할 수
있도록 신에 의해 미리 선별된 것이기도 하다. '무한히 작은 차이이자
유한한 차이 모두로서의 차이'는 '최상의 세계를 선별 혹은 선택하는
토대로서의 충분한 이성'(48/69/59)과 관련되어 있다. 차이는 '계열
들의 수렴의 조건에 종속된 채로 남아 있다'(49/70/60). 그렇다면 개
체화하는 것은 실상 차이가 아니라 이 차이들을 질서지우는 신이라 해
야 옳을 것이다.

　이제 우리는 '차이'라는 말로 들뢰즈가 의미하는 바가 무엇인지에
대해 부정적인 접근을 시작할 수가 있다. 아리스토텔레스와 라이프니
츠 모두에서 차이란 일종의 술어였다. 물론 양측이 각각 술어라는 말로
의미하는 바는 완전히 달랐지만 말이다. 예를 들어 아리스토텔레스에

4월 29)도 참조할 것.

서 차이는 여전히 일반적인 개념이었으며, 육체성과 합리성은 결코 구체성을 띠지 않았다. 라이프니츠에서도 차이는 여전히 개념의 속성이자 변용이었지만, 그것은 개체적인 것에 앞서 존재하고 또 일반성의 특징을 완전히 결여하는 세속적인 사건이 되었다. 때때로 들뢰즈는 이보다 더 나아가 이 술어 혹은 사건이 사물로서보다는 하나의 관계로서 이해될 때 가장 잘 사유되는 무한히 작은 사건이라고 주장한다.[36] 하지만 아리스토텔레스와 라이프니츠의 경우 모두에서 들뢰즈가 반대한 것은 이 변용들이 자유롭지 않다는 점이었다. 이들은 유에 의해 한계 지어지거나 합류의 원리에 의해 한계 지어졌다. '라이프니츠의 유일한 실수는 차이를 한계의 부정성과 연결시킨 점이었다. [⋯] 그는 계열들을 수렴의 원리들과 연결했다' (51/72-3/62).[37] 이와 달리 들뢰즈가 주장하고자 하는 것은 차이의 모든 한계가 '차이들의 우글거림, 즉 자유롭고 거친, 혹은 길들여지지 않은 차이들의 무리들' (50/71/61)을 다시금 참조한다는 것이다. 한계라는 사유는 제한될 필요가 있는 무언가를 전제한다. 이 무언가란 무엇이며, 또한 그것이 스스로 생산하고 개체화하는 것일 수 있을까? 다시 말해, 차이가 결정한다고 하는 이 개념, 차이가 사유되기 위해 관계 맺어야 하는 이 개념은 어떻게 생산되는 것일까? 단순히 수렴의 제약을 제거한다고 해서 들뢰즈의 차이 개념에 접근할 수 있을까? 들뢰즈는 서로 어떠한 결정적인 관계도 맺지 않는, 그렇지만 여전히 주체의 개체성을 구성하는 순간적인 사건들의 세계를 상상하고 있는 것일까? 아래에서 우리는 그가 정말로 그러한 세계를 상상하고 있다는 것을 확인하게 될 것이지만 이 세계가 양자물리학의 세계는 아니라는 사실을 강조할 필요가 있을 것이다. 들뢰즈가 세상의 중심

---

36   라이프니츠 세미나(1980년 4월 29일)를 참조할 것.
37   LS 171-6 참조.

에 기입하는 불공가능성(incompossibility)은 예컨대 물질의 중심에 있
는 불확실성의 원리를 말하는 것이 아니다. 들뢰즈에게 있어 그것의 효
과로서 우리를 구성하는 이 순간적인 물질은 초월론적인 감성에 주어
진 물질이다. 사건들의 분리된 계열들은 여전히 감각 불가능한 지각들
이지만, 이제 우리의 변용들의 집합을 결정하는 선-선별은 존재하지
않는다.

　들뢰즈는 또한 아리스토텔레스와 라이프니츠 모두에 존재하는 차이
의 두 번째 측면을 강조한다. 즉 차이가 생산적이고 구성적이라는 사실
말이다. 감각 불가능한 지각들은 개체성을 구성한다. 이는 구체화 속에
서 서로서로 연결되는 연속적 종차가 '인간' 종을 구성한다고 설명하
는 아리스토텔레스에게서 더욱 분명하게 드러난다고 볼 수 있을 것이
다. 우리는 이미 라이프니츠와 아리스토텔레스 모두에게 차이란 하나
의 술어이지만, 주어에 대해 말해질 수 있는 모든 술어가 '차이'로 간
주되는 것은 아니라는 사실을 확인했다. '차이'는 특정한 유형의 술어,
즉 그것이 귀속되는 주어의 본성을 바꾸는 술어를 의미한다. 차이는 그
것의 영향으로 말미암아 주체를 발생시키는 하나의 사건이다. 들뢰즈
가 차이에 대한 진정한 발생적 설명을 발견하게 되는 것은 헤겔을 통해
서이다. 차이는 주체에게 영향을 끼치는 것일 뿐 아니라 주체의 발달과
자기-초월의 법칙이기도 하다. 바로 이 간단한 의문이 헤겔에 대한 들
뢰즈 비평의 핵심을 관통하고 있다. 의식을 진화하게 하는 차이가 반드
시 모순이어야만 하는가? 새로운 술어가 명제를 반대하거나 혹은 부정
해야만 하는 것인가? 단순히 그 명제와 차이나는 것일 수는 없는 것일
까?

들뢰즈와 헤겔

들뢰즈와 헤겔의 관계는 우리가 생각하는 것보다 훨씬 더 복잡하다. 아쉽지만 지면 관계상 여기서는 들뢰즈가 헤겔에게서 거리를 두는 가볍고 논쟁적인 방식에만 초점을 맞추어 논의를 진행하고자 한다.[38] 이런 방식은 사실 들뢰즈와 관련해서는 항상 위험하다고 할 수 있는데, 왜냐하면 그의 논쟁들은 대부분 보다 더 심오하고 긍정적인 해석의 지표들로 기능하기 때문이다. 그럼에도 필자가 여기서 논쟁에 초점을 맞추고자 하는 것은 그것이 발생과 관련된 차이의 본성을 밝혀 줄 수 있기 때문이라 하겠다.

들뢰즈의 헤겔에 대한 논의는 대부분 장 이뽈리뜨의 저작에 빚지고 있다. 여러 중요한 점들에 있어서 들뢰즈가 이뽈리뜨와 다르다는 것에는 의심의 여지가 없지만, 그럼에도 이뽈리뜨의 해석이 다양한 영역에서 발생하는 들뢰즈의 헤겔과의 조우에 대한 토대가 되고 있다는 점은 분명하다. 『발생과 구조』의 첫 번째 장에서 이뽈리뜨는 두 가지 점을 중요하게 지적하고 있는데, 들뢰즈는 『차이와 반복』에서 이 두 가지 점을 중심으로 삼아 헤겔에 대한 논의를 펼친다. 먼저, 이뽈리뜨는 『정신현상학』이 의식의 발생적 전개에 대한 **이야기**라고 기술하는 한편, 헤겔이 심지어 성장 소설(Bildungsroman)로부터 영감을 받았을지도 모른

---

[38] 「누가 헤겔의 늑대들을 두려워하는가?」"Who's afraid of Hegelian Wolves?"의 저자 캐서린 말라부(Catherine Malabou)와 『프랑스 철학자 헤겔』(*The French Hegel*)의 저자 브루스 보우(Bruce Baugh) 모두 들뢰즈와 헤겔의 관계를 광범위하게 논의한 적이 있다. 사이먼 더피(Simon Duffy)는 매력적인 그의 저서에서 헤겔과 들뢰즈의 거리가 그들의 스피노자에 대한 독해들로부터 시작된다고 주장한다. 이에 대해서는 『표현의 논리』(*The Logic of Expression*)를 참조할 것. 하지만 최고의 연구서는 아마도 줄리에트 시몽(Juliette Simont)의 『질, 양, 칸트, 헤겔, 들뢰즈 간의 관계에 관한 연구』(*Essai sur la quantite, la qualite, la relation chez Kant, Hegel, Deleuze*)라 할 수 있을 것이다.

다고 주장한다.

> 헤겔은 튀빙겐에서 루소의 『에밀』(*Emile*)을 읽었으며, 그 안에서 자연적
> 의식의 예비적 역사가 그것에 고유한 교육적인 경험들을 통해 자유로 화
> 하는 것을 보았다. […] 헤겔의 『현상학』의 경우는 일종의 철학적 형성에
> 관한 소설이라 할 수 있다. 즉 이 책은 의식의 전개 과정을 따르고 있는데,
> 이 의식은 처음의 믿음을 포기하고 그 자신의 경험들을 통해 절대지라는
> 철학적으로 올바른 과정에 도달한다(『발생과 구조』 11-12).

들뢰즈는 이러한 일반적인 관점을 포기하지 않는다. 이미 우리가 살펴
보았듯이, 『차이와 반복』은 의식의 점진적 전개 과정에 관한 이야기이
다.[39] 즉 그것은 잠재적인 주체가 반복하는 힘이라는 수단을 통해 특이
성으로부터 그 자신을 재현의 세계로 끌어올리는 이야기이다. 물론 우
리가 루소, 헤겔, 들뢰즈 사이를 오갈 때 일반적인 좌표들 모두가 변화
하는 것은 사실이다. 즉, 들뢰즈의 이야기는 교육이라는 덕목을 통해
자유를 획득하는 자연적 의식에 관한 이야기도, 감각-확실성이 부정적
인 것의 노동을 통해 절대 의식이 되는 것에 관한 이야기도 아니다. 그
럼에도 들뢰즈에게 있어 발생적 구조 그 자체는 근본적인 중요성을 띠
는 것으로 남아 있다.

---

[39] 사실 그는 심지어 『의미의 논리』에 대해서도 다음과 같은 용어들로 기술하고 있
다. '이 책은 하나의 논리적이고 심리적인 소설을 전개하려는 시도' (LS xiv)이다. 레
오나르드 롤러(Leonard Lawlor)가 지적하듯이, '의미의 논리'라는 표현은 헤겔의 사
유를 기술하기 위해 이뽈리뜨에 의해 두 번 사용된 바 있다 (LE xiii). 비록 이것이 『의
미의 논리』라는 제목의 결정에 있어 핵심적이었을 수도 있지만 우리는 또한 '의미의
논리' 혹은 '내재성의 논리'를 전개시키고자 한 메를로-퐁티의 반복된 주장 또한 들
뢰즈가 자신의 책의 제목을 결정하는 데 영향을 끼쳤음을 고려해야 할 것이다.

   이뽈리뜨가 강조하는 두 번째 점은, 의식의 발생적 전개가 '규정적인 부정'을 수단으로 하여 이루어진다는 점이다. 들뢰즈는 이미 서론에서 이를 비판한 바 있는데, 즉 그는 변증법이 오직 추상적인 거짓 운동이라고 주장한다. 이뽈리뜨는 아마 이에 동의하지 않을 것이다. 그는 부정의 변증법적 운동이 추상적 운동이 아니라는 점을 지적한다. 사실 변증법은 '구체성의 경험 그 자체'(Genesis 19)이다. 이뽈리뜨가 여전히 소설이라는 은유를 사용하고 있는 다음의 인용문을 살펴보자.

   경험과 관계하는 의식에 있어 가장 주목할 만한 점은 그 결과의 대단히 부정적인 성격에 있다고 할 수 있다. 즉 처음에 의식은 절대적 가치를 지니는 특정한 진리를 상정했지만, 자신의 여정 가운데 그 진리는 상실되고 만다. 의식은 처음에는 '직접적이고 감각적인 확실성'에, 다음에는 지각의 '사물'에, 그리고 다음으로는 오성의 '힘'에 절대적으로 자신을 의탁한다. 하지만 이내 자신이 진리라고 간주했던 것이 진리가 아님을 발견하고는 진리를 잃어버리게 된다(Genesis 13).

이 교육의 과정은 '규정적인 부정'에 의해 발생하며, 의식은 이 부정의 산 경험이다. 처음에 의식은 무언가가 진리라고 간주하지만, 이내 그 진리의 불가능성을 깨닫고는 그것을 다른 진리로 교체한다.
   이 지점에서 이뽈리뜨는 '철학자,' 즉 헤겔과 그의 독자들을 여기서 검토되고 있는 의식과 구분한다. 실로 부정성 안에 부유하면서 그것의 경험이 변증법적 운동을 구성하는 의식은 존재하지만 이 의식은 이러한 운동의 본성, 혹은 그것의 당위성을 포착해 내지 못한다. 이 의식이 아는 모든 것은 그것이 스스로를 초월한다는 사실 뿐이며, 그 이유에 대해서는 전혀 아는 바가 없다. 의식은 '그것이 진리라고 간주하는 것

을 보고 또 그것이 사라지는 것을 확인하지만, 동시에 어떤 다른 대상
이 **나타나는** 것 또한 보게 된다. 마치 그것이 어떤 새로운 사물인 듯,
새로이 **발견된** 무언가인 듯 말이다'(24, 이뽈리뜨의 강조). 자신의 경
험 속에서 의식은 변증법으로서의 그 자신의 생성의 법칙을 파악하지
못한다. 즉, 의식은 기존의 진리가 사라지고 새로운 진리가 나타나는
것을 목도하지만 그 자신의 교육의 필요성, 혹은 부정의 이유를 알지는
못한다. 의식과 철학자는 둘 다 주체성 그 자체가 자기-초월이라는 사
실을 알지만, 초월이 대립을 통해 펼쳐진다는 사실은 오직 철학자만이
안다.

자기-초월로서의 주체성이라는 정의는 들뢰즈에게 가장 중요한 문
제 중 하나이며,『경험주의와 주체성』(*Empiricism and Subjectivity*)에
서『철학이란 무엇인가?』(*What is Philosophy?*)에 이르는 그의 전 저
작이 이 문제로부터 발생되었다고 해도 과언이 아니다. 하나의 전체로
서의『차이와 반복』은 그러한 의식의 이야기로 간주될 수 있다. 의식의
진화가 대립을 수단으로 하여 이루어지는가 아닌가 하는 것이 들뢰즈
가 제기하는 문제의 전부이다.

일찍이『니체와 철학』(*Nietzsche and Philosophy*)에서 들뢰즈는 이미
이 점에 관해 헤겔을 비판한 바 있다. 헤겔에게 있어서 '변증법의 사변
적 동력은 모순과 그것의 결단'(NP 160)이다. 하지만 들뢰즈에게 모순
이란 오직 차이의 '추상적' 형식일 뿐이다. 모순이 추상적이라고 말할
때, 들뢰즈는 단순히 의식이 모순을 살아 내지 않는다고 주장하는 것이
아니다. 그가 의미하는 것은 모순이 생산된 형식이라는 것이다. 그것은
발생의 결과물이며 따라서 발생의 동력이 될 수는 없다.

대립은 추상적인 결과물 간의 관계의 법칙이 될 수는 있다. 하지만 차이만

이 발생 또는 생산의 유일한 원리가 되어 단순한 외양으로서의 대립을 스스로 생산한다. 변증법이 대립을 토대로 번영하는 것은 그것이 보다 더 미세하고 비밀스러운, 미분적 메커니즘들을 인식하지 못하고 있기 때문이다[…](NP 157).

대립은 추상적인 **결과물** 간의 관계이다. 사실상 대립 자체가 결과물이기도 한데, 왜냐하면 그것은 '단순한 외양'으로서의 변증법을 생산하는 '미세하고 비밀스러운 미분적 메커니즘들'에 의해 생산되는 것이기 때문이다. 그렇다면 철학자 혹은 경험을 겪는 의식에게 대립은 어떻게 생산의 원리로 기능할 수 있는가? 만약 그것 자체가 구성되는 것이라면, 대립은 어떻게 그러한 결과물들의 구성을 설명할 수 있는가? 그럴 수 없다는 것이 바로 들뢰즈의 대답이다. '차이의 결정적인 **경험**'이 구체적인 의식 속에서 펼쳐짐에 따라 철학자가 그것에 우선성을 부여했어야 함에도, 그는 단순히 하나의 결과물만을 취해 생산의 과정에 그것을 모델로서 강제한 것이다 (50/71/61, 필자의 강조). 대립이 아니라 차이가 진정한 사유의 운동이다. 차이가 변증법의 원리 혹은 기원이다. 이런 이유로 들뢰즈는 '부정적인 것은 존재의 문턱에서 만기된다. 대립이 스스로의 노동을 중단하고 차이가 작동하기 시작한다' (NP 190)고 말한다. 더 쉽게 풀어 말하자면, '부정적인 것의 노동이란 헛소리에 불과한 것'이다.[40]

들뢰즈는 1954년에 이미 이뽈리뜨의 『논리와 실존』(Logic and Exist-ence)에 대한 서평에서 이러한 사유를 개진한 바 있다. 이 서평은 『논리와 실존』의 한 장에 관한 사변적인 논평으로 끝을 맺는데, 이뽈리뜨

---

40 『앙티-오이디푸스』세미나(1974년 1월 14일).

는 그 장에서 '이러한 차이 없는 다양성을 대립과 모순으로 환원하기 위해서라면 헤겔은 무엇이든 할 것'(LE 114)이라고 말하고 있다.[41]

이뽈리뜨 논의의 풍부함로 인해 우리는 다음과 같은 의문을 품게 된다. 모순으로까지 진행될 필요가 없는 차이의 존재론을 구성할 수는 없는 것일까? 왜냐하면 모순은 늘 차이 이하의 것이지 차이 이상의 것이 되지는 못하기 때문이다. 모순 그 자체가 차이의 현상학적이고 인류학적인 측면은 아닐까?(LE 195)

여기서 우리는 들뢰즈가 사용하는 단어들만이 약간 바뀌었을 뿐, 『니체와 철학』에서와 동일한 주제가 논의되고 있는 것을 확인할 수 있다. 단, '추상적'이라는 용어 대신 여기서는 '현상학적이고 인류학적인'이라는 말이 사용되고 있다. 들뢰즈에게 모순은 오직 차이의 현상학적이고 인류학적인 측면일 뿐이다. 결과적으로 들뢰즈는 모순의 자리에 차이를 상정한다. 의식은 모순 그 자체에 의해 진화하는 것이 아니라 스스로로부터 달라짐으로써 진화한다. 생성은 규칙에 의해 지배되는 것이 아니기 때문이다.

이는 『차이와 반복』에서 보다 전면적으로 논의되고 있다.

대립을 전제하는 것이 차이가 아니라 차이를 전제하는 것이 대립이다. 대립은 토대로 거슬러 올라가 차이를 해결하기보다는 차이를 배반하고 왜곡한다. 내가 주장하는 바는 차이 그 자체가 '이미' 모순이라는 것 뿐 아니라 차이가 모순으로 환원되거나 거슬러 올라갈 수 없다는 것까지 포함한다.

---

41 '헤겔의 변증법은 이러한 타자성을 모순으로까지 밀어붙일 것이다'(LE 113).

왜냐하면 모순은 차이보다 더 심오한 것이 아니라 덜 심오한 것이기 때문
이다(51/73/62-3).

이뽈리뜨가 논하는 바와 같이, 변증법이 진화하는 의식의 구체적인 산
경험인 것은 사실이다. 하지만 들뢰즈가 생각하기에 헤겔은 이미 구성
된, 현상학적이고 인류학적인 주체로부터 시작했다. '현상학의 전체는
부수현상학(epiphenomenology)이다' (52/74/63).

　들뢰즈가 행한 잠재적인 주체와 자명한 주체 간의 구별을 염두에 둘
때 우리는 모순이 추상적인 결과물이라는 들뢰즈의 말의 의미를 더 잘
이해할 수 있다. 하위-재현적인 주체는 직관의 특이하고 직접적인(비
매개적인) 대상을 반복(혹은 매개)한다. 서론에서 직접적인(비개적인)
직관의 파편화된 대상들은 단순히 '특이성' 이라고 일컬어지는 것이었
으나 이 첫 번째 장에서 들뢰즈는 이 설명을 보다 확장시키고 있다. 주
체에 선행하고 주체의 개체성을 구성하는 순간적이고 불공 가능한 사
건들 이외에 이러한 직관의 특이성들이 될 수 있는 것이 무엇이란 말인
가? 잠재적인 주체는 자신에 영향을 끼치는 이러한 사건들 이후에야
생겨나서 그 사건들을 관조하거나 혹은 반복한다. 사건들을 자신의 의
식으로 가져와 그것들을 반복함으로써 몇 번의 중요한 우회와 실패들
을 거친 잠재적인 주체는 종국적으로 그 자신만의 고유한 개체성을 생
산하게 된다. 이러한 과정을 거치면서 이 주체는 잠재적인 주체의 '하
위-재현적인 영역' 으로부터 자명한 주체에 의해 관조된 재현된 대상
(질+양)으로 나아간다. 이러한 생성의 전개 과정은 대립 혹은 규정적
인 부정이라는 수단에 의해 펼쳐지는 것이 아닌데, 왜냐하면 발달의 전
과정이 '하위-재현적인 영역' 에서 발생하는 것이기 때문이다.[42] 대립
그 자체가 그것에 대립되는 어떤 것을 전제하기 때문에, 매개는 대립이

라는 수단을 통해서는 진행될 수가 없다. 잠재적인 주체 안에는 규정적인 주체도, 부정을 지탱해 줄 수 있는 대상도 존재하지 않는다.

대립은 자명한 주체가 나타나고 난 이후라야만 가능한 것이다. 재현된 대상의 동일성은 들뢰즈가 재현의 '사중 뿌리' 혹은 재현의 세계를 '조직하고 측정하는 네 개의 차원들'이라 부른 것의 토대가 되는데, 이들은 곧 동일성, 대립, 유비, 그리고 유사성을 일컫는다.[43] 대립은 이 네 개 중 두 번째에 해당하는 것이다. 다시 말해, 변증법의 동력인 대립은 대상의 동일성, 즉, 앞으로 보게 될 테지만, 이념의 현실화에 의해서만 허락되는 동일성을 우선적으로 전제한다.

> 헤겔적인 모순이 차이를 한계로 밀어붙이는 것처럼 보이지만 사실 이 길은 막다른 길로서 차이를 다시 동일성으로 가져와 동일성을 차이의 존재와 사유를 위한 충분조건이 되게 한다. 모순이 **가장 위대한** 차이가 되는 것은 오직 동일한 것의 기능으로서, 동일한 것과의 관계 속에 있을 때뿐이다. 도취와 흥분이 꾸며지고, 애매한 것은 처음부터 이미 명백해진다(263/338-9/331-2).

대립이 추상적인 결과물이 되고 '대립이 차이를 전제'하는 것은 바로 이런 의미에서이다. 대립은 그 자체가 차이에 의해 생산되는 동일성을 전제한다. 차이는 반복의 근원적 '원리'이자 발생의 법칙에 해당한다. 그것은 반복이 재현을, 즉 현상들과 경험적-인류학적 주체를 발생시키는 과정을 규제한다. 이것들이 바로 '추상적인 결과물들'이며, 대립은 이들의 '법칙으로 작동'한다(NP 157).

---

42 (49-50/70-1/60-1) 참조.
43 (29/45/38)과 (262/337/330) 참조.

들뢰즈는 아리스토텔레스, 라이프니츠, 그리고 헤겔을 동일한 이유로 비판한다. 각각의 경우 차이는 더 큰 구조 내에서 기능하기 위해 한정되거나 억제된다. 이 장에서 들뢰즈가 하고자 하는 바는 단순히 차이를, 모든 것을 포괄하고 아우르는 어떤 종류의 연속성과 무관한 개체성의 원리로서 사유하는 것이다. 그렇다면 이러한 새로운 차이 개념은 실제로 어떠한 모습을 하고 있을까? 무언가로부터 파생된 것도, 무언가들 사이에 존재하는 것도 아닌 차이는 과연 어떠한 차이인가? 그러한 차이가 심지어 차이라고 불릴 수 있는 것인가? 그러한 차이에 해당하는 신조어를 새로이 만드는 편이 더 낫지 않을까? 아리스토텔레스, 헤겔, 라이프니츠에서 차이가 어떻게 개체화를 수행하며 또 '차이' 라는 말이 무엇을 의미하는지를 이해하기는 쉽다. 차이는 이미 주어진 어떤 실체와 관련하여 사물들을 접합하고, 분리하며, 또 규정한다. 이 세 명의 철학자와 관련하여 '차이' 라는 단어를 사용할 때 우리는 여전히 무언가들 **사이의** 차이라는 일상적 의미의 차이 개념을 보유할 수가 있다. 차이는 유들과 종들의 사이에 있는 것이다. 이러한 처음의 맥락을 없애 버릴 때, 우리는 더 이상 무언가들 사이의 차이를 다루는 것이 아닌게 된다. 그런데도 '차이' 라는 말을 계속해서 사용해도 괜찮은 것일까?

존재론적 차이

앞의 단락들에서 필자는 차이의 존재론적인 측면에 대해 다소 소극적으로 다루었다. 『니체와 철학』에서 들뢰즈는 '부정적인 것은 존재의 문턱에서 만기' 된다고 말한다. 이뽈리뜨에 대한 서평에서 그는 '차이의 존재론' 을 구성하는 것이 가능한 것인지 묻고 있다. 들뢰즈에게 생산적인 차이란 존재론적인 측면을 보유한 것이기에, 그는 이 장의 상당 부분을 차이가 존재라는 사실을 주장하는 데 할애하고 있다. 알랭 바디우(Alain Badious)는 심지어 이를 자신의 들뢰즈 해석의 초석으로 삼는다. '들뢰즈는 순수하게 그리고 단순하게 철학을 존재론과 동일시한다. "철학은 존재론과 병합된다"는 명백한 선언을 무시할 때, 우리는 모든 것을 놓치게 되는 셈이다'(Badiou, *Deleuze* 20). 바디우의 말은 확실히 정확한 것이며, 또한 이 점에 대한 그의 강조가 바디우의 들뢰즈 독해를 실로 타당한 것으로 만들어 주기는 한다. 하지만 여기서 두 가지 문제가 즉각적으로 발생하게 되는데, 피할 수도 없고, 또 피해서도 안 되는 첫 번째 문제는 '존재론'이라는 말이 무엇을 의미하는지 더 이상 그 누구도 알지 못한다는 것이다. 이는 특히 들뢰즈가 존재론이라는 용어를 사용할 때 더욱 그러하다. 들뢰즈는 어떠한 단어를 일관되게, 혹은 관습적인 의미로 사용하는 철학자가 아니며, 더욱이 그 자신의 개념들도 들뢰즈 자신의 체계 내의 입장에 있을 때에만 그 의미가 가 닿는다. '존재'라는 말로 들뢰즈가 의미하는 바는 무엇이며, 또한 그는 어떠한 종류의 존재론을 구성하겠다고 말하는 것인가? 들뢰즈는 존재에 대한 질문을 어떻게 제기하고 있는가? 들뢰즈가 존재에 관한 질문에 접근하는 방식을 헤아리는 것은 매우 어렵다. 그는 순수하고 단순한 존재론으로 돌아가고 있는 것일까? 수정된 칸트주의의 맥락에서 글을 쓰고 있는 것일까? 아니면 초월론적 경험주의라는 주제가 암시하듯 하이데거주의의 맥락에서 말을 하고 있는 것일까? 이미 그는 의식을 일차적인 것으로 다루기 위해 (비록 그가 '의식'을 후설과는 완전히 다른 방식으로 해석하고 있기는 하지만) 그 유명한 현상학적이고 '형이상학적인 규정'을 내리기로 한 것일까?[44] 아니면 더 이상 그 규정을 필

---

44   리쾨르는 현상학이 '[…] 현상의 지위에 관한 진정한 형이상학적 규정'(*An Analysis* 9)과 더불어 시작된다고 말한다. '현상학은 갈릴레오 주의자들에 속하는 모든 이들의 신념에 대한 전면적인 공격을 수행한다. 세계의 첫 번째 진리는 수학적인 물리학

요로 하지 않는 '야생의' 혹은 '야만적인' 존재론으로 돌아간 것일까? 그것도 아니면 아마도 그는 그것을 완전히 거부한 채, 프루스트에서 영화에 이르기까지 여러 다른 어휘들을 가지고 그렇게 한 것처럼 단순히 고전철학의 전문 용어들을 취하기로 한 것일지도 모른다. 실로 존재의 일의성에 관한 그의 이야기가 신, 혹은 존재가 죽었다고 말하는 니체에서 끝을 맺고 있다는 사실은 존재론이 더 이상 들뢰즈에게 쟁점이 아니라는 것을 암시해 준다.

이러한 관점에서 볼 때 매우 중요한 사실 하나는, 푸코가 그렇게 했듯이 들뢰즈의 존재론에 대한 논의 또한 아리스토텔레스, 헤겔, 라이프니츠에서의 한정된 차이에 대한 그 자신의 설명을 바로 뒤따르며, 그것이 동일한 절차를 거치고 있다는 사실이다. 어떠한 존재론에서 차이는 동일성에 종속된다. 또 다른 존재론에서 그것은 그렇지 않다. 이 부분에서의 들뢰즈의 가장 일반적인 주장은 범주들을 받아들이는 존재론이 이미 차이를 이러한 범주들과 관련하여 상정한다는 사실이다.[45] 오직 존재라는 단어를 일의적으로 사용할 때만 우리는 차이를 개념의 외부에서 사유할 수 있게 된다. 하지만 우리가 존재를 일의적으로 말한다고 해도 여전히 차이가 그 자체로 사유될 수 있을 것이라는 보장은 없다. 다음에서 보게 될 테지만, 이것이 바로 둔스 스코투스가 스피노자를 능가하지 못하고, 또 스피노자가 니체를 능가하지 못하는 이유이다.

바디우가 지적하듯이, 들뢰즈가 존재라는 단어를 어떤 의미로 사용

의 진리가 아니라 지각의 진리이다. 혹은, 오히려 과학의 진리는 현전과 실존의 첫 번째 정초, 즉 지각을 통해 경험되는 세계의 정초 위에 구성되는 상부 구조로서 정립된다 (9). 레비나스는 『직관 이론』(*The Theory of Intuition*)의 처음 몇 장들에 걸쳐 이러한 규정을 매우 상세하게 다루고 있다.

45   특히 푸코가 이 점을 매우 분명히 하고 있다. 'Theatrum Philosophicum,' p. 186를 참조할 것.

하는지를 결정하지 못한 채로는 철학이 존재론과 병합된다는 들뢰즈의 반복된 주장을 부정하기란 어렵다. 이는 분명한 사실이다. 하지만 위의 인용만 따로 떼내어 생각하거나, 혹은 이를 그것의 맥락으로부터 분리시킬 때 우리는 모든 것을 놓치게 된다. 철학은 존재론이다. 하지만 존재론은 항상 의미의 존재론이다. 다시 한 번 말하건대, 바디우보다 더 분명하게 이 점을 파악한 이는 없다. 그런데 바디우를 비롯하여 무수히 많은 사람들이 간과한 것은 바로 들뢰즈에게 있어 **의미 그 자체는 생산된다**는 사실이다.[46] 존재가 우선하는 것이 아니다. 그것은 생산된다. 이것이 바로 지루하고 '끝나지 않는 담론'으로서의 존재론을 기술한 이후, 또한 존재가 더 이상 신이나 인간에게서 찾을 수 있는 것이 아니라는 사실을 말한 이후 들뢰즈가 니체적인 언어로, '의미란 결코 어떠한 원리나 기원이 아니라 생산되는 것이라는 소식을 오늘 전하게 되어 매우 기쁘다'(LS 72)고 결론짓는 이유이다.[47] 존재는 (『존재와 시간』에서처럼) 우리가 그로부터 생겨나게 되는 기원적인 순간이 아니다. (『정신현상학』에서처럼) 장대한 발생의 끝에 얻게 되는 마지막 상도 아니다. 존재는 개체화되지 않은 물질과 개체화된 물질 사이에 오는 것이다(따라서 존재가 들뢰즈의 사유의 '핵심'이라고 말할 때 바디우는 전적으로 옳다). 존재는 개체화되진 않은 존재들로부터 떼내어져 개체화된 존재들로 돌아간다. 이는 들뢰즈의 사유의 가장 독창적인 측면들 중 하나이다. '일의성은 존재를 들어 올려 끌어낸다 […] 존재를 존재들 모

---

46 신이나 존재라는 개념이 처음이 아니라 가장 마지막에 나와야 한다는 니체의 유명한 불평을 참조할 것. 철학자들은 '마지막과 처음을 혼동한다. 그들은 마지막에 나와야 하는 것(불행하게도 말이다! 그것은 결코 나와서는 안되기에!), "최상의 개념들," 다시 말해 가장 일반적이고 가장 텅 빈 개념들, 증발하는 현실의 가장 마지막 증기를 가장 처음에, 시작**으로서** 상정한다'(*Twilight* 47, 니체의 강조).

47   LS 70, 72, 81, 86, 95를 참조할 것.

두에게 즉시 가져다주기 위해 일의성은 존재를 존재들로부터 떼어 낸다'(LS 180). 철학은 존재론이다. 존재론은 의미의 존재론이다. 의미는 생산된다. 이 점은 들뢰즈가 힘의 의지와 영원 회귀를 구별할 때 중요한 역할을 하게 된다.

일의성

들뢰즈는 아리스토텔레스에 대해 두 가지 점을 지적한다. 첫째는 차이가 생산적이라는 사실이다. 차이는 유를 종별화함으로써 개체들을 정의한다. 둘째로, 아리스토텔레스의 사유에는 적어도 두 가지 다른 종류의 차이가 존재한다는 것이다. 차이는 두 가지 방향으로, 즉 위와 아래로 종별화의 모델을 벗어난다. 유들 안에서 개체화하는 차이는 가장 큰 유들과 범주들 사이의 차이와 동일하지 않으며, 나아가 종적 차이는 가장 아래쪽 단계에 위치한 비–본질적이고 개체적인 차이들을 설명해 주지 못하는 듯 보인다. 우리가 확인했듯이, 들뢰즈에 따르면 아리스토텔레스는 결코 이 세 가지 종류의 차이를 모두 포괄하는 전체적인 차이 개념을 만들어 내려고 하지 않았다. 유들 사이의 차이가 어떻게 유적 차이와 관계되며 유적 차이는 또 어떻게 개체적 차이와 관계되는가? 이에 대해 들뢰즈는 아리스토텔레스가 개념 내의 (유들 내의) 차이를 차이 개념과 혼동했다고 답하고 있다.

흔히 사람들은 '존재'에 대해 적어도 세 가지 방식으로 이야기한다. 즉, 존재는 '다의적으로' 유와 관계된다고들 하거나, 유가 '일의적으로' 종들에 관계된다고 하거나, 혹은 개체적인 것, 그리고 본질적이고 우연적인 차이들이 그것을 정의한다고 말하기도 한다. 다시 말해, 만약 우리가 '존재가 있다,' '유가 있다,' 그리고 '개체적인 것이 있다'라고 말한다면, 우리는 이 '있다'라는 단어를 세 가지의 다른, 하지만 서로

관련된 의미로 사용해야 한다. 즉, 우리는 이 단어를 '유비적으로' 사
용하게 된다.

이는 들뢰즈에게 몇 가지 문제점을 안겨 주는데, 그 중 가장 중요한
것은 이 모델 안에서 개체화를 설명하는 것이 특히나 어렵다는 점이다.

> 유비는 불가피한 어려움에 봉착하게 된다. 즉 유비는 본질적으로 존재를
> 특수한 실존자들에 관계시켜야 하지만, 동시에 그것은 무엇이 그들의 개
> 체성을 구성하는지를 말할 수 없다. 왜냐하면 유비는 특수한 것 안에서 오
> 직 일반적인 것(형식과 물질)에 합치하는 것만을 보유하는 한편, 완전하
> 게 구성된 개체들의 이러저러한 요소 안에서 개체화의 원리를 찾기 때문
> 이다(38/56/47).

들뢰즈는 전통적으로 개체화의 원리가 형식, 즉 응축된 종차 속에 놓여
있느냐 아니면 이 형식이 현실화하는 물질 속에 놓여 있느냐 하는 문제
를 중심으로 하고 있는 아리스토텔레스 철학 내에서 개체화를 설명하
는 것이 어렵다는 사실을 암시하고 있다.[48] 하지만 개체화의 원리가 물
질 속에서 발견되든 형식 속에서 발견되든, 혹은 둘 다에서 발견되든,
이는 들뢰즈의 쟁점이 아니다. 문제는 어떤 식으로든 개체가 오직 이미
'구성된 개체들'에 속하는 속성들과의 관계하에서만 '구성된다'는 사
실이다. 소크라테스는 이러저러한 합리적 동물로 정의되지만, 소크라
테스도, 종차적 '합리성'이나 '동물성'도 그것들 자체로 발생되지는

---

48 이러한 문제들에 대한 특히 명쾌한 설명을 위해서는 메리 루이스 질(Mary Lou-
ise Gill)의 「아리스토텔레스의 개체화와 개체들」"Individuation and Individuals in
Aristotle"을 참조할 것. 알베르토 토스카노(Alberto Toscano)가 쓴 『생성 극장』(*The
Theatre of Production*)의 서문도 참조.

않는다. 그것들은 발생의 외부에서 이미 주어진 것이다. 소크라테스의
사유에서 개체화가 작동하게끔 되어 있다고 믿는다 하더라도, 물질과
형식이 '일반적인 것을 따른다'는 문제는 여전히 남아 있게 될 것이다.
모든 개체는 이미 하나의 특수자이다. 들뢰즈는 존재가 유비적으로 사
유되는 한 이 문제는 항상 동일하게 남아 있을 것이라는 사실을 지적하
고 있는 셈이다. 왜냐하면 이는 개체적인 것을 초월하고 개체적인 것이
그것과 관련하여 규정될 필요가 있는 어떠한 다양한 의미들 (범주들)
을 지닌 존재가 있다는 사실을 존재론적으로 함축하기 때문이다. 그렇
다면 여기에서는 개체적인 것이 진정으로 발생할 여지가 없게 되는데,
왜냐하면 개체적인 것이 이미 항상 미리 주어진 형식들에 의해서만, 혹
은 그것들과 관련해서만 구성될 것이기 때문이다.[49] 들뢰즈가 유비보다
일의성을 선호하는 것은 결국 발생적인 관점에 대한 그의 주장으로 귀
착된다. 위의 단락에서 가장 중요한 단어는 '구성'이며, 존재라는 단어
의 일의적인 사용과 유비적인 사용 간의 들뢰즈의 구별은 궁극적으로
그러한 규정이 개체성의 구성에 끼치는 영향을 문제 삼고 있다고 할 수
있다.

　　데카르트의 '존재의 원리'에 대한 논의에서 하이데거는 일의성과 유

49　그러한 개체화 이론에 대한 필요는 적어도 두 가지 방향에서 발견될 수 있다. 한
편으로 이는 칸트적인 관념론을 거부하는 형식을 취한다(그리고 실제로 들뢰즈가 구
성의 관점에서 유비적인 개체화를 비판할 때 풍기는 현상학적인 뉘앙스를 감지하는
것은 어렵지 않다). 사유의 형식들은 미리 주어질 수 없고, 실제적 경험 가운데 구성
되어야만 한다. 다른 한편으로 (이것이 들뢰즈와 관련성을 띤다고 주장하기가 약간
꺼려지는 것은 사실인데, 왜냐하면 필자는 그가 과학 철학자라거나 생물학을 그 자체
로 다루고 있다고 생각하지 않고 단순히 영감을 주는 비유로만 과학을 사용한다고 믿
기 때문이다) 이는 '다윈주의의 코페르니쿠스적 혁명'의 형식을 띠는데 여기서 개체화
는 종별화에 우선한다(249/320/310). 마누엘 데란다(Manuel Delanda)가 이런 면에
있어 탁월하다. *Intensive Science*, pp. 58-9를 참조. 철학에 영감을 주는 원천으로서
의 과학에 대해서는 시몽동(Simondon)에 대한 들뢰즈의 해설 (DI 89)을 참조할 것.

비 개념에 대한 명료한 설명을 제공한 바 있다.[50]

> 하나의 개념은 그것의 의미 내용, 즉 그것이 의도하는 바, 그것에 의해 논
> 해지는 바가 동일한 의미로 의도될 때 일의적이라고 할 수 있습니다. 예를
> 들어, 제가 '신이 있다,' 그리고 '[창조된] 세계가 있다'고 말할 때, 저는
> 확실히 이 두 경우 모두에서 존재를 단언하고 있지만 그것에 의해 제가 무
> 언가 다른 것을 의도하고 있으며, '있다'라는 용어를 동일한 의미로, 일의
> 적으로 의도하는 것이 아닐 수 있습니다. 왜냐하면 일의적인 것을 의도한
> 다면 제가 피조물 그 자체를 창조되지 않은 것으로 의도하거나 아니면 창
> 조되지 않은 존재인 신을 (창조된 존재와 같은) 하나의 피조물로 환원하
> 는 셈이 될 테니까 말입니다. 데카르트에 따르면 이 두 가지 실체들의 존
> 재 간에는 **무한한** 차이가 존재하기 때문에, 아직도 두 가지 경우 모두를
> 위해 사용되는 '존재'라는 단어는 동일한 의미로, 즉 일의적으로는 사용
> 될 수 없고, **유비적으로만** 사용될 수 있습니다[…]. 저는 실체로서의 신과
> 세계 모두에 관해 유비적으로만 말할 수 있습니다. 다시 말해, 존재라는
> 개념은 그것이 모든 가능한 실체들의 다양성에 일반적으로 적용되는 한에
> 서 그 자체로 유비적인 개념의 성격을 띠고 있습니다.[51]

존재가 일의적이라고 말하는 데에는 두 가지 문제점이 따른다. 하이데
거는 이 중 첫 번째 문제를 지적하고 있다. 즉 '일의적'이라는 단어가
오직 '있다'라는 단어의 **사용**만을 말하고 있고 또한 아마도 존재론적

---

50 일의성 개념과 그것의 전통적 존재론과의 관련성에 대한 또다른 명쾌한 설명으로
는 댄 스미스의 글 「일의성의 원리」 "The Doctrine of Univocity"를 참조할 것.
51 *History of the Concept of Time*, pp. 173-4. 하이데거의 강조. 다른 여러 단락들
과 마찬가지로 이 인용 또한 거의 수정 없이 『존재와 시간』(*Being and Time*)에 포함
되었다. §20, p. 93 참조.

인 문제보다는 논리적인 문제로 더 잘 이해되기는 하지만, 그것은 여전히 상당한 존재론적인 함의를 지닌다. 신과 창조된 존재들이 동일한 방식으로 **있다**(존재한다)는 것 같이 말이다. 여기서 신은 창조된 존재의 지위로 '환원'되거나 '강등'된다.[52] 들뢰즈가 지적하듯이, 중세에 이와 같이 말한 사람들은 '화형을 당하곤' 했다.[53]

하지만 두 번째 문제는, 우리가 범주들을 포기하고 존재를 일의적으로 말한다 하더라도 개체화를 설명하는 것은 여전히 어렵다는 사실이다. 비록 존재에 대한 유비적인 개념이 이미 구성된 형식들에 대한 참조 없이 개체들의 발생을 기술할 수 없다고 하더라도 그것은 적어도 두 가지 이점은 확실히 지니고 있다. 즉, 범주들과 종차는 누군가를 화염으로부터 (혹은 오늘날이라면 아퀴나스 학자들의 적의로부터) 구해 줄 신과 종들 사이의 거리를 도입해 줄 수 있을 뿐 아니라 종들의 생산 또한 설명해 줄 수 있다. 들뢰즈는 한 강의에서 이 점을 강조한 바 있다.

제 질문은, 만약 제가 존재는 일의적이라고 말한다면, 즉 그것이 그것에

---

[52] 들뢰즈는 일의적인 존재에 대한 다음의 정의에 나오는 여러 주제들과 더불어 이 점을 강조하고 있다. '순수 내재성은 원칙상 존재의 동등성, 혹은 동등한 존재를 상정하는 것의 동등성을 필요로 한다. 그 자체로 동등한 것뿐 아니라 모든 존재들 안에 동등하게 현전하는 것처럼 보이는 것 말이다. 또한 원인 또한 동일하게 가까운 것으로 나타난다. 멀리 떨어진 인과 관계는 없다. **존재들은 위계질서 가운데서의 등급에 의해 정의되는 것이 아니며 일자로부터 다소 떨어져 있는 것도 아니다. 각각은 직접적으로 신에 의존하며**, 존재의 동등성에 참여하면서, 어떠한 근접성이나 원거리성에 관계없이 그들의 본질상 그들이 받기에 적합한 모든 것을 직접적으로 받고 있다. 게다가, 순수 내재성은 일의적이면서 자연을 구성하는 존재를 필요로 하는데, 그것은 생산자와 생산물, 즉 원인과 결과에 공통적인 긍정적인 형식들로 존재한다. 우리는 내재성이 본질들의 구별을 없애 버리지 않는다는 것을 알고 있다. 하지만 결과로서의 양태들의 본질을 포함하면서도 원인으로서의 실체의 본질을 구성하는 공통적인 형식들은 존재해야 한다' (EP 173, 필자의 강조).
[53] 『앙티-오이디푸스』 세미나(1974년 1월 14일).

대해 말해지는 모든 것과 동일한 의미로 말해진다면, (존재들?) 간의 차이
는 어떤 모습일까 하는 점입니다. 그러한 차이들은 더 이상 범주의 차이들
도, 형식의 차이들도, 유와 종들의 차이들도 아닐 것입니다. 그렇다면 왜
그들은 이러한 차이들이 아니게 될까요? 다시 한 번 말하지만, 그 이유는
제가 존재들 간의 차이들은 형식의 차이들이며, 형식적이고, 유적이며 종
적인 차이들이라고 말하는 그 순간에 저는 존재의 유비로부터 벗어날 수
없게 되기 때문입니다. 범주들이 존재의 궁극적인 유들이라는 매우 단순
한 이유로 말이지요. 만약 제가 정확히 범주들에 다름 아닌 '존재'라는 단
어의 여러 의미들이 존재한다고 말한다면, 저는 반드시 (제가 지금 '이것
은 있다'라는 말로 지칭하고 있는) 존재하는 그 무엇이 형식, 종, 유에 의
해 구별된다는 사실을 말해야만 합니다. 반면에, 만약 제가 존재는 일의적
이고 그것이 오직 그것에 대해 말해지는 모든 양상들에 대해 단 하나의 동
일한 의미로만 언명된다고 한다면, 저는 정신 나간 사유, 파렴치한 사유,
형식없는 것의 사유, 종적이지 않은 것의 사유, 유적이지 않은 것의 사유
로 빠져들게 됩니다. 이로부터 벗어나는 유일한 수단은 바로 다음과 같이
말하는 것인데요. 존재들 간의 차이들은 물론 존재하며, 어떤 경우에서든
존재는 존재하는 모든 것의 유일하고 동일한 의미로 말해지는 것이라고
말이지요. 그렇다면 존재들 간의 차이는 어디에 놓여 있는 것일까요? 일
의적 존재의 관점에 볼 때 이 순간에 생각해 낼 수 있는 유일한 차이는 명
백하게 오직 힘(puissance)의 정도들로서의 차이가 됩니다. 존재들은 그들
의 형식, 유, 종에 의해 구별되는 것이 아닙니다. 이들은 부차적이지요. 존
재하는 모든 것은 힘의 정도와 관계합니다(『앙티-오이디푸스 세미나』,
1974년 1월 14일).

여기서 너무나 매력적인 부분은 각각의 경우에 함축된 차이 개념의 관

점으로부터 행해지는 유비적인 존재와 일의적인 존재 사이의 구별이다. 아리스토텔레스/신플라톤주의자의 관점에서, 범주들, 혹은 궁극적인 유들은 존재라는 단어의 다른 의미들이며 차이가 이들을 분리한다. 그렇다면 동시에 차이는 개념 속에 보존되고, 우리는 개체적인 것을 그것의 유와의 관련하에 정의할 수 있게 된다. 하지만 우리가 더 이상 범주들이나 유들을 지니지 않을 때, 우리는 더 이상 개체들이 규정되기 위해 관계 맺는 어떤 것을 가지지 못하게 된다. '그렇다면 존재들 간의 차이는 어디에 놓여 있는' 것일까? 무엇이 개체적인 것을 정의하는가? 그것의 본질은 무엇이며 그것은 어떻게 다른 모든 개체들과 다르게 되는가? 이것은 정신 나간 사유이며, 앞서 우리가 사이에 있는 것이 아닌 차이, 더 큰 무언가에 내재해 있는 것이 아닌 차이가 어떤 모습일까를 상상할 때 마주했던 것과 동일한 종류의 사유이다.

이로부터 벗어날 수 있는 방식은 무엇일까? 들뢰즈의 대답은 각각의 존재에 '힘의 정도,' 혹은 '변용될 수 있는 역량'을 귀속시키는 것이다.

> 힘의 정도라는 문제는 왜 근본적으로 존재의 일의성이라는 문제와 연결될까요? 왜냐하면 오직 힘의 정도에 의해서만 구별되는 존재들은 힘의 정도에 있어서의 차이, 혹은 그것의 철회에 의해서만 구분되는, 단일하고 일의적인 존재를 실현하는 존재들이기 때문이지요. 따라서 탁자, 어린 소년, 어린 소녀, 기관차, 소, 신 사이의 차이는 오직 유일하고 동일한 존재의 실현에 있어서의 힘의 정도에 있어서의 차이뿐입니다(『앙티-오이디푸스 세미나』, 1974년 1월 14일).

사물들은 더 이상 그들의 유와 관련하여 구별되는 것이 아니라 변용될 수 있는 역량, 혹은 그들이 존재에 참여하는 정도에 따라 구별된다. 다소 라이프니츠처럼 들릴 수 있는 위험을 무릅쓰고, 우리는 각각의 존재가 존재에 대한 그것의 특수한 관점에 의해서 구별된다고 말할 수 있다. 각각의 모나드는 그것의 '지각들'을 통해 다른 모든 것들과 구별된다.[54]

> 동일한 종에 속하는 경주마와 복마 사이의 차이는 아마도 복마와 황소 사이의 차이보다 훨씬 더 큰 것으로 사유될 수 있을 것이다. 이는 복마와 황소가 동일한 배치(agencement) 안에 놓여지며 그들의 서로서로에 대한 힘의 정도가 복마의 경주마에 대한 힘의 정도보다 더 가깝다는 사실로 귀착된다(『앙티-오이디푸스 세미나』, 1974년 1월 14일).

들뢰즈의 사유에 의거해 이해해 보자면, 존재는 영원한 본질과 관련해서가 아니라 존재가 스스로를 발견하는 구체적인 상황과 관련해서 정의된다. 일의성 이론은 근본적으로 화용론과 연관된다. 하지만 이 설명에는 무언가가 빠져 있는 듯한 느낌이 드는 것도 사실이다. '존재'를 유비적으로 말하는 것은 존재의 위계를, 따라서 형식들의 구별 및 발생의 규제를 함축하는 것이다. 하지만 우리가 '존재'를 일의적으로 말할 때, 모든 것이 존재에 대한 동등한 참여와 변용될 수 있는 능력으로 직접적으로 환원될 수 있다는 사실이 따라올 수 있는가?

---

54 라이프니츠가 모나드를 궁극적으로 단순한 요소들로 정의할 때마다 그는 곧 무엇이 그것들을 구별하는 수단으로 기능할 수 있는지를 묻는다. 그의 대답은 그런 역할을 하는 것이 모나드의 '변용태'(affections)라는 것이다. '따라서 하나의 모나드는 그 자체로, 그리고 특정한 순간에 내적 질들과 활동들에 의해서만 다른 모나드와 구별될 수 있는데, 이런 내적 질들과 활동들이란 변화의 원리들인 그것의 **지각들** […] 그리고 그것의 **욕구들**(appetitions)에 다름 아니다'(*Principles of Nature and Grace* §2). *Monadology* §7-14 참조. NE 231의 원자론에 대한 비평도 참조할 것.

이는 분명 들뢰즈가 『차이와 반복』에서 설명하는 일의적 존재에 대한 특성의 가장 중요한 요소들 중 하나를 다루고 있다. 즉, 존재는 개체화하는 (또한 개체화되지 않은) 요소들의 전-개체적이고 미발달된 세계라고 일컬어진다는 사실 말이다. 유비에서 일의성으로의 이동은 세계에 대한 위계적 비전에서 동등한 비전으로의 변화 이상의 것이다. 그것은 구성된 개체들의 세계로부터 개체적인 것 이전의 구성되지 않은 세계로의 운동이다.

> 직접적으로 차이에 관계하는 한에서, 존재의 일의성은 우리로 하여금 어떻게 개체화하는 차이가 존재 내에서 유적, 종적, 심지어는 개체적 차이들에도 **선행**하는지를 보여 주게 한다. 존재 내의 선행적인 개체화의 장이 어떻게 종과 형식들의 규정을 한 번에 조건짓는지를 말이다[…]. 만약 개체화가 형식이나 물질에 의해 발생하는 것도, 질이나 연장을 통해 발생하는 것도 아니라면 이는 그것이 본성상 다르기 때문만이 아니라 **이미 그 개체화가 형식들, 물질들, 그리고 외연적인 부분들에 의해 전제되는 것이기 때문**이기도 하다(38/56-7/48, 필자의 강조).

들뢰즈는 이 점을 반복적으로 강조한다. 형식과 물질에 의한, 혹은 유와 종차에 의한 개체화는 개체적인 것을 실제로 구성하는 개체화하는 차이들의 발생적 세계를 전제한다. 개체화하는 차이들은 개체적인 차이들에 선행한다. 오직 일의성만이 발생적인 관점을 가능하게 하지만 그것에 우선성을 부여하는 것이 바로 정확히 이러한 발생적인 관점이다. 들뢰즈는 종종 유비는 위에서 아래로 이동하고 일의성은 아래에서 위로 이동한다는 점에서 유비가 일의성에 대립한다는 듯이 설명한다.

일의적 존재라는 개념이 우리를 인도하여 다다르게 하는 최종 목적

지가 바로 여기인 것인지, 또한 힘의 정도에 따른 존재들 간의 구별이
정확한 대답인 것인지 이는 아직 명백하지가 않다. 예를 들어 위에서
필자는 유비가 이미 주어진 형식들과 관련하여 발생을 미리 규정한다
는 이유로 들뢰즈가 유비에 비해 일의성을 선호한다고 말했지만, 이는
일의성에도 동일하게 적용될 수 있다. 심지어 들뢰즈의 스피노자 독해
에서도 개체화는 속성에 포함된 양태적 본질을 수단으로 하여 발생하
며, 나아가 양태적 본질이 자동적으로 양태적 실존으로 이어지지 않는
것을 고려하면(이 속성들은 현실화되지 않는 실제적인 것이다) 개체적
인 본질은 개체적인 것에 우선하여 주어지는 것으로 보인다.[55] 이런 관
점에서, 심지어 '철학자들의 그리스도'[56]라 할 수 있는 스피노자에서도
발생은 이미 미리 규정된 형식들(속성들)을 따라 펼쳐진다.

　이것이 바로 일의성 개념의 전개(그리고 철학자들의 그리스도가 적
그리스도에게 따라잡힌 이유)에 관한 들뢰즈의 짧은 역사 서술이 중요
성을 지니는 이유이다.[57] 이 서술이 수많은 흥미로운 소재들을 발생시
키는 것은 사실이나 여기서는 그것이 취하는 일반적인 방향, 즉 추상적
인 것으로부터 구체적인 것으로의 진행에 주목하는 것이 아마 더 중요
할 수 있을 것이다. 일반적으로 일의성이라는 개념은 '존재'라는 단어
가 모든 양상들에 대해 단 하나의 의미로 언명된다는 것을 뜻한다. 하
지만 존재라는 개념, 그리고 특히 존재와 개체들 혹은 양식과의 관계는

행하지만 (EP 180-1 참조) 결국에는 그 또한 이 속성들이 여전히 실체와 양태들 사이
를 매개한다는 사실을 인정한다.
56　WP 60 참조.
57　읽기 어렵긴 하지만 『철학에서의 표현주의』(*Expressionism in Philosophy*)의 11
장은 플라톤에서부터 스피노자에 이르기까지 전개된 내재성과 일의적 존재 개념에 대
한 놀랍도록 상세한 역사를 제공해 준다.

세 명의 사유가들 사이에서 극적으로 변화한다. 둔스 스코투스에서 존재는 '중립적'이다.[58] 그는 오직 '일의적인 존재를 **사유**하기만' (39/57/49, 들뢰즈의 강조)했다. 존재는 양태들로부터 거리를 두고 있다.

'두 번째 단계에서 스피노자는 상당한 진전을 이루어 낸다. 일의적 존재를 중립적이거나 무차별적인 것으로 사유하는 대신 스피노자는 그것을 순수한 긍정의 대상으로 삼는다. 일의적 존재는 단일하고 보편적이며 무한한 실체, 즉 **신 또는 자연** (*Deus sive Natura*)과 동일한 것이 된다' (40/58/49). 스피노자에게 있어 존재는 더 이상 중립적이지 않다. 존재는 구체적이며, '신 또는 자연'과 동일한 것이 된다. 하지만 스피노자의 사유에서 존재론이 구체적인 것을 향하여 크게 진일보했다고 하더라도, 실체(신)와 양태들, 즉 존재와 개체적인 것과의 관계는 여전

---

58 들뢰즈는 그의 강의들 중 하나에서 이 점을 보다 상세히 다룬다. 둔스 스코투스에게 있어 존재는 형이상학적으로 일의적인 것이지, 물리적으로 유비적인 것이 아니었다. '그럼 어떻게 된다는 말이죠? 신을 물질로 취급하라는 말인가요? 개와 사람이 동일한 의미로 존재한다는 말인가요? 꽤 미묘한 문제지요. 또한 그럼에도 중세 시대의 가장 위대한 사유가는 이 질문에 그렇다고 대답했지요. 그가 바로 둔스 스코투스입니다. 둔스 스코투스의 일의적 존재에 대한 이야기는 꽤 나쁜 결말을 맞게 되지만, 그는 기쁘게 예방 조처를 취했지요. 즉 그는 이 질문들에 그렇다고 대답했지만 꽤 주의를 기울였답니다. 즉 존재는 일의적인데, 그것이 존재인 한에서 그렇다고 했지요. 즉 존재는 형이상학적으로 일의적이라고 말입니다. 그에 따르면 물론 존재는 유비적인데, 다시 말해 존재는 물리적으로 다양한 의미들로 말해집니다. 제가 흥미를 느끼는 부분이 바로 이것입니다. 즉 그는 이단의 경계에 서 있었는데요, 만약 형이상학적으로 일의적이고 물리적으로 유비적이라는 것을 명기하지 않았다면 그는 아마 위험해졌을 겁니다. 하지만 둔스 스코투스보다 신중하지 못했던 그의 제자들에게 이는 나쁜 결말을 초래했지요. 존재가 일의적이라고 제가 말할 때, 이는 "존재"라는 단어의 가정된 의미들 간에는 어떠한 범주적 차이도 없으며, 존재는 오직 그것에 대해 말해지는 모든 양상들에 대해 단 하나의 동일한 의미로만 언명된다는 것을 의미합니다. 어떤 면에서 이는 문제는 신이라는 것을 뜻하는데요. 즉 범주상의 차이도, 실체의 차이도, 형식의 차이도 존재하지 않습니다. 고로 이는 정신 나간 사유가 되죠'(『앙티-오이디푸스』세미나 [1974년 1월 14일]). EP 177-8도 참조.

히 속성들에 의해 매개된다.[59] '스피노자의 실체는 양태들로부터 독립
해 있는 것처럼 보인다. 그리고 양태들은 실체에 의존하지만, 마치 자
기 자신이 아닌 다른 어떤 것인 듯 그것에 의존한다'(40/58/50, 들뢰
즈의 강조). 비록 신이 양태들과 동일한 것으로 간주되더라도 속성들
이 그들 사이에 어떠한 거리를 도입하는데, 이 거리로 인해 양태들은
'마치 자기 자신이 **아닌** 다른 어떤 것인 듯' 실체에 의존하게 된다.

스피노자에게 있어 존재는 일의적이다. 존재는 하나의 의미로, 하지
만 속성들을 **통해서** 양태들에 대해서만 언명된다. 결과적으로 '스피노
자주의가 일의적인 것을 순수한 긍정의 대상으로 만들기 위해 필요로
했던 모든 것은 실체를 양태들 중심으로 선회시키는 것이었다'(304/
388/377). '실체는 반드시 양태들에 **대해서**, 오직 양태들에 **대해서만**
언명되어야 한다'(40/59/50, 들뢰즈의 강조). 실체는 매개자 없이 양
태들에 대해서 언명되어야 한다. 존재는 반드시 양태들에 대해 **직접적
으로** 언명되어야 하며 직접적으로 양태들에 속해야 한다. 들뢰즈에 따
르면 영원 회귀라는 사유를 통해 이를 현실화한 이가 바로 니체였다.

'존재'는 양태들에 대해 직접적으로 언명된다. 이는 존재가 완전히
구성된 양태들에 대해 언명된다는 점을 의미하는 것이 아니다. 존재는
개체들에 대해 언명되는 것이 아니라 개체적인 것을 선행하는 불공 가
능한 사건들에 대해 언명되는 것이다.[60] 즉 존재는 '**개체화하는** 요소들'

---

[59] '실체와 양태들, 원인과 결과들만이 오직 존재를 지니는데, 이들은 일자(신)의 본
질을 **실제로 구성**하고 타자들의 본질을 실제로 포함하는 공통의 형식들(예를 들면, 속
성들)을 통해서만 알려지게 된다'(EP 181, 필자의 강조).
[60] '존재의 일의성은, 그것이 직접적으로 차이와 관련되는 한에서, 우리로 하여금
개체화하는 차이가 어떻게 유적이고 종적이며, 심지어는 존재 내의 개체적인 차이들
에 **선행**하는지를 보여 주도록 요구한다. 존재 내의 선행적인 개체화의 장이 어떻게 종
들과 형식들의 규정을 즉각 조건짓는지 말이다[…]. 만약 개체화가 형식이나 물질에
의해서 질적으로도 연장적으로도 발생하는 것이 아니라면, 이는 그것이 본성상 다르

에 대해 언명된다. 이는 더 이상, 들뢰즈의 예들에서와 같이, 소년, 소녀, 탁자, 황소에 대한 문제가 아니라 그것들의 구성적 차이들을 이루면서 그것들에 선행하는 어떠한 세계에 관한 문제이다. 이것이 바로 들뢰즈가 이러한 세계를 설명하기 위해 니체와 영원 회귀를 참조하는 이유이다. 존재는 **형태**가 없다. 차이들을 지탱해 줄 수 있는 어떠한 범주들도, 유들도 존재하지 않는다. 수렴의 원칙에 따라 차이들을 선별하는 신도 존재하지 않는다. 공식적으로 존재를 구분하며, 그것들 스스로가 양태적인 본질들로 나누어지는 속성들도 존재하지 않는다. 존재가 개체화하는 요소들에 의해 언명될 때 단 하나의 의미만을 지니는 '존재'를 말하는 것은 진정한 어려움이 아닌데, 왜냐하면 이러한 요소들 자체가 무의미하고 파편화되어 있는 것이기 때문이다. 그러한 세계에 대해 유비적으로 '존재'를 말하는 것이 실제로는 훨씬 더 어려울 것이다. 진정한 어려움은, 외재적인 이유나 모델, 혹은 지침이 없을 때 형식이 이러한 세계로부터 어떻게 발생할 수 있는가를 설명하는 데 있다. '일의적인 존재'에 대해 이야기할 때, 들뢰즈는 두 가지 특징을 지닌 세계를 암시하고 있다. 이 세계의 첫 번째 특징은 그것이 (1) 전-개체적인 세계라는 것이며, 두 번째 특징은 이 세계가 (2) 절대적으로 어떠한 위계도 없이 오직 개체화하는 차이들만을 지니고 있다는 것이다. 즉, 존재는 양태들에 대해 직접적으로 언명되지만, 그 양태들은 그 자체로 파편화되어 있는 양태들이다.

영원 회귀와 힘의 의지

영원 회귀에 대한 들뢰즈의 해석은 세 명의 다른 이론가들, 즉 클로소

기 때문만이 아니라 **이미 그것이 형식들과 물질들 그리고 외연적인 부분들에 의해 전제되기 때문이기도 하다**' (38/56-7/48, 필자의 강조).

프스키, 블랑쇼 그리고 그다지 놀랍지 않게도, 하이데거에게 크게 의존
하고 있다. 『차이와 반복』의 서론에서 들뢰즈는 피상적인 반복 및 피상
적인 재현의 발생을 어떤 방식으로든 책임지고 있는 하위-재현적이고
'비밀스러운' 반복을 구분했다. 클로소프스키 또한 「니체, 다신론, 패
러디」 "Nietzsche, Polytheism, Parody"라는 글에서 이와 유사한 구분
을 행한다. 그는 자신이 '의식적인 삶'이라 부르는 자명한 주체로부터
출발하는데, 이는 전통적으로 사유를 정의하는데 사용되어 온 행위들
의 집합, 즉, '알고, 판단하고, 혹은 결론짓는 행위'를 일컫는다.[61] 장문
에 걸쳐 클로소프스키는 다음과 같이 말하고 있다. '의식적인 사유는
사유 그 자체로 간주되었다. 지금에서야 우리는 우리의 정신 활동의 가
장 위대한 부분이 무의식적이며 감각되지 않는 것으로 남아 있다는 사
실을 깨닫게 된다'(107). 우리 정신의 무의식적이고 감각되지 않는 부
분, 즉 비밀스러운 주체가 바로 그가 반복적으로 '우리 자신의 본질적
인 측면'이라 부르는 것, 즉, '우리의 정념'(pathos)이다. 그것은 우리
의 신체이자 신체의 충동, '우리의 충동적인 삶의 조화'(111)이다. 들
뢰즈의 비밀스러운 주체와 마찬가지로 이러한 충동은 **의식을 구성**한
다. '알고, 판단하고, 혹은 결론짓는 행위는 서로를 향한 특정한 충동
들의 행위의 결과에 다름 아니다. […] 모호한 힘들간의 위태로운 휴전
말이다'(108-9).

클로소프스키에게 있어 신체의 충동들을 살아 내는 무의식적인 주체
는 '힘의 의지'이다. 니체에 관한 하이데거의 강의를 번역한 클로소프
스키는 하이데거가 언급은 했지만 그냥 지나가 버린 구분, 즉 힘의 의

---

61 Klossowski, *Such a Deathly Desire*, p. 108. 이와 유사한, 의식에 대한 전통적인
논의에 관한 설명으로는 Heidegger, *History of the Concept of Time*, p. 77을 참조할
것.

지는 '사실'이지만 영원 회귀는 '사유'라는 구분을 발전시킨다.[62]

> 니체에게 있어 동일한 것의 영원 회귀라는 사유는 어떠한 **기분**(Stim-
> mung), 즉 영혼의 특정한 전체성 가운데서 **갑작스러운 각성**처럼 다가왔
> 다. 처음에 이러한 **기분과 혼동되었던 영원 회귀는 서서히 하나의 사유로서
> 단계적으로 부상했다**[…](Nietzsche and the Vicious Circle 44).

클로소프스키는 영원 회귀에 대한 그의 모든 해석을 이 점을 중심으로
발전시킨다. '영혼의 조성(tonality)이라 할 수 있는 기분(Stimmung)
이 어떻게 사유될 수 있는가 […]' (47)? 클로소프스키는 나아가 이 과
정에 대한 상세한 해설을 덧붙인다. 즉 그는 강도가 스스로에게 다시금
접혀 들어가는 방식을 통해 강도들의 순수한 지시가 의미화로 바뀌는
과정(이는 영원 회귀가 결코 의미 발생의 맥락 외부에서는 사유될 수
없다는 사실을 암시한다)을 기술한다. 영원 회귀는 강도나 정념도, 깨
어 있는 의식도 아니다. 그것은 오히려 신체와 의식의 관계를 매개하는
것이며, 두 가지 의식을 발생시키는 모호한 힘들 간의 위태로운 휴전을
초래하는 것이다. 따라서 영원 회귀의 사유는 힘의 의지(신체, 신체의
충동과 강도)와 '의식적 사유'(알기, 판단하기, 사유하기) 간의 그 어
디쯤에서 중지된다. 그것은 강도와 의식, 혹은 '소통 가능한 사유' 간
의 관계를 규제하는 것이며, 이 두 가지가 일치되는 것을 방해하는 그
무엇이다.
　들뢰즈는 힘의 의지와 영원 회귀 간의 구별에 대해 다음과 같이 설명

62　Heidegger, *The Eternal Recurrence of the Same*, p. 156 참조. 블랑쇼 또한 이를
강조하여 다음과 같이 표현한다. '힘의 의지는 궁극적인 사실이고, 영원 회귀는 사유
들의 사유이다'(Balnchot, *Infinite Conversation* 273).

한다.

> 힘의 의지 안의 차이는 자연 법칙들에 반하여 느껴지는, 지고한 감성의 대
> 상, 드높은 기분(*hohe Stimmung*)의 대상이다(힘의 의지가 무엇보다 먼저
> 느낌으로, 거리의 느낌으로 제시되었음을 상기해 보라). 자연 법칙들에 반하
> 는 사유, 영원 회귀 안의 반복은 지고한 사유, 위대한 사유(*gross Gedanke*)
> 이다(243/313/304, 영문 번역은 수정된 것).

여기서 클로소프스키의 영향은 명백하다. 힘의 의지 안의 차이는 **감각
되는** 것이자, 드높은 기분(*hohe Stimmung*)이다. 영원 회귀 안의 반복
은 **사유**, 즉 위대한 **사유** (*gross Gedanke*)이다. 실제로 들뢰즈는 니체
의 사유 자체보다는 그것이 지고의 느낌으로부터 지고의 사유로의 운
동을 표현한다는 사실에 더 흥미가 있는 것처럼 보인다. 들뢰즈는 계속
해서 『차이와 반복』 전체에 걸쳐 다른 방식으로 이러한 구별을 행하고
있다. 힘의 의지는 생성이지만, 영원 회귀는 생성에 대해 언명되는 존
재이다. 힘의 의지는 차이의 즉자이지만, 영원 회귀는 대자이다.[63] 힘의
의지는 차이이지만 영원 회귀는 긍정, 재생산, 반복, 혹은 차이의 귀환
(들뢰즈는 이러한 다양한 표현들을 모두 사용한다)이다.[64] 힘의 의지는
'용해된 자아'를 일컫는 반면, 영원 회귀는 '분열된 자아'의 사유이다.
이것이 바로 힘의 의지와 영원 회귀 간의 미묘한 차이인데, 이는 때때
로 감지가 불가능하지만 절대적으로 필수적인 차이이다.[65] 즉, 이는 강
도와 잠재성 간의 차이이다.[66]

---

63 (125/163-4/153) 참조.
64 NP 189 참조.
65 인정하건대, 이러한 해석은 딱 **한** 지점에서 허물어진다(199/201/258-60/250-2).

여기서 가장 중요한 점은 존재의 **사유**가 우선이 아니라는 것이다. 그것은 '거리' 감과 더불어 '감성' 안에서 시작된다. 둔스 스코투스가 존재를 사유하기만 했다면, 니체는 가장 처음으로 존재를 느낀 철학자라 할 수 있다. 힘의 의지는 우리의 정념이다. 그것은 특이성들을 포착하는, 혹은 불공 가능하고 감각 불가능한 사건들에 의해 변용되는 잠재적인 주체이다. 존재 그 자체는 개체화되지 않은 존재들로부터 '떼내어'진다. 존재는 우리의 정념으로부터 우리 자신의 변용의 사유로서 발생한다. 존재는 제대로-규정된 의식적인 사유가 아니다. 그것은 안개 속에 감추어진 채로 남아 있다. 영원 회귀는 우리의 정념들과 의식적 사유 사이에서 중단되며, 이 둘 사이의 관계를 규제한다. 영원 회귀, 이 악명높은 '잠재적인' 것은 첫 번째 사유도, 마지막 사유도 아니다. 개체화되지 않은 존재들로부터 떼내어진 존재는 '존재를 다시금 즉시 모든 존재들로 데려가 주는' 이념들을 생산한다. 존재들로 돌아가면서 존재는 그것들을 개체화한다. 존재는 들뢰즈적인 변증법의 중간 지점에서 발생한다.

이러한 사유는 전통적으로 존재라고 일컬어진 개념과 어떻게 연결되는가? 클로소프스키의 글에 관한 한 논평에서, 블랑쇼는 영원 회귀의 **사유**를 '원환과 같이, 항상 그 자신으로 돌아가는 강도의 운동' (*Friendship* 173)이라고 기술한 바 있다. '강도' 라는 단어는 여기서 신체가 의지 속에서 경험되는 방식을 표현한다. 강도의 스스로에게로의 귀환을 (그것이 자신에게로 접혀 들어가는 것을) 보증하는 이러한 운동의 중심부에는 어떠한 기호가 존재하는데, 그 기호를 통해 **사유는 스스로를 지칭**'(173, 필자의 강조)한다.

---

66 잠재성과 강도의 구분에 대한 더 많은 설명으로는 본 저서의 p. 150를 참조할 것.

가장 기묘한 것이라 할 수 있는 이 기호는 오직 자기 자신만을 의미한다. 우리가 자의적이다, 불가사의하다, (어떠한 비밀도 없이) 비밀스럽다고 말할 수 있는 이 기호는 마치 이 점의 통일성으로 환원된, 사유의 활기찬 생명력을 표현하고 긍정하는 어떠한 살아 있는 점과 같다. 일종의 강도적인 일관성이라 할 수 있는 이것과 관련하여, 일상적인 기호들의 체계에 자족하는 매일의 삶은, 내부와 외부 모두에서, 참을 수 없는 일관성의 장소가 된다(173, 182 참조).[67]

사유는 자기-지칭적인 기호, 그 어떤 것도 지칭하지 않고 오직 자기 자신만을 지칭하며 '참을 수 없는 일관성'을 소유한 기호이다. 이러한 블랑쇼의 정의에서 우리는 적어도 두 가지의 중요한 역사적인 함축을 발견할 수가 있다. 첫 번째는 바로 칸트가 말하는 통각(apperception)이다. 사유는 스스로를 지칭하고 나의 재현들이 나의 재현들이 되는 어떠한 구역을 설정하는 독특한 기호이다. 블랑쇼의 정의가 두 번째로 참조하는 것은 바로 스피노자의 실체에 대한 정의이다. '내게 있어 실체라는 것은 즉자적으로 존재하면서 자기 자신을 통해서만 이해되는 어떤 것을 말한다'(Spinoza, EID 4). 스피노자는 오직 한 가지의 것만이 실제로 이 정의에 부합한다고 지적하는데, 그것은 바로 신이다 (신 이외에 그 밖의 다른 모든 것은 궁극적으로 신을 참조하기 때문이다). 오직 신, 혹은 존재만이 즉자적으로 존재하며 자기 자신만을 이해한다. 블랑쇼(그리고 이 점에 관한 한 블랑쇼를 따르는 들뢰즈)가 기호, 즉 오직 자기 자신만을 의미하는 이 기묘한 것에 대해 말할 때 그는 존재의 자기-지식(self-knowledge)을 참조하고 있다.

---

67 Klossowski, *Nietzsche and the Vicious Circle*, p. 50 참조.

존재는 더 이상 존재들 위에 군림하는 어떠한 것이 아니라 신체의 충동들, 그리고 신체에 영향을 끼치는 개체화되지 않은 파편들로부터 발생하는 사유의 통일성이다. 이것이 바로 일의성의 역사에 대한 서술이 중요성을 띠는 이유이다. 둔스 스코투스에서 스피노자, 또 니체로의 이동은 중립적인 무한에서 신체로, 또 신체에서 존재로의 이동이다. 둔스 스코투스와 니체 사이에서 모든 것은 역전된다. 만약 들뢰즈의 영원 회귀 사상이 어떠한 의미를 지닌다면, 그것은 바로 감성이 사유의 힘으로 고양되며, 존재가 그것이 사유되기 이전에 느껴진다는 사실일 것이다. 만약 들뢰즈가 무한한 것을 사유하는 철학가라면(이는 아직까지는 미결된 문제라 할 수 있다) 이 무한한 것이란 바로 유한한 것 안에서부터 발생하는 것이어야 한다.[68] 따라서 영원 회귀의 사유와 더불어 우리가 들뢰즈의 가장 근본적인 사유에 도달했다고 생각하는 것은 그릇된 판단일 것이다. 힘의 의지 안의 차이와 영원 회귀 안의 반복은 들뢰즈의 사유를 정초하지 않으며, 존재론 또한 더 이상 제일 철학이 아니다. 앞으로 보게될 테지만, 힘의 의지는 잠재적인 주체와 무의식 전체, 또한 그것의 세 가지 종합을 전제한다. **세 번째로서의** 세 번째 종합은 강도 속에서 차이를 생산한다.

---

68 들뢰즈는 라이프니츠에 대한 한 강의에서 메를로-퐁티의 에세이 "Everywhere and Nowhere"를 간략하게 논의하면서 이 점을 강조한다. 합리주의자들은 '순진하게도 무한한 것과 더불어 시작한다.' 하지만 이것은 더 이상 가능하지 않다. 메를로-퐁티가 말하듯이 '오늘날 우리는 더 이상 무한한 것을 믿지 않는다.' 하지만 메를로-퐁티도 들뢰즈도 무한한 것으로부터 물러서지는 않는다. 메를로-퐁티는 '무한한 유한한 것으로의 이행이 우리에게 해답인 것처럼 보이지 않는 유일한 이유는 대담한 세기가 영원히 제거했다고 믿은 그 과업을 다시금 우리가 보다 급진적인 방식으로 취하고 있기 때문이다'(*Signs* 152)라고 말한다. 무한한 것을 거부하는 대신, 무한한 것은 유한한 것으로부터 발생해야 함이 마땅하다. 들뢰즈의 라이프니츠 세미나(1980년 4월 22일) 참조.

이 모든 것은 오직 탐정 소설의 첫 번째 부분에, 혹은 들뢰즈식 변증법의 첫 번째 운동에 해당한다. 이 이야기의 두 번째 부분에서 영원 회귀는 힘의 의지를 승화시키고, 그것을 반복함으로써 이념들을 생산한다. 하지만 영원 회귀가 들뢰즈의 마지막 사유인 것은 아니기에, 그것은 이 소설의 세 번째 부분을 지시하여 들뢰즈식 변증법의 두 번째 운동으로 나아가게 될 것이다. 일단 영원 회귀 안에서 생산된 이념들은 현실화되어 의식적이고 재현적인 사유, 즉 가장 오랜 시간동안 사유 그 자체라고 여겨져 온 사유의 부분들을 생산해 낸다.

3절. 사유의 비판적 이미지와 독단적 이미지

사유 이론은 마치 회화와 같다. 사유 이론은 회화를 재현에서 추상으로 이행시킨 바로 그 혁명을 필요로 한다. 이것이 바로 이미지 없는 사유 이론이 설정하는 목표이다(276/354/346).

'사유의 이미지'는 『차이와 반복』의 세 번째 장이다. 필자는 두 가지 이유로 이를 두 번째 장에 앞서 논하고자 한다. 첫 번째 이유는, 들뢰즈가 그의 체계의 주된 구조를 상세히 기술하는 것이 주로 2장과 4장, 그리고 5장에서이며, 필자가 이 과정을 순서대로 보여 줄 수 있기를 바라기 때문이다. 두 번째 이유는 3장이 여전히 예비적이고 서론격인 성격을 지니기 때문이다. 3장은 두 가지 기능을 지니고 있다고 할 수 있다. 첫째로, 3장은 전 체계를 부정적으로 제시한다. 즉, 이 장은 잠재적인 주체의 특이성에서 자명한 주체의 질과 연장으로 나아가는 재현의 발생 과정 모두를 다루지만 이를 일련의 전제들의 집합과의 대조를 통해서만 기술하고 있다. 필자가 생각하기에 이 장의 두 번째 기능은 일종의 방법론을 개략적으로 보여 주는 것이다. 이는 들뢰즈식 체계의 부정적인 제시와 더불어 이루어지고 있다. 들뢰즈는 어떤 수단을 통해 전통을 정의하는 모든 전제들을 피할 수 있을까?

이 장은 들뢰즈의 체계를 전체적으로 제시하게 될 것이다. 이 체계는 두 개의 주된 부분들로 구성된다. 앞서 필자는 들뢰즈식 변증법의 행로를 간략하게 기술했다. 즉, 첫째는 특이성에서 이념으로의 운동이며, 둘째는 이념에서 재현으로의 운동이다. 반복은 **특이성들**을 반복하고 그렇게 하는 가운데 이념을 생산해 낸다.[69] 이념이 현실화될 때, 어떠한 재현이 생산된다. 들뢰즈의 『의미의 논리』를 따라 우리는 이러한 운동을 두 개의 발생들로 분리해 낼 수 있다. 즉 들뢰즈는 특이성에서 이념으로 이동하는 발생을 '역동적인 발생'이라고 부르며, 이념들의 현실화를 따라 재현으로 이동하는 발생을 '정적인 발생'이라고 부른다.[70] 이러한 구별은 『차이와 반복』의 세 번째 장의 형식적인 구조를 이해하는 데 있어 결정적인 구별이 된다.

이 장에서 들뢰즈는 여덟 개의 '공리' 혹은 '주관적인 전제들'에 대해 기술한다. 처음 네 개의 공리들은 역동적인 발생과 관계되며, 마지막 네 개는 정적인 발생과 관계된다. 따라서 이 장 그 자체는 상대적으로 직선적인 구조를 지니고 있다. 우선 들뢰즈는 사유의 '독단적인' 이미지를 특징짓는 하나의 공리를 (혹은 때때로 두 개 혹은 세 개를 연달

---

69 '특이성'이라는 개념이 이 맥락에서 수학적인 어떤 점이 아니라 직관의 직접적인 대상을 뜻한다는 것을 다시금 지적할 필요가 있다.

70 '역동적'이고 '정적인'이라는 형용사들은 발생 각각의 시작 지점들의 특성을 기술한다. 첫 번째 발생은 움직이는(역동적인) 물질 속에서 시작된다. 두 번째는 사유가 물질로부터 벗어난 이후 시작되어 순수한 시간, 즉 '시간의 순수하고 텅 빈 형식'이 되는데, 이 안에서 이제 더 이상 운동은 존재하지 않는다. 즉 그것은 이제 정적이다.

아서) 제시한다. 다음으로 그는 그 전제를 제거하고 전제들로부터 자유롭다고 추정되는 사유의 새로운 '비판적인' 이미지를 기술하려 한다. 본 저서의 궁극적인 목표는『차이와 반복』의 구조를 기술하는 것이기에, 다음에서 필자는 독단적 이미지 그리고 개별적인 공리들에 대한 들뢰즈의 기술 및 비평은 적게 조명하는 대신, 사유의 새롭고 비판적인 이미지의 몇몇 특성들은 강조하고자 한다.[71]

공리들

공리란 무엇인가? '철학의 공리들은 철학자가 우리에게 받아들이도록 요구하는 명제들이 아니다. 반대로, 공리들은 암묵적으로 남아 있으면서 선-철학적인 방식으로 이해되는 어떠한 명제적인 주제들이다' (131/172/167). 공리들은 우리가 관조할 수 있는, 또한 적극적인 판단을 통해 긍정하거나 부인할 수 있는 명백한 명제들이 아니다. 그것들은 (비록 중요한 철학적 결론들을 지닌다고 할지언정) 암묵적이고 '선-철학적인' 것으로 남아 있다. 들뢰즈는 데카르트의 『성찰』에 등장하는 예를 하나 들어 설명하는데, 두 번째 성찰에서 데카르트는 다음과 같이 말하고 있다.

그렇다면 내가 이전에 나라고 생각했던 것은 무엇인가? 한 인간. 하지만 인간이란 무엇인가? '합리적인 동물' 이라고 말해야 할까? 아니다. 왜냐하면 그럴 경우 나는 동물이란 무엇인지, 합리성이란 무엇인지를 물어야 할

---

71 독단적인 이미지의 특성에 관한 들뢰즈의 기술은 이차 문헌들에 잘 정리되어 있다. 특히 파올라 마라티(Paola Marrati)의 글 「독단에 대항하여」 "Against the Doxa" 와 폴 패튼의 『들뢰즈와 정치적인 것』(Deleuze and the Political)의 1장을 참조할 것. 제임스 윌리엄스(James Williams) 또한 그의 비판적 서문에서 사유의 독단적인 이미지를 매우 상세히 기술하고 있다.

것이며 이런 식으로 하나의 질문이 더 어려운 질문들로 나를 계속 데려갈 것이기 때문이다. 지금으로서 나는 이러한 종류의 미묘한 것들에 낭비할 시간이 없다(*Meditations* 25/81).

데카르트는 인간을 합리적인 동물이라고 하는 아리스토텔레식 정의를 피하는데, 왜냐하면 들뢰즈가 표현하듯, '그러한 정의는 명백히 합리성 과 동물성이라는 개념들을 전제하기 때문'(129/169/164)이다. 이들은 들뢰즈가 '객관적인 전제들'이라고 부르는 것을 구성한다. 전제는 명 시적인 것이며, 전제되는 것들은 '개념들' 혹은 '명제들'이라 일컬어 진다.

들뢰즈에 따르면, 데카르트가 인간을 합리적 동물이 아닌 사유하는 존재로 정의하는 것은 이러한 객관적 전제들을 피하기 위함이다. 하지 만 그러한 정의는 객관적인 전제들을 피하는 반면, 여전히 '주관적 혹 은 암묵적인' 전제들을 담지하고 있다. 들뢰즈는 '[데카르트가] 또 다 른 종류의 전제들, 즉 개념들보다는 의견들 속에 포함되어 있는 주관적 이거나 암묵적인 전제들로부터 벗어나지 못하고 있다'고 말한다. 데카 르트에게 있어 '모든 사람들은 개념에 의존하지 않고도 자아, 사유, 존 재가 무엇을 의미하는지 알고 있다고 가정된다'(129/169/164). 들뢰즈 는 '나는 생각한다, 고로 존재한다'는 표현이 세 가지 개념, 즉 '자아,' '사유,' 그리고 '존재'라는 개념을 전제한다고 주장한다. 이러한 전제 들은 더 이상 명시적이지 않으며 명제적 (혹은 개념적)이다. 이들은 한 층 더 깊이 정의되고 정제될 수 있는 '객관적인' 전제들이 아니다. 즉 여기서의 전제는 암묵적이다. 전제되는 것은 의견들인데, 이들은 모든 사람들이 이미 알고 있는 것에 의존한다.

이는 흔히 반복되는 코기토(*cogito*)에 대한 거부에 데카르트가 어떻게 응답했는지를 떠올릴 때 더욱 분명해진다.

> 누군가 '나는 생각하고 있다, 따라서 나는 존재한다, 혹은 실존한다'고 말
> 할 때, 그는 삼단 논법에 의거하여 실존을 사유로부터 연역하는 것이 아니
> 라, 실존을 **정신의 단순한 직관에 의해 자명해지는 무언가**로 인식하고 있는
> 것이다(*Objections and Replies* 127, 필자의 강조).

이것이 바로 들뢰즈가 함축적인, 혹은 주관적인 전제라는 말을 통해 뜻
하는 바이다. 즉 데카르트가 사유, 존재, 혹은 자아라는 말로 의미하는
바가 자명하지 않을 때, 종국에는 존재와 사유가 철학적인 개념들로서
다루어지는 것이 아니라 '자명'의 원리, 즉, '정신의 단순한 직관'에
의존하게 된다는 것이다.

이것이 정확히 주관적인 전제들이 안고 있는 문제이다. 비록 이 전제
들이 선-철학적이며 '자명' 혹은 명백함의 결과로서 숨겨져 있긴 해
도, 이들은 여전히 사유의 초월론적인 구조들을 규정한다. 따라서 들뢰
즈는 여덟 개의 공리 각각에 대해 특정한 전제가 의견의 수준에 머무르
지 않고 초월론적인 것을 향해 나아가는 방식을 기술한다. 여덟 개의
공리 각각은 '경험적이고 초월론적인 것의 특정한 할당을 전제하는데,
이 할당, 즉 그 이미지에 의해 함축된 초월론적 모델이야말로 판단되어
야 할 대상이다'(133/174/168). 비록 이러한 전제들이 선-철학적이긴
해도 그들은 여전히 철학을 결정하고 있다. 바로 이러한 초월론적인 것
의 특성화 수준에서 들뢰즈는 궁극적으로 사유의 비판적 이미지를 개
진할 필요성을 논하고 있다.

처음 이 장을 읽으면 우리는 아마도 철학의 역사를 가로지르는 특정
한 주제들에 대한 비평으로 이 장을 규정하게 될 것이다. 어떤 관점에

서 실제로 이 장은 그러하다고도 말할 수 있다. 들뢰즈는 여덟 개의 공
리들을 가로질러 그가 '사유의 독단적 이미지'라고 부르는 것을 구조
화한다. 이 이미지가 전통적으로 어떠한 특정한 철학에 속하는 것은 아
니기에, 특정한 철학자들에 대한 들뢰즈의 논평을 한 철학에 대한 엄격
히 전개된 비평으로 보는 것은 잘못일 것이다. 아마도 들뢰즈의 방식과
비교될 만한 것으로, 메를로-퐁티가 『지각의 현상학』(*Phenomenology
of Perception*)에서 사유를 사유함에 있어서의 두 가지 경향, 즉 '경험
주의'와 '지성주의'를 기술하는 방식을 꼽을 수 있을 것이다. 이 두 가
지 경향 사이에서 퐁티는 사유에 대한 자신만의 고유한 사유 방식을 내
세운다. 메를로-퐁티의 '지성주의'가 구체적인 점들에 있어 이상주의
의 그 어떠한 역사적 예에도 상응하지 않는 것과 동일한 방식으로, 들
뢰즈 사유의 독단적 이미지 또한 그 모든 특수한 점들에 있어 어떠한
특정한 사상가에도 부합하지 않는다. 때때로 우리는 플라톤, 아리스토
텔레스, 데카르트, 칸트, 헤겔, 그리고 누구보다 후설의 면면을 인식하
지만, 사유의 독단적 이미지에 대한 들뢰즈의 기술이 특별히 어떤 철학
자를 특징짓고 있는 것은 아니다. 즉 사유의 독단적인 이미지에 대한
들뢰즈의 기술은 **사유의 철학적인 기술들 내의 일련의 경향들을 특징짓
고 있는데, 이러한 경향들로 인해 철학자들은 특정한 전제들과의 관련하
에 사유를 기술하게 된다.**[72]

환원

『차이와 반복』의 3장을 들뢰즈의 방법론으로 간주할 수 있는 것은 바로

---

[72] '[…] 우리는 문제시되고 있는 철학에 따라 가변적인 사유의 이러저러한 이미지
에 대해 말하고 있는 것이 아니라, 철학의 주관적인 전체를 구성하는 단일한 이미지
일반에 대해 말하고 있다'(132/172/167).

이러한 관점에서이다. 이 장에서 들뢰즈가 구체적으로 다루는 문제는, 역사적으로 사유와 사유의 초월론적 구조들을 정의하고 기술하려는 시도 속에 다양한 전제들이 개입하여 어떠한 실제적 작업이 시작되기도 전에 이미 모든 것을 선-철학적으로 규정해 왔다는 것이다. 철학의 역사 전체를 통해 우리가 이와 동일한 것을 이야기한 다른 철학자들을 발견할 수 있는 것은 사실이다. 예를 들면, 데카르트는 그의 학교 교사들이 소년으로서 자신의 머릿속에 주입한 생각들이 계속해서 그의 성숙한 철학에서도 되풀이된다는 사실을 깨달은 바 있다. 베르그송은 공간에 대한 우리의 친숙함이 시간에 대한 우리의 사유를 규정한다는 사실을 발견했다. 니체에게 있어 철학을 규정지은 것은 사유의 도덕적 이미지였다 등등. 하지만 전제의 문제를 제기하는 것과 더불어, 들뢰즈가 이 장에서 하는 것과 동일한 방식으로 이러한 전제들을 피하는 방법까지 마련한 이는 궁극적으로 후설이었다. 이 장의 전체에 걸쳐 들뢰즈가 사용하는 언어는 들뢰즈 자신도 의식하고 있다시피 매우 칸트적(칸트는 '독단적인' 형이상학을 '비판적인' 형이상학과 더불어 정초해야 한다고 주장했다)이다. 또한, 전제 없는 과학을 이루어 내야 한다는 주장은 칸트에서 피히테, 또 헤겔에 이르는 비평적 전통의 주요한 사유가들 모두에게서 발견될 수 있다. 들뢰즈는 칸트와 더불어 시작된 '비판적' 전통 내에서 자신의 철학을 굳건히 자리매김한다. 하지만 이러한 구별은 현상학에 있어 전혀 낯선 것이 아니다. 만약 우리가 들뢰즈와 후설의 본질적인 연대를 발견할 수 있다면, 그것은 아마도 들뢰즈와 후설 모두가 전제들의 맹습을 피하기 위해 동일한 방법을 사용하고 있기 때문일 것이다.

애초부터 현상학의 핵심적인 기획들 중 하나는 사유를 기술하는 것이었으며, 그렇기에 현상학은 사유의 이미지를 그리는 시도라고 기술될 수 있었다. 후설은 사유 그 자체를 고수하여 그것의 윤곽과 결들을 기술하기를 원했다. 하지만 후설에게 사유란 어떠한 동질적인 장이 아니었다. 경험의 여러 다른 수준들, 혹은 '지층들'이 존재했고, 몇몇 지층들은 다른 것들보다 훨씬 더 현저했다.[73] 예를 들어 자아의 가장 낮은 수준에는 시간의 내적 흐름이 존재한다. 이 흐름의 위에는 미조직된 데이터의 두 번째 흐름이 존재한다. 이러한 흐름들로부터 나오는 데이터는 '수동적 종합'의 결합을 통해 단계적으로 조직되고, 이러한 단계적인 조직화는 또 다른 흐름, 즉 '생활 세계'(life world)를 채우고 있는 변용들과 강도들의 흐름으로 귀결된다. 나아가 규정적이며 판단적인 사유를 특징짓는 일련의 '능동적인' 종합들이 이 생활 세계의 토대 상에 구성되는데,[74] 이러한 능동적인 종합들은 보편자들 및 추상적인 진리들의 규정에 이르기까지 멀리 나아갈 수 있다.

따라서 사유를 기술하는 기획은 의식의 내용들이 나타남에 따라 이들을 기술하는 것(흰 종이 한 장, 초 한 자루, 혹은 전등의 붉은 빛)과 같은 식의 쉬운 작업이 아니다. 오히려 여기서 문제는 어떻게 우리가 **우리의 '자연적 태도'를 채우고 있는 구성된 결과물들과 무관하게** 사유의 더 낮은, **구성적** 단계들을 기술할 수 있는가 하는 것이다. 리오타르가 주장하는 바와 같이, 누구든 초 한 자루만을 가지고 전제들 없이 오직 주어진 것만을 기술할 수는 없는데, 왜냐하면 더 낮은 곳의 깊이들이 관통될 때 대상은 용해되어 버리기 때문이다.[75] 이러한 관점에서 후설의 문제는 어린 시절이나 공간과 같은 것들이 아니라, 의식이 우리를

73　APS 269 참조.
74　이러한 단계들은 모두 『경험과 판단』(*Experience and Judgment*)의 서론에 상세히 기술되어 있다.
75　Lyotard, *Phenomenology*, p. 33 참조.

위해 우리의 세계를 구성한다는 사실을 우리가 당연시한다는 사실이었다. 우리 이전에 우리의 자연적 태도 안에는 이미 구성된, 의미 있는 세계가 존재하고 있는데, 이 세계 안에는 점점 그들의 잠재성의 후광으로 서서히 사라져 가는 규정적이고 통합된 대상들이 거주하고 있다. 하지만 이러한 통일성과 의미의 세계는 생산되는 것이며, 이렇게 구성된 세계 아래에는 강도적인 생성들, 잠재성들, 그리고 순간적인 지평들로 특징지어지는 사유의 여러 다양한 지층들이 존재한다. 이 모든 낮은 층위들의 깊이가 자연적 태도 속에 주어진 구성된 세계의 특징들에 의거하지 않은 채 스스로 기술될 필요가 있다.

후설은 의식의 구성된 삶의 관점에서 의식의 구성적 삶에 대해 이야기 하는 것은 너무나 쉬운 일이라는 사실을 깨달았다. 예를 들어 우리는 우리의 지각 가운데서 통일된 대상들과 마주하지만 이 통일성은 생성의 다양한 단계들로부터 발생하는, 이미 생산된 통일성에 불과하다. 우리가 생성을 발견할 수 있는 것은 오직 우리가 이 통일성을 괄호 치고 자연적 지각의 방향을 외면할 수 있을 때뿐이다. 따라서 후설은 그가 자신의 분석들을 선-판단하지 못하도록 하기 위해 일종의 방법을 필요로 했다. 우리가 자연적 태도의 요소들을 추적하지 않고도 이러한 낮은 층위의 단계들을 기술할 수 있게 해 주는 방법이 바로 현상학적 환원이다. 메를로-퐁티가 언급하듯, 우리는 '세계와 대상에 강박되는 사유'(PP 299)로부터 눈을 돌려 '세계의 구성의 문제'(69)로 나아갈 필요가 있다.[76] 대상으로부터의 방향 전환을 시도할 때 우리가 가장 마

76 이러한 주제들에 대한 탁월한 분석으로는 유진 핑크(Eugene Fink)의 글 「에드먼드 후설의 현상학적 철학과 현대 비평」, "The Phenomenological Philosophy of Edmund Husserl and Contemporary Criticism"을 참조할 것. 들뢰즈는 『프루스트와 기호들』(Proust and Signs)의 '객관주의'와 '주관주의'에 대한 비평에서 메를로-퐁티식의 환원을 받아들인다.

지막에 할 일은 대상의 이미지 속에서 우리의 새로운 관점, 즉 세계의 구성을 규정하는 일이다.

우리는 또 다른 방식으로 환원을 기술할 수도 있다. 후설에 따르면 의식은 실제로 세계를 구성하는 것이기에 그는 구성하는 의식을 '초월론적'인 것으로 묘사했다. 그렇다면 현상학의 궁극적인 목표는 초월론적인 것에 대한 '과학적인' 기술을 마련하는 것이 된다. 환원의 구체적인 기능은 우리로 하여금 경험적인 것의 특성에 의거하지 않고도 초월론적인 것을 기술할 수 있게 하는 것이다. 들뢰즈가 논하듯, 환원은 우리가 경험적인 것으로부터 초월론적인 것을 '추적'하지 못하게 한다. 이는 사유의 독단적인 이미지의 여덟 개의 공리들 모두가 공통으로 가지고 있는 유일한 특성이다. 즉, **그 공리들은 모두 경험적인 것으로부터 초월론적인 것을 추적**한다. 이들은 모두 자연적 태도의 이미지 속에서 사유의 구성적인 삶을 결정한다. '우리는 독단적 이미지의 모든 공리들 가운데서 동일한 혼동을 발견한다. 즉 이들은 초월론적인 것의 참된 구조들을 경험적인 것으로 강등시키는 위험을 무릅쓰면서, 어떠한 단순하고 경험적인 형태를 초월론적인 것으로 고양시킨다'(154/200-201/193). 그렇다면 우리는 각각의 개별적인 공리의 구체적인 특성에 관계없이 각각의 공리들이 사유의 경험적 형태를 초월론적인 형태로 착각하고, 이러한 경험적 형태를 초월론적인 사유의 구조에 투영한다고 말할 수 있다.

우리는 이 상황을 전도시켜 들뢰즈의 핵심적인 기획들 중 하나를 공식화해 볼 수 있다. 즉 경험적인 것을 초월론적인 것으로 고양시키는 대신에 들뢰즈는 경험적인 것에 대한 참조 없이 '초월론적인 것의 진정한 구조들을' 기술한다. 그는 사유의 독단적인 이미지 대신 비판적인 이미지를 그린다. 우리는 『차이와 반복』의 서론과 1장에서 이미 그

가 이 작업을 시작하고 있는 것을 확인했다. 서론은 반복의 개념을 해
방시켜 반복이 매개의 새로운 이론으로 기능할 수 있게 했다. 반복은
동일한 요소들의 반복이 아니라 이러한 요소들 아래에서 기능하는 것
이며 실제로 이 요소들을 구성하는 것이다. 1장은 차이의 개념을 실제
로 차이에 의해 구성되는 모든 것들(개념, 동일성, 대립)로부터 해방시
켜 차이가 개체화 가운데서 새로운 역할을 떠맡을 수 있게 하였다. 이
번 장에서 들뢰즈는 처음으로 자신의 방법론에 관한 체계적인 설명을
제공한다. 그는 경험적인 것을 괄호치고 초월론적인 것을 기술한다.
'모든 것을 이미 선-판단하는 이미지'(131/172/167) 대신에 그는 사
유의 전제 없는 설명을 위한 장을 마련한다 (130/171/166). 하지만 들
뢰즈가 독단적인 이미지의 각각의 공리들에 반대하여 '사유의 비판적
인 이미지'를 논할 수 있는 것은 바로 이러한 구체적인 방법론, 즉 현
상학적 환원 덕분이다. 환원이란, 그것이 후설에게 그러했던 것처럼 들
뢰즈에게 있어서도, 우리를 전통의 모든 무게로부터 벗어날 수 있게 해
주는 수단이다. 들뢰즈는 물론 후설이 직접 자연적 태도를 '독단적인'
것으로, 그리고 현상학적인 태도를 '비판적인' 것으로 특성화했다는
사실을 잘 알고 있었을 것이다.[77]

역동적 발생: 인식능력 이론

처음 네 개의 공리들은 모두 역동적 발생, 즉 직관의 직접적인 대상에
서 이념으로의 운동에 관한 들뢰즈의 기술과 관련되는데, 이들은 모두
반복의 잠재적인 주체를 특징짓는다. 첫 번째 공리, '보편적 본성의 사

---

77 후설의 *Ideas I*, §62 참조. 메를로-퐁티 또한 '자연적이거나 독단적인 태도'(PP
45)를 논할 때 후설의 칸트적인 용어 채택에 의거하여 환원을 기술한다. 리쾨르는 『이
념들 I』에 대한 그의 논평 전체에 걸쳐 이러한 구분을 강조하고 있다.

유'(Cogitatio natura universalis)는 사유 일반과 관계한다. 이 공리는 우리 모두가 사유하는 능력을 가지고 태어나며, 이 능력이 일단 현실화되면 그것은 자연적으로 진리를 갈망하거나 혹은 참된 것에 관한 자연적 경향을 지닌다는 사실을 언명한다. 두 번째 공리, '공통감의 이상'은 사유 일반이 조화롭게 기능한다는 것을 주장한다. 감성, 상상력, 기억과 사유와 같은 모든 다양한 능력들은 대상을 해석하기 위한 시도 안에서 조화롭게 기능한다. 세 번째 공리, '인식의 모델'은 '공통감'의 객관적 상관물이다. 인식능력들의 조화로운 실행 가운데 통일성을 발견하는 것 대신, 이제 그 통일성은 대상에 주어져 있다. 이 대상은 각각의 능력에 대해 동일한 것으로 간주되며, 감성, 상상력, 기억과 사유는 모두 하나의 동일한 대상과 직면한다. 네 번째 공리, '재현의 요소'는 이전의 모든 공리들, 즉 진리에 대한 추구, 인식능력들 간의 관계, 인식능력 대상과의 관계 모두가 '재현의 요소' 내에서 발생한다는 사실을 언술한다. 단순히 이 네 개의 공리들을 전도시킬 때, 우리는 역동적 발생의 지배적 특성들 네 가지를 얻을 수 있게 되는데, 이 특성들 중 다수는 이미 우리가 서론에서 펼쳐진 반복의 지하 세계의 특성들과 동일한 것으로서 이미 알게 된 것들이다. 즉, 역동적 발생은 하위-재현적이며, 관조된 대상은 파편화되어 있고 통합적이지 않으며, 인식능력들은 조화롭게 기능하지 않고, 사유는 주어진 것도, 진리에 대한 선한 추구를 의미하는 것도 아니라는 사실 말이다.

이 모든 네 개의 특성들은 인식능력들에 대한 들뢰즈의 이론에서 결집하게 된다. 하지만 이 이론이 『차이와 반복』을 전반적으로 설명하는 데 실제로 필요한 것인가? 이 이론은 기이하면서도 주변적인 논의인데, 왜냐하면 이는 오늘날과는 전혀 무관해 보이는 낡은 인식능력심리학을 소생시키는 것일 뿐 아니라 『차이와 반복』 내에서도 다소 고립되

어 있는 사건인 것처럼 보이기 때문이다. 들뢰즈는 인식능력들에 관한
이론을 개진하고는 결코 다시 이 이론으로 돌아와 그것들을 상세히 다
루지 않는다. 이 두 가지 점은 들뢰즈가 인식능력들의 이론에 **체계적인
중요성**을 부여하고 있으며 이 이론이 현재적인 논의가 아님에도 그것
을 부활시키려 한다는 사실을 생각해 볼 때 더욱 기이하게 느껴진다.
'인식능력 이론이 오늘날 엄청나게 불신되고 있기는 해도, 그것은 철
학 체계에 필수적인 구성 요소이다' (143/186/180). 이러한 인식능력심
리학으로의 회귀를 우리는 어떻게 설명할 수 있을까?[78]

　인식능력들에 관한 들뢰즈의 주장 대부분은 그의 전작 『프루스트와
기호들』(*Proust and Signs*)에 직접적으로 의거하고 있다. '사유의 이미
지'라는 제목의 한 장에서, 들뢰즈는 '합리주의적 유형의 고전철학' (PS
94)에 대한 프루스트의 비판에 대해 논한다. 그는 순수한 능력으로서
의 사유 개념을 발생으로서의 사유 개념과 대립시키면서 논의를 시작
하고 있다.

　사유하는 행위는 단순한 자연적 가능성으로부터 진행되는 것이 아니다.
　반대로, 그것은 유일하게 진정한 창조 행위이다. 창조는 사유 그 자체 내
　에서 사유하려는 행위의 발생이다. 이 발생은 사유에 폭력을 행사하여 그
　것의 자연적 무력함과 추상적인 가능성들로부터 사유를 떼어 내는 무언가
　를 포함하고 있다(PS 97).[79]

78　필자가 제시하게 될 것과 약간은 다른, 들뢰즈의 인식능력 이론에 관한 보다 명료
하고 철저한 논의를 위해서는 리바이 브라이언트(Levi Bryant)의 『차이와 소여』(*Dif-
ference and Givenness*)를 참조할 것.
79　들뢰즈는 여기서 능력심리학에 대한 라이프니츠 고유의 비평을 참조하고 있는 듯
하다. 『새로운 에세이들』(*News Essays*)에서 라이프니츠는 다음과 같이 말한다. '하지
만 비활동적인 인식능력들, 즉 신학교수들(스콜라 철학자들)의 순수한 힘들은 자연에

우리는 이와 동일한 생각을 『차이와 반복』에서도 발견할 수 있는데, 다만 여기서 들뢰즈는 프루스트가 아니라 아르토의 말을 빌리고 있다.

> [아르토는] 사유하기가 본래적으로 타고난 것이 아니라 사유 속에서 발생되어야 하는 것임을 안다. 그는 문제가 본성상 그리고 권리상 이미 현존하는 어떤 사유를 지도하거나 혹은 방법론적으로 적용하는 데 있는 것이 아니라, 아직 현존하지 않는 것을 생겨나게 하는 데 있다는 사실을 안다. […] 사유하는 것은 창조하는 것이다 (그 밖에 다른 창조는 없다), 하지만 창조한다는 것은 무엇보다 사유 속에 '사유하기'를 발생시키는 것이다 (147/192/185).

이 두 권의 책 모두에서 '창조'는 발생이다. 더 구체적으로 말하자면, 창조는 '사유 그 자체 내에서의 사유하는 행위의 발생'이다. 발생이 **진정한** 창조라고 불릴 수 있다면, 이는 그것이 이미 현존하는 형식이나 능력들과 아무런 관계가 없기 때문일 것이다. 발생은 이전에 현존한 적이 없는 어떤 것, 즉 사유를 발생시킨다. 『차이와 반복』에서 들뢰즈는 이러한 창조를 '초월론적 경험론의 원리' (147/192/185)라고 부르고 있다.[80]

알려지지 않고 오직 추상화를 통해서만 달성 가능한 허구에 불과하다. 어떠한 행위의 수행도 없이 순전한 힘으로만 구성되는 인식능력을 세계 어디에서 찾을 수 있겠는가?' (*New Essays* 10). 이에 대한 응답으로 들뢰즈는 『페리클레스와 베르디』(*Pericles and Verdi*)에서 다음과 같이 쓰고 있다. '어떠한 행위에 의해 우리는 잠재적인 것에서 현실적인 것으로 나아가는가? 그 행위란 바로 이성이다. 하지만 이성에 의해 우리는 하나의 인식능력을 이해하는 것이 아니라, 정확히 잠재적인 것을 현실화하는 것으로 존재하는 하나의 과정을 이해하게 된다 […].' 다시 말해, 하나의 인식능력은 그것의 현실화와 독립적인 순전한 힘으로 간주될 수 없으며 행위 그 자체와 분리될 수 없다. 사유는 자연적인 가능성이 아니라 사유하는 행위 그 자체이다.

사유한다는 것은 단순한 하나의 가능성이 아니라 '폭력'에서 배태되는 것이다. 모든 발생이 기원하는 지점에 있는 이 폭력의 본성은 과연 무엇인가? 프루스트의 말을 빌리자면, 이 폭력은 '인상의 폭력'(PS 97)이다. 들뢰즈의 프루스트 해석에 따르면, 그것은 **물질적 인상**(PS 98, 필자의 강조)과의 '조우'이다. 『프루스트와 기호들』에서 우리에게 폭력을 가하는 이 조우의 대상은 명백히 물질적인 인상이며, 이는 '기호'의 형식을 띤다.

이 기호는 우리로 하여금 사유하도록 강요하지만, '사유'는 오직 이러한 폭력을 해석하려는 시도 가운데서 창조되는 능력들의 선상에 놓여 있는 하나의 마지막 능력이다. 이 물질적인 인상은 폭력을 감성으로 전달하고, 감성은 다시 이를 기억으로 전달하며, 기억은 다시 이 폭력을 사유로 전달한다.

> 감각적인 기호는 우리에게 폭력을 행한다. 즉 그것은 기억을 작동시키며, 영혼을 움직이게 한다. 하지만 영혼은 다시금 사유를 자극하고, 사유에 감성의 제약을 전달하며, 사유가 이해되어야 하는 유일한 것으로서의 본질을 이해하도록 강요한다. 따라서 인식능력들은 초월론적 실행으로 들어서고, 그 안에서 각각의 인식능력은 자신의 한계와 마주하고 합류하게 된다. 즉, 감성은 기호를 포착하고, 영혼, 기억은 그것을 해석하며, 정신은 본질을 이해하도록 강요받는다(PS 101).

---

80 이미 우리가 살펴본 바 있듯이, '초월론적 경험론'은 후설이 그의 발생적 현상학에 부여한 이름이었다. 우리는 들뢰즈의 방식이 현상학적인 환원의 일반적 구성이라는 사실 또한 확인한 바 있다. 이는 경험적인 것으로부터 초월론적인 것을 추적하는 것이 아니다. 그렇다면 이제 남아 있는 것은 이러한 발생을 기술하는 것이라 할 수 있는데 이는 또한 매우 후설적인 과업이다.

여기서 들뢰즈는 감각에서 사유로 나아가는 발생적 선을 따라 인식능력들을 배열하고 있다. 즉 이 능력들은 '공통감'의 모델이나 '조화로운 실행'의 모델에 따라 배열되는 것이 아니다. 그러한 모델 속에서 우리는 '우리가 지각하는 것을 너무나 쉽게 기억하고, 상상하고, 이해할 수 있다'(PS 99). 오히려 감성적인 기호의 폭력은 '우리 자신을 거슬러 우리를 본질들로 이끈다'(PS 100). 그리고 그것은 감성에서 기억, 그리고 사유로의 선을 **따라야만** 한다. 대상은 통합되어 있지 않다. 폭력은 물질적인 인상이지만, 그것은 결코 인식능력들의 수렴을 지지할 수 있는 통합된 대상이 아니다.

들뢰즈는 『차이와 반복』에서 사유의 비판적 이미지에 대해 기술하면서 이러한 능력들의 모델을 부활시키고 있으며, 사유의 비판적 이미지에 대한 개략적인 서술을 위해 이 모델을 사용하고 있다.[81] 여기서 사유란, 첫 번째 공리에서와 같은 일반적인 능력도, 두 번째 공리에서와 같이 조화롭게 기능하는 능력들의 집합도 아닌, '불화적인' 발생적 선을 따라 배열되는 일련의 능력들을 일컫는다. 『프루스트와 기호들』에서와 마찬가지로 이 발생적 선은 감성과 더불어 시작된다. '사유로 인도되는 행로상에서, 모든 것은 감성과 더불어 시작된다'(144/188/182).[82] 그리고 들뢰즈는 사유가 세계의 경험과 더불어 시작되는 것은 맞지만,

---

81　이는 『차이와 반복』에 끼친 프루스트의 영향을 인정하는 것이 아니라, 단순히 어떤 책에서는 그 자신의 생각이 프루스트의 것이라고 말하고, 또 어떤 곳에서는 니체의 것이라고 말하며, 또 다른 곳에서는 아르토의 것이라고 말하는 들뢰즈의 만행에 주목하려는 것이다.

82　이것이 바로 들뢰즈의 철학이 초월론적 경험론이라 기술될 수 있는 두 번째 의미이다. 첫 번째는 후설적 의미에서 초월론적 경험론이라 불릴 수 있었는데, 그 이유는 들뢰즈의 철학이 초월론적인 것의 경험을 수반하기 때문이다. 하지만 두 번째로, 보다 전통적인 의미에서 들뢰즈 철학은 경험론인데, 그 이유는 들뢰즈 철학에서 모든 것은 감성으로 되돌아가기 때문이다.

이 세계에 자리하는 것은 그가 세 번째 공리에서 이미 부정한 바 있는 인식의 통합적인 대상들이 아니라는 사실을 다시금 조심스럽게 지적한다. '세계 속의 무언가가 우리를 사유하게끔 강요한다. 이 무언가는 인식의 대상이 아니라 근본적인 **조우**의 대상이다'(139/182/176, 들뢰즈의 강조). 이 인식 불가능한 대상, 이 '세계 속의 무언가'는 사유하는 자로서의 우리의 선의에 의존하지 않는다. 그것은 '우리를 사유하게' 한다. 또한 파편화된 대상의 충격하에서 감성은 인식능력들의 불화적인 발생적 선을 촉발시킨다. 마지막으로, 사유의 일반적인 요소가 재현이라고 말하는 네 번째 공리에 반대하여, 들뢰즈는 경험적인 감성과 초월론적인 감성의 구분을 도입한다. 파편화된 대상은 '경험적인 감성'(140/182/176)에 의해 경험되는 것이 아니다. 경험적인 감성은 재현된 대상(질＋연장)을 파악하는 무언가이다. 경험적인 감성은 결코 라이프니츠의 '감각 불가능한 지각들,' '지각 불가능한 (**감각 불가능한**) 것들'(144/187/181)과 같이 잔존하고 있는 조우의 폭력을 느끼지 못한다. 오직 '초월론적인 감성'만이 그러한 폭력 가운데 파편화된 대상을 포착한다. 초월론적인 감성은 '세계 속에서'(139/182/176) 대상을 파악한다.

우리는 이러한 사유의 이미지는 서론에서 들뢰즈가 행한 반복과 재현 간의 구별에 상응하는 방식, 그리고 속류 라이프니츠주의를 되살리는 방식을 즉각 확인할 수 있다. 들뢰즈가 '비밀스러운' 혹은 '잠재적인' 주체라고 불렀던 것이 이제는 '초월론적 감성'이라고 불리고 있다. 필자가 잠시 '자명한 주체'라고 불렀던 것이 여기서는 '경험적인 감성'이라고 불리고 있다. 서론에서 우리는 비밀스러운 주체가 특이성들, 즉 수학적인 점들이 아닌 직관의 직접적인(비매개적인) 대상과 조우한다는 사실을 확인했다. 여기서 우리는 이것이 실제로 사실임을 확인할 수 있는데, 즉 초월론적 감성은 세계와의 폭력적인 조우 속에서 발생하게 된다. 초월론적 감성은 '물질적 인상들'을 파악한다. 이러한 물질적인 인상들은 정확히, 주체에 선행하고 주체의 개체성을 설명해 주는 불공가능하며 감각 불가능한 사건들이다. 앞으로 보게 되겠지만, 초월론적 감성이 조우하는 것은 어떠한 **강도**, 즉 모순이 아닌 차이인데, 이러한 비대칭적인 차이는 각각 차례대로 깨어나는 인식능력들의 발생적 선을 따라서 전달된다 (144/186/181).

이러한 설명에 기대어 우리는 1장에서 암시된 몇몇 생각들을 더욱더 확장시켜 볼 수 있다. 앞서 필자는 들뢰즈식 변증법이 특이성에서 이념으로, 이념에서 재현으로 도약한다고 주장한 바 있다. 서론에서 들뢰즈는 잠재적인 주체가 특이성을 반복, 혹은 매개하고, 이 반복은 추정컨대 이념을 발생시킨다(이 이념은 다시 재현을 발생시키게 된다)고 했다. 여기서 들뢰즈는 다시금 이 주체가 실제로 그 자신이 조우의 대상을 반복한다고 말하면서 감성적인 특이성에서 이념으로 나아가는 행로를 더욱 구체화한다. 파편화된 대상을 반복하면서 잠재적인 주체는 이 대상을 다른 인식능력들로 전달한다. 특이성과 이념 사이에서 우리는 인식능력들을 통과하게 되는데, 따라서 인식능력 이론은 들뢰즈식 변증법의 첫 절반가량을 정교화해 주는 것이라고 할 수 있다. 우리는 확실히 이 과정에 더욱더 주목할 필요가 있다.

들뢰즈는 『차이와 반복』에서 인식능력들의 발생적 선에 관한 두 가지 버전을 제시한다. 여기에서 『프루스트와 기호들』에서의 인식능력들의 분배를 반향하는 첫 번째 버전은 플라톤에서 기인하는 것으로 여겨진다.

조우를 통해 감각되어야 할 것(*sentiendum*)을 감각하도록 강요받은 감성은 이번에는 기억으로 하여금 기억되어야 할 것(*memorandum*), 즉 오로지 상기될 수밖에 없는 것을 회상하도록 강요한다. 마지막으로 초월론적 기억의 세 번째 특성은 그것이 사유로 하여금 오직 사유밖에 될 수 없는 것, 사유되어야 할 것(*cogitandum*, *noêteon*), 다시 말해 본질을 파악하도록 강요한다는 점에 있다(141/183/177).

『프루스트와 기호들』에서처럼 우리는 감성에서 기억으로, 또 기억에서 사유 혹은 본질의 관조로 나아간다. 또한, 다시금 『프루스트와 기호들』에서처럼 들뢰즈는 이를 인식능력들의 조화로운 실행에 대립시킨다.

> 모든 인식능력들이 수렴하면서 어떤 하나의 대상을 인식하는 공통의 기획 대신, 우리는 본질적으로 자신과 관계하는 어떤 것과 관련하여 각각의 인식능력이 자기 자신의 '고유한' 능력들의 불화 가운데 존재하게 되는 발산적인 기획들을 목격하게 된다. 즉, 어떠한 힘의 도화선 속에 존재하는 각각의 인식능력은 이 선을 따라 자신의 한계에 부딪히게 되며, 다른 인식능력으로부터는 오로지 어떤 폭력만을 수용(혹은 다른 능력에 전달)하여, 이런 폭력을 통해 마치 그것이 자신의 사라짐, 혹은 자신의 완벽성과의 조우인 듯, 자신의 고유한 요소와 대면한다(141/184/178).

각각의 능력은 그 자신의 한계에 직면한다. 들뢰즈가 『순수이성비판』을 다시 쓰고 있다는 관점에서 생각할 때, 우리는 여기에 각각의 능력에 적합한 숭고의 경험이 존재하며, 이 경험이 특수한 능력을 자극하는 것이라고 말할 수 있다. 각각의 능력은 그것에 전달된 폭력에 압도당한다. 또한 그 능력을 깨우는 것이 바로 이러한 현기증적인 기분이다.

하지만 우리는 인식능력들에 관한 『차이와 반복』에서의 이러한 진술들이 플라톤에 대한 논평이라는 사실, 또한 그것이 들뢰즈 자신의 체계로 직접적으로 간주될 수는 없다는 사실을 명심해야 할 것이다. 이러한 진술들은『공화국』(*Republic*) 7권과『테아이테토스』(*Theaetetus*)를 약간 기묘하게 종합한 것이다. 이에 따르면 지식은 상반되는 지각과 더불어 발생하는데 지각은 인식하는 자로 하여금 초월론적 기억을 수단으로 하여 이념을 회상하게 하고, 종국적으로는 이념의 인식에 다다르게 한다. 이러한 플라톤의 설명을 인용한 직후 들뢰즈는 조우의 대상에 관한 플라톤의 기술 및 각각의 인식능력들에 관한 플라톤의 이해 모두에 몇몇 반론을 제기한다.[83] 따라서 우리가 플라톤식 인식능력에 관한 들뢰즈식 버전을 들뢰즈 자신의 고유한 버전으로 취급하는 것은 잘못일 것이다.

『차이와 반복』에 제시된 바와 같은 들뢰즈의 고유한 '인식능력 이론' 및 들뢰즈의 고유한 '철학 체계'에 도달하기 위해서 우리는 이 모델에 두 가지 수정을 가할 필요가 있다. 들뢰즈가 행하는 첫 번째 수정은 조우의 대상과 관련된다. 들뢰즈가 설명하는 플라톤에서, 우리를 당황하게 하는 한편 우리의 영혼에게 회상을 강요하는 것은 '상반되는 지각'이다 (141/184/178). 상반되는 지각의 자리에 들뢰즈가 들여놓는 것은 '강도,' 즉, 내내 상반성으로 밀어붙여지는 차이가 아닌 자유로운 차이이다. 초월론적인 감성은 오직 파편화된 대상만을 조우한다. 파편들 사이의 차이들은 질서정연하거나 조직된 차이들이 아니며, 또한 감성은 혼란스러운 것이 아닌데, 그 이유는 감성이 두 가지 판단 사이에 끼어 있기 때문이다.

들뢰즈는 또 하나의 거의 지각 불가능한 수정을 행하는데, 이는 그럼

---

83 이에 대한 댄 스미스의 탁월한 설명으로 그의 글,「들뢰즈의 감각 이론」"Deleuze's Theory of Sensation"을 참조할 것.

에도 인식능력 이론이 어떻게 『차이와 반복』의 나머지 부분 전체 및 '철학 체계' 일반과 관련되는지를 이해하는 데 있어 결정적인 역할을 한다. 프루스트와 플라톤에게 있어 인식능력의 발생적 선은 감성에서 기억으로, 또 기억에서 사유로 이동한다. 하지만 『차이와 반복』에서 일련의 인식능력을 최종적으로 구성할 때 들뢰즈는 거의 무심코 상상력을 덧붙인다. 인식능력을 최종적으로 구성하는 순간, 들뢰즈는 다음과 같이 말한다. '초월론적인 감성'은 '조우 속에서 즉각적으로 [강도를] 파악한다.' 다음으로, '감성은 그것의 한계를 **상상력**에 전달한다'(144/ 188/181, 필자의 강조). 상상력은 그 자신의 한계를 기억에 전달하고, 기억은 그것을 사유로 전달한다.

　이 점은 우리가 두 가지 핵심적인 질문에 답할 수 있게 해 주기에 중요하다. 첫 번째 질문은, 인식능력 이론이 이 책의 나머지 전체와 무슨 관계가 있는가 하는 것이다. 인식능력들의 질서가 명백히 감성-상상력-기억-사유라면, 우리는 인식능력 이론이 단순히 세 가지 수동적인 종합을 재구성한 것이라는 사실을 알 수 있다. 앞으로 보게 될 바와 같이, 첫 번째 수동적인 종합은 상상력에 의해 발생하며, 두 번째는 기억에 의해, 또한 세 번째는 사유에 의해 발생하게 된다. 이러한 종합들의 모든 연쇄는 감성에서 시작되는데, 이는 우리의 『차이와 반복』독해를 힘들게 하는 두 번째 질문으로 우리를 인도한다. 즉, 이 세 가지 종합들은 어떤 순서로 발생하는가? 예를 들어 제임스 윌리엄스(James Williams) 및 여러 다른 이들은 세 번째 종합을 첫 번째 종합에 선행하는 것으로 파악했다. 하지만 『프루스트와 기호들』과 『차이와 반복』모두에서 들뢰즈는 특정한 순서의 중요성을 강조한다. 즉, 그는 '인식능력들 간에는 실제로 어떤 연쇄가 있으며, **이 연쇄 안에는 어떤 질서가 존재한다**'(145/189-90/183, 필자의 강조)고 말한다. 따라서 우리는 이 종합들이 특정한 순서를 따른다고 주장해야 한다. 즉 초월론적 감성에 주어진 강도로부터 시작하는 '어떤 강요되고 깨져 버린 연쇄'는 '분열된 자아의 파편들을 가로질러' 상상력에서 기억으로, 또 기억에서 사유로 이동하는 것이지 그 반대가 아니다 (145/190/183).

정적인 발생: 의미의 현실화

처음 네 개의 공리들은 역동적인 발생과 관계한다. 또한 들뢰즈가 이 네 개의 공리들과 관련하여 구성하는 사유의 새로운 이미지는 사유의 첫 번째 운동, 혹은 들뢰즈의 탐정 소설 첫 번째 부분인 감각 가능한 특이성에서 이념으로의 운동을 기술한다. 나머지 네 개의 공리들은 사유의 두 번째 운동, 즉 이념에서 재현으로의 운동을 뜻하는 정적인 발생과 관계된다. 이러한 정적인 발생은 대체로 역동적인 발생이 끝난 자리에서 시작된다. 역동적인 발생은 하나의 인식능력에서 다른 능력으로 이어지는 '분출적 선'이다. 이 연쇄의 마지막 능력이 바로 '사유,' 즉 '본질들'의 능력이다. 하지만 '본질'은 이념의 또 다른 용어일 뿐이다.[84] 물론 '사유'와 '이념,' '코기토'와 '본질'과 같이 장구한 역사의 부담을 떠안은 용어들은 들뢰즈의 체계 내에서는 완전히 새로운 의미를 띠게 된다. 현재로서는 역동적인 발생이 사유의 능력에서 끝을 맺으며 이러한 새로운 코기토가 정확히 이념의 기원, 따라서 이념들을 현실화하는 정적인 발생의 기원이 된다는 점만을 분명히 해 두고자 한다.

이 장의 마지막 부분에서 들뢰즈는 『차이와 반복』의 나머지 부분을 이해하는 데 필수적인 행위 두 가지를 실행한다. 즉, 첫째로 들뢰즈는 어떠한 인식론의 윤곽을 그린다.[85] 다소 일반적인 방식이긴 하지만 들

---

84   (191/247-8/240-4) 참조.
85   들뢰즈에 대해 쓰여진 거의 모든 책들이 정적인 발생을 단독적으로 다루고 있다

뢰즈는 우리에게 재현이 어떻게 진정으로 그것의 대상과 관계 맺는지
를 설명해 준다. 둘째는 이념들과 재현 간의 운동을 다양한 방식들로
설명해 주는 중요한 동의어들의 집합을 마련해 준다. 아래의 표 1이 이
러한 동의어들을 개괄하고 있다.

표1 '이념'과 '재현'의 동의어

재현 이념	명제 의미	해결 문제	지식 배움

정적인 발생 전체는 이러한 두 가지 차원 사이에서 펼쳐진다. 즉, 정
적인 발생은 이념들에서 재현으로, 의미에서 명제로, 문제에서 그것의
해결로, 혹은 배움에서 지식으로 진행된다.

이 지점에서 다섯 번째 공리를 이해하는 것은 다소 어렵다. 다섯 번
째 공리는 길을 잘못 들어서게 되는 사유의 '재난'을 다루고 있는데,
그것의 경험적인 형태는 '오류'라 할 수 있다. 사유의 독단적 이미지는
그것이 줄곧 그러하듯 주체의 심장부에 오류를 기입한다.[86] 이 독단적

는 사실에도 들뢰즈의 인식론이 상대적으로 주목을 덜 받은 것은 사실이다. 들뢰즈가
글을 썼을 당시의 역사적 상황에 대한 매력적이고 읽기 쉬운 설명으로, 토드 메이
(Todd May)의 『계보학과 인식론 사이』(*Between Genealogy and Epistemology*)(특히
6장을 참조할 것), 그리고 엘리 듀어링(Elie During)의 「문제들의 역사」"A History of
Problems"를 참조할 것. 댄 스미스의 『공리론과 문제』(*Axiomatics and Problematics*)
는 들뢰즈와 프랑스 인식론의 관계에 대한 간략한 설명을 포함한다. 마누엘 데란다 또
한 『강도의 과학』(*Intensive Science*)에서 들뢰즈의 인식론의 여러 측면들에 대해 매우
명료하고 포괄적인 설명을 제공해 준다.
86 들뢰즈는 초월론적 오류의 여러 역사적인 예들을 인용하는데, 이는 그가 의미하
는 바를 이해하는 데 도움이 될 수 있다. 루크레티우스(『만물의 본성에 대하여』[*De
Rerum Natura*])와 스피노자(『신학정치론』[*Theologico-Political Treatise*])에서의 미
신, 칸트의 『순수이성비판』에서의 환영, 헤겔에서의 소외가 잘 알려진 예들이다. 미

이미지의 '부정적인' 것을 오류라 한다면, 비판적 이미지의 부정적인 것 혹은 재난은 '어리석음'이다.[87] **초월론적인** 어리석음이라는 말로 들뢰즈가 의미하는 바는 무엇인가? '(실수가 아닌) 어리석음은 어떻게 가능한가? 그것이 가능한 것은 사유의 개체화 간의 연결 덕분이다' (151/197/189). 어리석음은 사유, 이념들의 인식능력, 그리고 개체화 간의 연결 덕분에 가능하다. 우리는 이 말의 중요성을 『차이와 반복』의 마지막 두 장을 면밀히 읽은 후에야 이해할 수 있게 될 것이다. 지금으로서는 단순히 어리석음이 주체성의 근본적으로 다른 두 가지 요소들 간의 소통의 부재라고만 알아 두자. '사유'는 이념들의 인식능력이다. '개체화'는 이념들을 강도의 장에, 혹은 초월론적 감성의 장 내에 구체화시키는 것을 뜻한다. 다시 말해 '개체화'는 사유가 감성적인 것으로 돌아가는 행위이다.[88] 즉 그것은 이념과 강도의 종합이자 사유와 감성의 종합이다. 이념은 하나의 형식이지만 강도의 장은 무형적이다. 만약 모든 것이 제대로 작동한다면 이념들이 감성으로 돌아갈 때 이념들은 그것에 자신의 형식을 부여하는 한편, 강도들에 접속되어 규정적인 재

신, 환영 그리고 소외는 사유의 우발적인 오류의 예들이 아니다. 이들은 사유의 근본적이고 피할 수 없는 불운을 구성한다. 예를 들어, 스피노자에서 사유는 미신과 더불어 시작해서 철학의 도움을 받아 나아간다. 칸트에서 비판은 우리를 이성의 자연적 환영들로부터 해방시킨다.

87　『니체와 철학』의 사유의 이미지에 대한 논의에서 들뢰즈는 동일한 결론에 도달한다. '이러한 이미지에 따르면(예를 들어, 독단적인 이미지), 사유에 대립되는 모든 것은 사실 사유 그 자체에 단 하나의 영향만을 끼친다. 사유를 오류로 이끄는 것 말이다. […] 성숙하고 사려 깊은 사유는 다른 적들도 가지고 있는데, 전적으로 다른 방식으로 심오한 부정적인 사태들이 바로 그것이다. 어리석음은 사유 그 자체의 구조이다. 즉 그것은 자기-기만의 수단이 아니라 사유 속의 비-의미를 정당하게 표현한다'(NP 105).

88　이런 이유로 들뢰즈는 이 종합을 칸트의 도식, 즉 상상력이 개념들에 시-공간적인 좌표를 부여하는 과정에 견주고 있다. 그것은 직관, 공간, 그리고 시간의 형식들에 오성의 개념을 도입했다.

현들, 혹은 '개체들'을 발생시키게 될 것이다. 이것이 바로 이 과정이 '개체화'라고 불리는 이유이다. 어리석음 가운데서 사유와 강도의 종합은 발생할 수가 없다. 여기서 우리는 이념에 의해 '분화되는'(differenciated) 혹은 형성되는 '개체'(질+연장)를 관조하기보다, 어떤 형태 없는 개체를 부여받게 된다. 따라서 어리석음은 어떤 '관계라 할 수 있는데, 이 관계 안에서 개체는 형태를 부여하지 않고 토대를 표면으로 이끈다'(152/197/190).

사유의 비판적 이미지의 마지막 세 가지 측면은 현실화 혹은 개체화가 실제로 발생하는 한에서만 적절성을 띤다. 어리석음이 쟁점이 아니라고 가정할 때, 또한 사유가 어떠한 재난도 겪지 않는다고 가정할 때 사유는 어느 정도로까지 진리를 소유하게 될 수 있는가?

여섯 번째 공리에서 들뢰즈는 의미와 명제를 구분한다. 또한 이 공리에 관한 들뢰즈의 설명은 '의미'라는 말로 그가 뜻하는 바를 분명히 할 수 있는 지점까지 나아간다. 들뢰즈는 이 명제의 두 가지 차원을 구분하면서 논의를 시작한다. '하나의 명제에는 서로 구별되는 두 차원이 있다. 먼저 **표현**(expression)의 차원이 있는데, 여기서는 명제가 어떠한 이념들을 언표하고 표현한다. 다른 한편 **지칭**(designation)의 차원이 있는데, 여기서는 명제가 언표되거나 표현된 것이 적용되는 대상을 지시하고 지칭한다'(153/199/191, 들뢰즈의 강조). 이와 유사한 구별을 위해, 예를 들어 프레게(Frege)는 샛별과 저녁 별 모두가 동일한 대상, 즉 금성을 뜻하지만 각각의 표현이 절대적으로 다른 의미를 지닌다는 사실을 지적한 바 있다. 샛별이 금성이라는 사실을 알고 있지만 여전히 저녁 별이 어떤 별이라고 생각하는 누군가를 상상해 보자. 프레게의 매력적인 예를 차용해 볼 때, 만약 우리가 그 사람에게 '샛별은 지구보다 더 짧은 공전 주기를 지닌 행성'이라는 명제를 주장한다면, 그들은 분명 우리에게 동의하고는 그 명제가 참이라고 생각할 것이다. '샛별'을 '금성'으로 대체하는 것을 그들이 타당하다고 간주하는 한에서 말이다.[89] 만약 우리가 저녁 별에 대해서도 동일한 말을 한다면, 여전히 그 별을 별이라고 생각하는 한에서 그들은 우리의 명제를 거짓이라고 생각할 것이다.

'의미가 진리를 조건지을 뿐 진리 그 자체를 토대짓지는 않는다'고 불평할 때, 들뢰즈는 암묵적으로 이러한 현상을 지시하고 있다. 우리가 가상의 친구와 함께 샛별에 대해 이야기할 수 있는 유일한 방식은 '샛별'이라는 표현으로 우리가 의미하는 바를 그들이 포착할 수 있다는 조건하에서이다. 즉, 우리는 그것이 참이라고 판단되기 전에 이미 그 표현의 의미를 포착해야만 한다. 이러한 관점에서, 명제의 진리를 규정하는 것이 궁극적으로 지시이지 의미가 아니라는 데에는 의문의 여지가 없다. 하지만 의미는 여전히 관계를 조건짓는다. 다시 말해, 우리의 가상의 친구는 자기 마음대로 그 저녁 별에 대해 상상할 수 있다. 그러나 그 별에 대해 언표될 수 있는 것을 결정하는 것은, 궁극적으로는 그 친구가 지니고 있는 의미가 아니라 그 대상 자체가 지니고 있는 특성들이 될 것이다.

들뢰즈는 의미가 명제의 진리를 결정할 수 있는 대안적인 의미 개념을 발전시킨다. 그렇다고 들뢰즈가 이러한 언어의 비전을 '공격'하는 것은 결코 아니다. 오히려 후설처럼 들뢰즈는 그것을 정초하려고 시도하며, 그렇게 하는 가운데서도 프레게를 직접적으로 계승하는 분석철학 내에서 차용되는 의미의 개념과는 완전히 다른 개념을 사용한다.[90]

---

89 프레게의 "Function and Concept," p. 138 참조. 프레게는 또한 "On Sense and Reference," p. 156에서도 이 예를 사용하고 있다.

90 이와 동일한 내용에 대한 후설의 버전으로는 『경험과 판단』(*Experience and*

들뢰즈는 프레게식의 의미의 개념이 지나치게 느슨하다고 주장한다. '의미는 참의 조건으로 정의된다.' 하지만 이 조건은 '조건화되는 대상보다 훨씬 넓은 외연을 지닌다' (153/199/191). 이와는 대조적으로, 들뢰즈는 자신만의 의미 개념에서 '조건화되는 것과 엄격하게 공외연적인 조건,' 즉 '실제적 경험' (154/200/192)의 조건으로서의 의미를 상상해 내려고 시도한다.[91]

　이는 '의미'라는 말로 들뢰즈가 뜻하는 바와 관련하여 폭넓은 함의를 지닌다. 프레게식의 설명은 개념에 가깝다. 의미는 어떠한 일반성을 지니고 있는데, 이 일반성으로 인해 의미는 샛별을 조우하는 여러 가지 경우에 현전할 수 있게 된다. 하지만 들뢰즈는 의미가 개념, 혹은 일반성과 어떠한 관계를 맺고 있다는 사실을 명시적으로 부인한다(155/201/193). 의미가 실제적 경험과 관련된 조건이며 그 경험보다 더 넓은 것이 아닌, 경험과 더불어 변화하는 유연한 원리라고 주장할 때 들뢰즈는 의미가 대상의 직접적인 현전 가운데 지금 바로 여기에서 발생하는 것이라는 사실을 말하고 있다. 대상의 '의미'는 결코 대상 이전에 보여지는 것이 아니며, 대상이 나타나는 순간 발생되고 대상이 사라지는 순간 소멸하는 것이다. 들뢰즈는 여기서 한 걸음 더 나아간다. 즉, 그에게 대상은 아직 구성된 것이 아니다. '이념적인 의미의 본성은 그 자신을 넘어 지시된 대상을 향해 나아가는 데 있다' (154/200/192). 의미는 그 자신을 초월하여 대상으로 나아가며 그것의 초월성 속에서 그 대상을 실제로 구성한다. 의미란 어떤 대상이나 개념이 아닌, 처음부터

Judgment)의 서론을 참고할 것.
91　『니체와 철학』에서 들뢰즈는 그러한 조건을 '자신이 조건짓는 것보다 넓지 않고, 조건지어진 것과 더불어 스스로를 변화시키며, 모든 경우에서 자신이 규정하는 것과 더불어 스스로를 규정하는' (NP 50) 조건이라고 설명한다.

바로 그 대상 자체를 생산하는 어떤 것이다.

이러한 관점에서 우리는 들뢰즈의 의미 개념이 얼마나 프레게의 것과 다른지를 확인할 수 있다. 즉 의미는 이미 전제된 개념이 아니라 대상 그 자체를 발생시키는 어떤 것이다. 우리는 또한 들뢰즈가 얼마나 후설적인지도 확인할 수 있다. 앞으로 등장할 다양한 주제들과도 관련되기에, 이 점에 관해 여기서 잠시 후설을 인용할 필요가 있겠다. 후설에게 있어 판단 행위는 명제들을 **구성**한다. 일단 구성되고 참인 것으로 간주되면, 이 명제들은 반복 가능하고 소통가능한 '지식'의 형식을 띠게 된다.

> 무엇에 관한 지식 말인가? 일반적으로 말해, 그것은 존재하는 것, 즉 존재자(das Seiende)에 관한 지식이다. 하지만 지식을 위한 노력이 존재자를 향하게 되면, 또한 그것이 특정한 판단 가운데서 존재자란 무엇이고 그것이 어떻게 존재하는가를 구성하는 일종의 노력이라면, 존재자란 반드시 우선적으로 주어져 있는 무언가여야 한다. 또한 판단 행위는 판단의 대상이 되는 '기저에 있는' 어떤 것을 필요로 하므로 존재자가 미리 주어져서 그 **판단의 대상**이 되는 것이 필수적이다(E&J 19, 후설의 강조).

이 단락은 필자가 앞서 첫 장에서 설명한 역행에 따라 구조화되어 있다. 지식은 긍정적인 진술이다. 긍정적인 것으로서의 지식은 판단을 전제하지만, 판단은 항상 무언가에 대한 판단이다. 따라서 판단 그 자체는 판단이 행해지는 어떠한 대상을 전제한다. 이 대상은 수동적 종합들에 의해 주어진다. 순서를 역전시켜, 구성의 관점에서 지식이 존재하기 위해서는 구체적인 대상을 구성하는 수동적인 종합의 집합이 먼저 존재해야 한다고 말할 수 있다. 판단 그 자체는 수동성 속에서 생산된 이러한 대상들에 작동하는 능동적인 종합이다. 판단이 긍정적일 때, 그 명제는 지식으로 보존된다.

너무 도식적인 설명일지는 몰라도 여기서 우리는 들뢰즈가 의거하는 두 가지 설명들을 확인할 수 있다. 첫째는 지식을 명제적인 것으로 특징짓는 후설의 논의이다. 발생은 참인 명제와 더불어 끝난다. 표 1에서 우리는 들뢰즈가 이미 이러한 후설의 설명을 참조하고 있다는 사실을 알 수 있는데, 이 점에 관해서는 추후에 더 논의하게 될 것이다. 들뢰즈가 의거하는 두 번째 설명은 판단이 이미 주어진 것으로 가정되는 대상과 관련된다는 후설의 주장과 관련된다. 판단이 행해지는 대상은 그 판단에 선행하여 마련된 이미 주어진 대상이다. 이는 확실히 프레게의 예에서 그러하다. 샛별과 금성은 이미 거기 존재하는 것이며, 쟁점이 되는 것은 그들이 어떻게 거기에 존재하게 되었느냐 하는 것이 아니라 한 명제가 어떻게 이미 거기 존재하는 것과 진실되게 관계하는가 하는 것이다. 하지만 후설의 이러한 기획은 '논리의 발생'이라 명해지는 것으로서, 명제와 그것의 대상과의 관계를 정초하는 것을 유일한 목적으로 삼아 수행된다. 따라서 대상을 수동적 종합에 의해 이미 주어진 것으로 취급하는 것만으로는 충분하지가 않다. 대상 그 자체는 반드시 정말로 '그렇게 미리 주어져야' 하는 바, 다시 말해 '그것이 판단의 대상이 될 수 있는' 방식으로 주어져야 한다. 즉 대상은 참되게 미리 주어져야 한다. 판단이 능동적으로 진리를 대상에 귀속시키기 위해서 우리는 먼저 판단이 행해지게 될 대상에 대한 확신을 지녀야만 한다. 판단의 진리는 대상에 대한 우리의 확실성에서 나온다. 따라서 후설은 대상이 반드시 '단순한 확실성' 속에서, 또는 '존재의 확실성' 속에서 주어져야 한다고 말한다. '모든 사유 가능한 판단은 **궁극적으로** 개별적인 대상을 참조'(E&J 26)하기에, 논리 계보학자는 개별적인 대상이 '존재의 확실

성'과 더불어 생활 세계의 지평 내에서 형성됨에 따라 그 개별적인 대
상의 발생을 추적하고 기술해야만 한다.

세 번째 장의 마지막 부분에서 들뢰즈가 관심을 두고 있는 것이 바로
이러한 기획인 것처럼 보인다. 들뢰즈에게 있어 진리는 지시된 것에 대
한 명제의 적합성에서 발견되는 것이 아니다. '모든 면에서, 진리는 적
합성이 아니라 생산과 관련된 사안이다'(154/200/192). 적합성은 지
시가 그러하듯이, 의미에 토대를 두고 있다.

> 참된 명제의 경우에 획득되는 지칭에 한해 지칭이 근거지어지기 위해서는
> 그 자체가 무엇보다 먼저 의미를 구성하는 발생적 계열이나 이념적 연계
> 들의 한계로서 사유되어야 할 것이다(154/200/192).

이 근거짓기란 어떻게 발생하는 것인가? 앞으로 우리는 그것이 부분적
으로 이념들의 현실화에 의존한다는 사실을 확인하게 될 것이다. 잠재
적인 이념 안에서 '의미를 구성하는 이념적인 연계들'은 이념이 현실
화될 때마다 규정적인 대상을 생산한다.

일곱 번째 공리는 바로 이러한 사안들과 밀접하게 연관되어 있다. 여
기서 '의미'는 '문제'라고 불리며 명제는 '해결'이라고 불린다. 들뢰즈
는 '문제 혹은 의미가 본래적인 진리의 장소임과 동시에 파생된 진리
의 발생이기도 하다'(159/207/198)고 말한다. 어떤 수준에서 이는 들
뢰즈가 앞서 제기한 주장, 즉 진정한 명제는 발생적 계열들의 한계로
이해되어야 한다는 주장을 반복한다. 하지만 들뢰즈는 여기서 다른 무
언가를 덧붙이고 있다. 그 자신의 생산의 조건들과 밀접하게 연결되어
있는 명제는 오직 파생된 진리만을 지닌다. 사실, 후설이 '존재의 확실
성'이라 명한 것과 유사한, 어떠한 '본래적 진리'라는 것은 존재한다.

이는 의미 그 자체에, 혹은 문제 그 자체에 특유한 진리로서 명제의 진리와는 독립되는 것이다. 예를 들어 들뢰즈는 종종 '우리는 우리가 말하는 것의 의미에 따라 우리가 마땅히 가질 수 있는 만큼의 많은 진리를 항상 가지고 있다'(154/200/193), 또는 '하나의 해는 항상 그것이 언제나 자신이 답하는 그 문제에 따라 마땅히 지닐 수 있는 진리를 지닌다. 그리고 문제는 항상 **그 자신의** 고유한 진리나 거짓에 준하여 자신이 마땅히 지닐 수 있는 해를 지닌다'(159/206/198, 들뢰즈의 강조)고 말한다. 어떤 문제의 해는 그 문제의 진리에 준해서만 참이 되는 결과이다.

이는 매우 중요한 점으로 귀결된다. 만약 의미가 결과로서의 명제를 발생시키는 본래적인 진리라면, 의미의 참 혹은 거짓은 의미 그 자체 내에서만 결정되어야 한다. 즉, 그것은 명제나 해와는 관계없이 결정되어야 하는데, 왜냐하면 해는 사후에만 생산되기 때문이다.

여기서 우리는 확실히 현상학적 환원의 중요성을 인식할 수 있다. 들뢰즈는 어떤 식으로든 결과물이 우리의 생산에 대한 이해에 선입관을 갖게 해서는 안 된다고 일관되게 주장한다. 문제들은 '미리 존재하는 해들의 그림자' 속에서 결정되는 것이 아닌데, '왜냐하면 그 해는 필수적으로 문제가 문제로서 규정되는 완결된 조건들로부터 필연적으로 따라 나오기 때문이다'(159/206/198). 그렇다면 이러한 생산의 과정은 어떠한 형태를 띠고 있는가? 해결에 대한 어떠한 참조도 없이 문제는 어떻게 문제로서 규정되는가? 들뢰즈의 대답은 문제가 '이념적인 종합'(164/213/204)에 의해 규정된다는 것이다. 이러한 이념적 종합에 대한 설명이 『차이와 반복』 4장의 주된 기획이 될 것인데, 들뢰즈는 이미 여덟 번째 공리에서 이 점을 언급하고 있다.

지금까지 들뢰즈는 두 가지 매우 밀접하게 관련된 주장을 펼쳤다. 여섯 번째 공리에서 그는 명제가 '의미를 구성하는 발생적 계열들 혹은 **이념적 연결들**'에 토대하고 있다고 주장했다. 일곱 번째 공리에서 그는 이념적 관계들의 집합이 재현과 아무런 관련없이 의미를 규정하는 '이 념적 종합'에 의해 규정될 필요가 있다고 말했다. 진리는 해결이 아니 라 문제 속에서 규정될 필요가 있다. 지식을 배움에 대립시키고 지식이 배움에 대한 우리의 이해를 결정할 수 없다고 말하는 여덟 번째 공리에 서 들뢰즈는 언뜻 앞에서 말한 두 가지 공리의 내용을 단순히 반복하는 것처럼 보이기도 한다.

 '배움'과 '지식'이라는 말로 들뢰즈가 의미하는 바는 무엇인가? 4장 에서 들뢰즈는 '이념적 종합'을 훨씬 더 상세히 설명한다. 이념적 종합 은 점진적으로 잠재적인 요소들 간의 '이념적 연결들'을 설립하는 종 합이다. 이러한 관계들이 점진적으로 의미를 구성하는 한에서, 이들을 설립하는 과정은 '배움'이라고 명명될 수 있을 것이다. 배움은 우리가 무언가를 이해하는 과정이다. 즉, 배움은 지식을 발생시키며, 배움의 끝은 지식이다. 앞서 확인했듯이, 후설에게 지식은 우리가 대상들에 대 해 설정하는 긍정적인 명제들의 집합이다.[92] 다시 말해, 지식은 명제이 며, 배움은 지식을 발생시키는 이념의 점진적 규정이다. 따라서 여덟 번째 공리는 다른 모든 공리들의 단순한 반복인 것처럼 보인다. 즉, 결 과물이 그것의 이미지 가운데 생산의 과정을 결정하게 하지 말라는 것 말이다. 여섯 번째 공리가 명제의 이미지 가운데 의미를 창조하는 것에 경고를 보내는 것과 마찬가지로, 여덟 번째 공리는 우리가 지식을 따라 배움을 규정하는 것에 경고를 보내고 있다.

 하지만 이 공리는 의미와 재현 간의 관계를 훨씬 뛰어넘는다. 즉, 이

---

92   E&J 21 참조.

는 '단순하게 보이는 결과 안에 다른 모든 것들을 개괄하고 포함하는'(167/216/207) 공리이다. 배움은 정적인 발생, 혹은 이념들의 탄생과 현실화에만 관계되는 것이 아니다. 배움은 모든 것이 시작되는 바로 그 순간에 다시금 시작된다. 배움은, '사유' 안에 이념들이 생산될 때까지 인식능력들의 분출적 선을 따르는 '도제'(반복의 잠재적 주체)와 더불어 시작되며, 이념들이 규정적인 재현들로 현실화되는 것과 더불어 끝을 맺는다(164/213-14/204).[93] 사실 이 도제는 인식능력들의 집합에 다름아니다. 배움은 '차이와 차이, 비유사성과 비유사성을 매개 없이 통합하는 한편, 시간을 사유로 도입시키는 초월론적 구조'(166-7/216/206-7)이다. 차이와 차이의 통합은 상상력의 능력을 말하며, 비유사성의 결합은 기억능력을 일컫는다. 또한, 시간의 사유로의 도입은 사유의 능력을 뜻하며, 사유 안에서 이념이 생겨나게 된다. 이렇게 생겨난 이념은 명제들 속에 현실화된다. 이러한 명제들이 긍정될 때, 그들은 지식을 구성한다. '단순한 결과로 보여지는' 이 지식이 바로 (『차이와 반복』의) 발생 전체의 최종적 목적(텔로스)이다.

이러한 관점에서 볼 때 『차이와 반복』은 들뢰즈의 성장 소설(*Bildungsroman*)이라 불릴 만한 것 같다. 『차이와 반복』은 들뢰즈의 『에밀』, 혹은 더 나아가 들뢰즈의 『정신현상학』이다. 하지만 또한 이 책은 『판단력 비판』의 관점에서 다시 쓰여진 들뢰즈의 『순수이성비판』이라고도 충분히 부를 만하다.

---

93 『프루스트와 기호들』에서 들뢰즈는 이미 인식능력들의 점진적인 발전에 의해 구조화되는 도제에 대한 설명을 개진한 바 있다.

4절. 세 가지 수동적 종합

『차이와 반복』의 2장은 들뢰즈가 자신의 체계의 구조를 한 단계씩 펼쳐 보이기 시작하는 첫 번째 장이다. 3장에서 우리는『차이와 반복』의 전체적인 구조를 처음으로 일별했다. 역동적인 발생은 감성에서 시작되어 인식능력들의 '폭발적인' 선을 촉발시켜 상상에서 기억, 그리고 사유로 운동한다. 사유는 이념 혹은 본질의 인식능력이며, 그 안에서 이념이 탄생한다. 이러한 이념은 두 번째 발생으로 이어진다. 이념이 사유에서 재현의 세계로 운동함에 따라 정적인 발생이 이념을 뒤따른다. 『차이와 반복』의 2장은 이러한 발생들의 첫 번째 것에만 관계하는데, 즉 그것은 역동적 발생에 대한 들뢰즈의 설명이다. 우리는 앞서 이러한 발생이 어떻게 인식능력들에 의해 수행되는지를 확인했다. 잠재적인 주체는 특이성에서 이념들로 도약하는 것이 아니다. 오히려 파편화된 대상이 하나의 인식능력에서 다른능력으로 전달된다. 이 장에서, 각각의 인식능력은 수동적 종합들로 재형성되며 이러한 종합들은 불연속적인 감성의 물질로부터 이념들의 인식능력인 사유로 이동한다.

2장의 제목은 '대자적 반복'인데, 이는 우리를 다시 서론으로 데려간다. 서론에서 들뢰즈는 키르케고르와 가브리엘 타르드를 따라 헤겔식의 매개에 대한 대안으로 기능할 수 있으리라 여겨지는 반복 개념을 발전시켰다. '반복'이 '매개'만큼이나 모호하게 남아 있다는 사실에도 우리는 여전히 이러한 새로운 변증법의 세 가지 특성을 규정할 수 있었다. (1) 반복은 '특이성,' 즉 직관의 직접적인(비매개적인) 대상들을 반복한다. (2) 반복은 법에 선행하는 '본질적인 위반'이다. (3) 반복은 선-개념적이며 개념을 방해하는 이념을 발생시킨다. 들뢰즈는 1장, 즉 '차이 그 자체'에서 매개와 구별되는 반복의 또 다른 특성도 기술했다.

헤겔에서 매개는 대칭적인 종합에 의해, 즉 대립에 직면하는 테제에 의해 진행된다. 하지만 들뢰즈에게 각각의 종합은 비대칭적이다.[94] 이 장에서 들뢰즈는 이 모든 요소들을 한데 결집시켜 이 과정이 어떻게 전개되는지를 마침내 보여 준다. 즉, 그는 세 가지 수동적 종합들이 직접적인 직관의 대상을 취하여 그 대상을 이념으로 변형시키는 방식을 상세히 기술한다.

사물들이 어떻게 모이기 시작하는지를 확인하는 것은 어렵지 않다. (특이성에서 이념으로의) 반복의 세 가지 특성들은 3장에서 설명된 (감성에서 사유로의) 역동적 발생과 밀접하게 관련되어 있는데, 여기서 필자는 세 가지 수동적 종합들이 이러한 두 가지 과정들에 대한 상세하고 체계적인 해설이 되는 방식을 기술하고자 한다. 사물들이 보다 분명해짐에 따라 이 내용은 훨씬 더 복잡해질 것이다. 이 장에서 이러한 복잡성은 두 가지 방향에서 발생한다. 첫째, 기술적인 어휘들의 증식이 심화된다. 우리는 이미 반복과 인식능력들의 언어로 종합들을 마주했다. 이 장에서 들뢰즈는 역동적 발생을 이야기하기 위해 **세 가지 방식**을 더 첨가한다. 둘째, 앞선 헤겔에 대한 강조와는 대조적으로, 더 이상 이 종합들과 관련해 헤겔은 가장 중요한 역사적 인물이 되지 못한다. 라이프니츠 (그리고 헤겔)와 마찬가지로 들뢰즈는 위대한 종합의 철학가이다. 이 장은 특히 흄, 라이프니츠, 칸트, 헤겔, 베르그송, 제임스, 프로이트, 후설, 하이데거, 레비나스, 메를로-퐁티, 라캉, 리쾨르 (아마 이보다 더 많을 지도 모른다)와 같이 다양한 이론가들을 결집시키고자 시도한다. 이는 『차이와 반복』을 엄청나게 풍성하게 해 주지만

---

94   들뢰즈는 세가지 수동적 종합들 각각이 '본질적으로 비대칭적' (71/97/91)이라는 사실을 끊임없이 강조한다. 두 번째 종합에 대해서는 (81/110/103)을 참조, 세 번째 종합에 대해서는 (89/120/111)을 참조할 것.

또한 형언할 수 없을 만큼 난해하게 만들기도 한다. 물론 이 모든 철학자들의 사유를 이해하는 것은 불가능할 것이다. 비-생산적인 것은 말할 것도 없고 말이다. 하지만 이 장의 배경이 된다고 할 수 있는 철학자들을 세 명 꼽는 것은 가능할 터인데, 그들이 바로 후설, 칸트, 그리고 하이데거이다. 이 엄청나게 중요한 장의 내용을 이해하기 위해서 우리는 이 세 명의 인물들 각각이 '반복' 이론에 기여하고 있는 방식을 이해해야만 할 필요가 있다.

후설, 칸트, 하이데거

후설

이 장 전체에 걸쳐 (실제로는 이 책 전체에 걸쳐) 들뢰즈는 지속적으로 후설의 개념들을 전유한다. 들뢰즈는 그의 개념들을 전유하는 동시에 그 개념들의 계보를 모호하게 하는 방식으로 이들을 변화시킨다. 그 의미를 크게 변화시키지 않고 들뢰즈가 후설에게서 직접적으로 취하는 개념이 바로 수동적 종합이라는 개념이다. 후설 자신은 또한 이 개념을 칸트에게서 빌려 왔다.

『이데아 I』(*Idea I*)에서 후설은 '현상학은, 말하자면, 모든 현대철학의 비밀스러운 향수'라는 명백히 논란의 여지가 없는 주장을 펼친다 (*Idea* 142). 이 점을 '정확하게 간파한' 첫 번째 철학자는 칸트였다. 비록 그가 현상학을 적법한 철학의 한 분야로 인식하지는 못했어도 말이다. 결과적으로 『비판』(*Critique*)이 현상학과 관련성을 띠는 부분은 매우 적다.

따라서, 예를 들면 『순수이성비판』의 첫 번째 판본에 등장하는 현상학적

연역은 실제로 현상학의 영역 내에서 작동하고 있다. 하지만 칸트는 그 영
역을 심리학적인 것으로 오독했으며 따라서 그것을 폐기해 버리고 말았다
(*Ideas* 142).

거의 지나가는 말에 불과하다고 볼 수 있는 이 문장이 추후 후설의 가
장 영향력 있고 중대한 사유들의 하나를 구성하게 된다. 여기서 후설은
『비판』의 첫 번째 판본에 등장하는 초월론적 연역이 현상학적인 것이
라고 다시금 주장하고 있다. 특히 그가 염두에 두고 있는 것은 칸트가
세 가지 종합들에 대한 설명을 개진하는, 환원의 두 번째 부분이다.[95]

『비판』의 극도로 주변적인 부분을 두드러지게 한 것과 더불어, 후설
은 또한 현상학과의 관련성을 드러내는 부분이 오직 연역의 '첫번째
판본' 뿐이라는 사실을 강조한다. 초월론적 환원은 1781년의 『비판』
판본과 1787년의 『비판』 판본 사이에서 엄청난 변화를 겪었다. 칸트가
그의 비밀스러운 향수에 응하면서 현상학자가 되는 것은 소위 A 판본
이라 불리는 것에서 뿐이라는 사실을 지적함으로써 후설은 처음으로
수동적 종합이라는 사유를 떠올린다.

칸트가 『차이와 반복』에 기여하는 바를 밝히는 데에도 도움이 될 것
이기에 이 점에 대해 우리는 보다 더 상세히 검토할 필요가 있겠다.
『순수이성비판』의 1781년 판본에서는 세 가지 분리된 인식능력들에 속
하는 세 가지 종합이 등장한다. 칸트는 이 세 가지 종합을 특정한 종합
을 다루는 각각의 장의 제목들로 정할 것을 제안하는데, 이는 각각

---

95 칸트에 대한 강의들에서 이와 동일한 주장을 펼칠 때 들뢰즈는 명백히 후설을 떠
올리고 있다. 특히 1978년 3월 28일자 강의를 참조할 것. '칸트가 현상학의 창시자로
고려될 수 있는 것은 지각의 종합에 대해 그가 행한 분석의 바로 이러한 측면들 때문
이다.'

'(1) 직관에서의 포착의 종합에 관하여' (2) '상상에서의 재생의 종합에 관하여' (3) '개념에서의 재인의 종합에 관하여' 로 나타난다.[96] 그는 종합들에 관한 예비적 구성에 해당하는 다음의 인용문에서 이를 명시적으로 밝히고 있다.

하지만 모든 경험의 가능성의 조건들을 담지하며 **감각**이나 **상상력**, 그리고 **통각**과 같은 다른 정신의 능력들에서 파생될 수가 없는 세 가지 본래적 원천들(영혼의 역량 혹은 인식능력)이 존재한다. 이러한 원천들에 토대하여 1) 감각을 통한 선험적인 다양성의 **개관**(synopsis), 2) 상상력을 통한 다양성의 **종합**(synthesis), 3) 마지막으로 본래적 통각을 통한 이러한 종합의 **통합**(unity)이 정초된다(CPR A94, 칸트의 강조).[97]

개관, 종합, 그리고 통합은 종합의 세 가지 양상들로서, 이들 각각은 감각, 상상력, 그리고 통각이라는 특정하고 본래적인 인식능력에 속한다. 개관, 종합, 그리고 통합은 포착, 재생, 그리고 재인이라는 세 가지 변별적인 종합들을 구성하게 될 것이며, 우리는 다음에서 이러한 종합들 각각의 구체적인 특성들로 돌아가게 될 것이다. 하지만 여기서 잠시 이러한 세 가지 순간들 가운데 '본래적인 통각'이 오직 세 번째 순간에서야 등장하게 된다는 점에 주목해 보자. '본래적인 통각'은 모든 주체성

---

96 베아트리체 롱그니스(Béatrice Longuenesse)가 지적하듯이, 여기서 칸트가 '상상력'이라는 말로 표현하는 것은 *Einbildungskraft*(상상력, 구상력)가 아니라 *Einbildung*(상상, 공상)이다. 그녀는 이러한 표제어들이 종합의 **인식능력**을 일컫는 것이 아니라 재현들을 일컫는 것이며, 이 재현들 '"안에서" 종합의 행위가 존재한다'(Longuenesse 35)고 설명한다. 하지만 칸트는 종종 이러한 재현들이 그들의 원천으로서의 각각의 인식능력들에 의존한다는 사실을 분명히 하고 있다.
97 칸트는 이와 유사한 설명들을 A79, A97, A115에서도 행하고 있는데 여기서 세 가지 종합들은 세 가지 인식능력들로 나누어진다.

의 초월론적 토대, 즉 '우리 사유 일반의 선험적이고 종합적인 원리'(A117)이다. 그것은 자아에게 어떠한 외부적 혹은 선행적 경험 이전에 수적 통일성을 부여해 주는 것이다. 또한, 그것은 자유와 자발성으로 특징지어 지는 것이기도 하다. 초월론적 자아는 기계론적으로 결정되는 것이 아니라 자유롭고 자발적으로 행위하는 존재이다. 감각과 상상력이라는 다른 두 인식능력은 이들이 능동적인 주체의 결단에 종속되는 한에서 매개된 형식 속에서 이 자유를 수용할 수만 있을 뿐이다. 다른 경우에도 이들은 통각의 활동에 참여하지 못하고 오직 **수동적으로만** 기능하게 된다 (A 124). 그들은 그들에게 주어진 것을 취하는, '우리가 거의 의식하지도 못하는' '맹목적인'(A78/B103) 종합들이라 할 수 있다.

하지만 1787년의 판본에 이르러 이 세 가지 종합들 모두가 통각의 관할 하에 놓이게 된다.[98] 따라서 B 연역의 첫 부분에서 칸트는 다음과 같이 말하고 있다.

다양성 일반의 **결합**(conjunctio)은 결코 감각들을 통해 우리에게 도달할 수 있는 것이 아니며, 따라서 감각 가능한 직관의 순수한 형식 속에 이미 내재할 수 있는 것이 아니다. 왜냐하면 그것은 재현의 힘의 자발성의 행위이며, (우리가 후자를 감성과 구별되는 오성이라고 부를 때) **우리가 그것을 의식하든 못하든, 그것이 직관의 다양성의 결합이든 혹은 다양한 개념들의 결합이든 모든 결합은 [⋯] 오성의 행위**이기 때문이다(CPR B129–30, 칸트의 강조).

---

98 이에 대한 보다 명료하고 상세한 논의로는 루돌프 맥크릴(Rudolph Makkreel)의 *Imagination and Interpretation in Kant*, pp. 27–8 참조.

A 연역에서는 항상 무의식적 종합, 즉 자발성, 그리고 코기토의 자의식적인 '자기-활동'(B130)의 감시망하에 수동적인 인식능력에 의해 초래되는 어떠한 종합의 가능성이 항상 내재했다. 하지만 이 인용문에서 칸트는 그러한 가능성을 완전히 그리고 분명하게 철회한다. 수동적 인식능력인 감각은 결합하지 않는다. 본래적인 통각의 외부에서는 어떠한 결합도 발생하지 않는다.

후설에게 있어 이러한 철회는 우리의 활동과 무관하게 기능하는 수동적 인식능력에 의해 작동되는 어떠한 종합의 유형에 관한, A 연역을 통해 칸트가 보여 준 '놀라운 통찰력'을 무색하게 하는 것이었다(APS 410). 따라서 후설은 이러한 종합 개념을 회복하여 추후 그의 저작들에서 이를 더욱더 심오하게 발전시키고자 했다. 들뢰즈는 『차이와 반복』에서 이 개념을 직접적으로 후설로부터 가져와 수동적 종합을 '정신에 의해서 수행되는 것이 아니라 정신 **안에서** 발생하는'(DR 71, 들뢰즈의 강조) 종합이라고 간결하게 정의한다. 수동적인 종합은 능동적인 인식능력에 의해서 수행되는 것이 아니라 수동적인 인식능력에 의해 수행되는 것이다. 즉 그것은 우리가 좀처럼 의식하지 못하는 종합이다.[99]

이러한 종합들이 무의식적이라는 것이 들뢰즈나 후설에게 있어 가장 흥미로운 사실은 아니다. 그보다 더 흥미로운 것은 이 종합들이 규칙의

---

99   독자들에게 수동적 종합의 구체적인 의미를 보여 주기 위해 메를로-퐁티는 다음과 같은 예를 사용한다. 당신이 당신의 얼굴 근처에 검지를 들고 그것에 집중할 때, 거기에는 오직 손가락 하나만이 존재한다. 하지만 당신이 그 손가락을 지나쳐서 먼 곳을 바라본다면 그것은 손가락 두 개로 보이게 될 것이다. 당신이 다시 주의를 집중하면 그것은 다시 하나의 손가락이 될 것이다. 아무런 추가적인 노력 없이도 말이다. 이것이 바로 수동적인 종합이다. 하지만 당신이 술에 취했다면, 그리고 여전히 두 개의 손가락을 본다면, 당신은 아마 이렇게 중얼거릴 가능성이 높다. '손가락 두 개가 보이긴 하지만 사실은 하나의 손가락만이 있다는 사실을 나는 알고 있어.' 이러한 순수하게 지적인 행위가 능동적 종합을 구성하게 된다.

지배를 받는 종합들이 아니라는 사실이다. 이 종합들은 본질적으로 위반적이다.

칸트

이러한 측면은 들뢰즈의 칸트 독해에서 잘 드러난다. 칸트에 대한 강의들에서 들뢰즈는 칸트의 사유 일반을 조망하는데, 필자는 두 가지 이유로 이를 요약하고자 한다. 첫째는 그것이 『차이와 반복』의 다음 몇 장에서 반복해서 등장하는 몇몇 측면들을 다루고 있기 때문이고, 둘째는 큰 그림과 더불어 시작하는 것이 무언가를 이해하는 데 있어 종종 가장 쉬운 방법이 될 수 있기 때문이다.

들뢰즈에 따르면 칸트는 '두 가지 유형의 규정'을 구분한다. 모든 대상은 개념적인 규정을 지니는 한편 시-공간적인 규정들도 지니고 있다. 예를 들어 우리는 직선에 대한 순수한 개념을 지니고 있으면서도 또 한편으로는 직선이 두 점들 사이의 가장 짧은 거리라고도 말할 수 있다. 이러한 후자의 명제는 그것이 공간적 규정들('가장 짧은 거리')을 구현하는 한 그것의 개념('직선')을 뛰어넘는다. 좌우상의 신체가 흔히 보여 주듯, 두 가지 유형의 규정, 즉 시-공간적이고 개념적인 규정이 서로서로에게로 환원될 수 없다고 칸트가 주장할 때, 규정들 간의 이러한 구별은 더욱 체계적인 중요성을 띠게 된다.[100] 사실 두 가지 유

---

[100] 들뢰즈는 다음의 예를 자주 인용한다. 칸트는 우리로 하여금 완전히 동일한 두 신체 (그의 유명한 예는 두 손, 혹은 두 개의 장갑이다)를 상상하게 한다. 완전히 동일하다는 것은 각각이 완전히 동일한 규정들의 집합을 지닌다는 것을 의미한다. 각각의 주어는 동일한 술어들을 포함하게 될 것이다. 그렇다고 해도, 칸트는 우리가 왼손 위에 오른손을 포갤 수 없다고 주장한다. 따라서 개념 속에 존재하지 않고 개념적 규정들로 환원할 수 없는 규정들(이 경우는 공간적인 규정들)이 존재해야만 한다. 이에 대한 상세한 설명으로는 들뢰즈의 칸트 세미나(1978년 3월 14일)와 칸트의 『형이상학 서설』(*Prolegomena*) §13을 참조할 것.

형의 결정은 두 가지 분리된 인식능력들에 속한다. 시-공간적 규정들은 감성(시간과 공간)의 형식들에 의해 주어지며, 개념적인 규정들은 오성(범주들)에 의해 주어진다.

무언가를 **알기** 위해서는, 이러한 두 가지 유형의 규정이 한데 결집될 필요가 있다. 지식이 종합적 명제라는 칸트의 정의를 들뢰즈가 중요하게 여기는 것은 바로 이 때문이다. 분석적인 명제는 규정이나 술어가 개념 속에 내재되어 있는 명제이다. 그 개념을 분석함으로써 우리는 술어를 발견하게 된다. 대조적으로 종합적인 명제에서는 개념을 뛰어넘는 하나의 규정이 그것에 첨가된다. 칸트적인 종합 명제에서, 시-공간적 규정들은 개념을 뛰어넘고 또 개념적 규정들에 부가된다(혹은 개념적 규정들이 시-공간적 규정들에 부가된다).

따라서 어떠한 종합적 명제가 가능한가 아닌가 하는 질문은 두 가지 다른 인식능력들과 그것들 각각의 규정들 간의 관계에 대한 질문이다. 직관과 오성의 관계는 무엇인가? 시-공간적 규정들과 개념적 규정들 사이의 관계는 또 무엇인가? 이러한 관계는 두 가지 방향에서 발생하는데, 이 두 방향 모두가 『차이와 반복』에서 큰 역할을 하게 된다. 즉, 개념적인 규정들이 시-공간적 규정들에 부가되거나 혹은 시-공간적 규정들이 개념적인 규정들에 부가된다. 우선, 이 관계는 도식론(schematism)이라고 불린다. 도식론에서 어떠한 개념은 시-공간적 규정들을 부여받는다. 즉 오성의 개념들은 감성의 형식들에 적용된다. 두 번째로, 그것은 종합이라고 불리는데, 종합에서 시-공간적 다양성은 개념의 통일성으로 화한다.

이 책의 첫 장에서 필자는 『차이와 반복』이 개념적 실험의 선들을 따라 구조화되어 있다고 말한 바 있다. 칸트의 첫 『비판』이 세 번째 비판서의 관점에서 독해될 때 어떤 일이 발생할까 하는 것 말이다. 이러한 실험은 들뢰즈의 이중의 모험으로 귀결되었다. 첫 번째는 발생적 선을 따라 배열된 인식능력들로 칸트의 종합을 재구성하는 것이었으며, 두 번째 모험은 칸트의 도식론을 재구성하는 것이었다. 『차이와 반복』의 두 번째 장은 첫 번째 모험에 대한 들뢰즈의 설명으로서 칸트의 종합들을 취해 그들을 초월론적 발생의 관점에서 기술한다. 각각의 종합은, 특히 세 번째 종합은 들뢰즈의 손에서 상당한 수정을 거치게 된다. 그렇다 하더라도, 들뢰즈의 세 가지 종합들 간의 다양한 관계 뿐 아니라 두 번째 장 전체의 개념적 구조 또한 상당 부분이 칸트의 세 가지 종합들의 구조에 의거하고 있다. 따라서 칸트에서 이러한 종합들이 기능하는 방식을, 특히 들뢰즈가 이를 이해하는 식대로 짤막하게 기술하는 것이 필수적일 것이다.

칸트에게 있어 각각의 종합은 두 가지 형식, 즉 초월론적 형식과 경험적인 형식을 지니고 있다. 우선, 초월론적인 종합들로서 이 종합들은 직관과 시–공간의 순수한 형식들로부터 오성, 즉 개념들 혹은 범주들의 형식들로 이동한다. 즉 종합은 직관의 시–공간적 다양성으로부터 오성의 개념들로 이동한다. 경험적인 측면에서 이러한 종합들은 직관의 형식들을 채우는 미조직된 외양들로부터 대상의 통일성으로 이동한다. 경험적인 종합은 직관의 '미규정적인 대상'으로부터 오성의 규정적인 대상으로 이동하는데, 이것이 바로 들뢰즈가 종종 경험적인 종합을 '지각의' 종합이라 일컫는 이유이다. (후설이 칸트의 종합들을 그의 수동적 종합들과 견주는 것 또한 바로 이러한 이유에서이다. 칸트의 종합과 후설의 수동적 종합은 둘 다 판단이 행해지는 대상, 즉 지각의 대상을 구성한다 [APS 410].)[101]

---

101 단순히 이 점을 강조하는 것을 넘어 하이데거 또한 들뢰즈가 프레게와 프레게의 계승자들에 반대하여 그렇게 하려고 했던 것과 동일한 방식으로 칸트에서 종합이 어

따라서 종합은 다양체(manifold), 혹은 다양성(diversity)에서 시작된다.[102] 또한 종합과 마찬가지로 다양성은 경험적 측면과 초월론적 측면을 가지고 있다. 들뢰즈가 언급하듯이, '시간과 공간상에 **나타남**에 따라 존재하는 다양성'(경험적 다양성)이 있고 '시간과 공간 그 자체들의 다양성'(초월론적 다양성)도 있다 (KP 15). 종합은 경험적인 외양들 및 감성의 형식들 그 자체 둘 다와 관계한다.

첫 번째의 경험적 종합과 관련하여 칸트는 다음과 같이 말한다. '이러한 다양성들을 통과한 이후 한데 모으는 것이 필수적인데, 이러한 행위가 직접적으로 직관을 겨냥하는 한에서 이를 '**포착의 종합**'이라 부르고자 한다'(CPR A99, 칸트의 강조). 이는 오직 경험적인 종합이다. 이 종합은 시간과 공간 속에 나타나는 다양성을 포착 가운데서 한데 결집시킨다. 즉, 이는 다양체의 개관 혹은 조사이다. 반면, 칸트는 초월론적 종합을 '그 자신의 고유한 수용성 속에서 감성이 제공하는 다양체의 종합'(A100)이라고 정의한다. 경험적인 종합과 대조적으로 이 종합은 외양들이 아니라 '본래적인' 시간과 공간 그 자체의 다양성을 결집시킨다. 그러한 가운데 칸트는 이 종합이 시간과 공간의 재현들을 '발생'시키거나 생산한다고 말한다. 여기서 우리는 첫 번째 종합에 대한 들뢰즈의 정의, 즉 대부분의 시인들보다도 더 많이 표현의 경제를 실행시키는 그의 정의를 이해할 수가 있다. 종합의 첫 번째 '측면'은 '포착인데, 이 포착을 수단으로 하여 우리는 다양체를 특정한 시간과 특정한 공간을 차지하는 어떤 것(예를 들면, 경험적인 종합 속에서)으로 볼 수 있

떻게 논리를 정초하는지를 보여 준다. *The Phenomenological Interpretation of Kant's Critique of Pure Reason*, pp. 181-4 참조.

102 영어권 독자들이 '다양체'(manifold)라고 읽는 것을 프랑스 독자들은 '다양성'('*le divers*' 혹은 '*diversité*')이라고 읽는다는 것을 기억할 필요가 있다.

으며 또한 이 포착을 수단으로 하여 우리는 시간과 공간 안에 존재하는 다양한 부분들을(예를 들면 초월론적 종합 속에서) 생산하게 된다'(KP 15).

경험적인 수준에서 두 번째 '재생'의 종합은 연합(연상, association)을 조건짓는다. 경험 안에서 현재의 지각은 우리로 하여금 그것이 연합되어 있는 이전의 재현을 **재생산**해 내도록 한다. 반면에 초월론적 종합은 재생산 가능성 일반을 조건짓는다. 그것은 우선 경험적인 연합(연상)을 가능하게 하는 무언가이다. 이것은 필수적인 것인데, 왜냐하면 칸트가 종합들에 관한 설명의 서두에서 이야기하듯 시간은 내적 의미의 형식이고 사유 안에서 발생하는 모든 것은 시간의 이행에 종속되기 때문이다. 이는 종합들과 관련될 때 특히 그러하다. 우리가 첫 번째 종합에서 포착한 것은 시간 가운데서 이행하기에, 두 번째 종합이 필수적으로 요구된다.

> 우리가 선행하는 재현들을 항상 우리의 사유로부터 잃어버린다면, [⋯] 또한 다음의 재현들로 나아감에 따라 그것들을 재생하지 않는다면, 어떠한 재현 전체도, 또한 기존에 언급한 어떤 사유들도 [⋯] 발생하지 않게 될 것이다(CPR A102).

두 번째 재생의 종합은 이러한 문제를 제기하고 있다. 즉 그것은 현재의 포착 가운데 이전에 이미 포착되었던 것을 재생한다. '따라서 포착의 종합은 재생의 종합과 불가분하게 결합된다'(A102). 들뢰즈는 이러한 두 번째의 종합 또한 매우 간결하게 요약한다. 즉 종합의 두 번째 측면은 '재생인데, 이를 수단으로 우리가 다음의 부분들로 나아감에 따라 이전의 부분들을 재생하게 된다'(KP 15).

칸트는 세 번째 종합의 필요성을 다음과 같이 기술한다. '우리가 생각하는 것이 우리가 바로 1분 전에 생각했던 바와 동일한 것이라는 의식 없이는, 재현들의 계열 가운데 생산되는 모든 것은 헛된 것이 될 것이다. 왜냐하면 그것은 우리의 현 상태 가운데서의 새로운 재현이기 때문이다'(A103). 다시 말해, 우리는 '종합의 통일성' 가운데서, 재생되는 것이 포착되는 것과 동일한 것이라는 사실을 **재인**해야만 한다. 여기서 세 번째 종합은 앞의 두 개의 종합에서 생산된 재현들의 종합으로 나타난다. 시간은 내적 의미의 형식이기에, 만약 우리가 무언가를 포착하고자 한다면 우리는 그것을 재생해야만 할 것이고, 그렇지 않을 경우 우리는 그것을 영원히 잃어버리게 될 것이다. 재생된 것이 포착된 것이라는 사실을 인식하지 못하는 경우, 단순히 우리는 그 재생을 새로운 현상으로 다루게 될 것이다.[103] 이 모든 세 개의 종합은 불가분의 관계를 맺고 있다. 들뢰즈의 칸트 독해가 흥미로워지는 것은 바로 이 지점에서이다. 재인은 다른 종합들과 전혀 같지 않다.

들뢰즈의 독해에서는 오직 두 개의 종합만이 종합의 과정을 구성한다. '종합은 포착과 재생이라는 두 측면을 지니고 있다'(KP 15). 들뢰즈는 다양한 이유로 이를 주장하고 있지만, 그 중 주된 이유는 재인의 종합이라는 세 번째 종합이 처음의 두 (수동적) 종합들과는 전적으로 다른 인식능력에 속한다는 사실 때문이다.[104]

---

103 정신이 외양들을 재인하지 않은 채 계속해서 그것들을 생산하려 한다면 그것은 '제멋대로의 외양들 더미'(CPR A121)만을 갖게 될 것이다.
104 수동적 종합이라는 주제와 관련하여 이는 매우 중요한 사실이다. A 연역에 대한 후설의 독해에도 불구, A 연역에는 칸트가 심지어 1781년에도 모든 경험은 사실상 오성의 결과라고 주장하는 단락들이 상당수 포함되어 있다. 들뢰즈는 명백히 그러한 독해를 피하고 있다. 사실상 들뢰즈는 다음의 인용문에서 '그 자체로 간주될 때, 상상력의 종합은 전혀 자-의식적이지 않다'는 사실을 강조한다. 즉 그것은 수동적이다.

포착이면서 재생이기도 한 종합은 항상 칸트에 의해 상상력의 행위로 정의된다. 하지만 여기서 드는 의문은, 우리가 앞서 그렇게 했듯이, 종합이 지식을 구성하기에 충분하다는 주장이 완전히 정확한가 하는 것이다. 사실상 지식은 종합 자체를 뛰어넘는 두 가지 것들을 함의한다. 즉 지식은 의식을 함의한다. 혹은, 보다 정확히 말해 재현들이, 그들이 반드시 연계되어야 하는 단일한 의식에 속한다는 사실을 함의한다. 그 자체로 간주될때, 이제 상상력의 종합은 자-의식적인 것이 전혀 아니다 (CPR A78/B103). 반면에 지식은 대상에 대한 필수적인 관계를 함의한다. 지식을 구성하는 것은 단순히 다양체를 종합시키는 행위가 아니라 재현된 다양체를 대상에 연계시키는 행위(재인: 이것은 탁자이다. 이것은 사과다. 이것은 어떠어떠한 대상이다)이다(KP 15, 칸트의 강조).

재인은 두 가지 방향에서 종합을 뛰어넘는다. 즉, 그것은 주체의 통일성을 지시하거나 혹은 본래적 통각을 지시한다. 그리고 재인은 대상의 통일성, 즉 대상=X를 지시하거나 혹은 들뢰즈가 때때로 '대상-형식'이라 부르는 것을 지시한다.[105] 이러한 세 가지 것들, 즉 재인, 통각, 그

---

105 칸트 세미나(1978년 3월 28일) 참조. 들뢰즈는 처음의 두 종합들로부터 이행하기 위해 다음과 같이 말한다. '지각하기 위하여 우리는 여전히 종합에 의해 규정되는이 공간과 시간을 필요로 합니다. 혹은 이 공간과 이 시간을 포함하는 동일한 사물에도달하는 것은 반드시 어떠한 형식과 관계되어야 합니다. 어떤 형식 말일까요? 우리가 공간과 시간의 형식을 지니고 있기에, 이는 공간 혹은 시간의 형식은 아닐 것입니다. 그렇다면 이는 어떤 형식일까요? 여러분은 점진적인 진행을 확인할 수 있습니다. 우리는 공간과 시간의 형식으로부터 출발했습니다. 직관의 형식, 다음으로는 상상력의 행위가 종합의 두 측면들을 통해 공간, 즉 주어진 공간과 주어진 시간을 규정함에따라서 말이지요. 이 경우 그것은 어떠한 형식(시간과 공간의 형식이 아니라 시-공간적인 형식), 예를 들면 집의 형식 혹은 사자의 형식과 같은 것입니다. 그래도 거기에지각이 존재하려면 우리는 또 다른 형식을 필요로 하게 됩니다. 이러한 공간과 시간, 혹은 이러한 규정된 공간과 시간을 포함하는 것이 대상의 형식과 관련되는 일이 필수

리고 대상=X는 서로 어떻게 관련되는 것일까?

들뢰즈는 우선 대상=X와 의식의 통일성 사이의 관계를 묻고는 이에 대해 다소 놀라운 대답을 내놓는다. 통각의 통일성은 우리로 하여금 나의 재현들이 나의 것이라고 말할 수 있게 해 주는 것이다. 그것은 우리에게 수적 통일성을 부여하며, 이러한 통일성이 하이데거가 '지대'(zone)라고 부르는 것을 마련해 준다.[106] 이러한 지대에서 나의 모든 재현들은 '연결'되고, 이들이 이 지대의 통일성 가운데 연결되는 한에서 그들은 **나의** 재현들이라고 불릴 수 있게 된다. 들뢰즈는 나의 재현들이 의식 안에서 연결되려면 우선 그것들이 그 자체로 통합되어야 한다고 주장한다. 이 지대 그 자체는 규정적인 대상들로 가득한 곳이다. '재현들이 **종합하는** 다양체가 대상 일반과 관계되지 않는다면, 이제 재현들은 이런 방식으로 의식 안에서 **통합**될 수 없다'(KP 15, 들뢰즈의 강조). 재현들은 그들이 대상과 관계**되지 않는다면** 통각의 통일성 속에서 서로 연결될 수가 없다. 들뢰즈는 여기서 의식의 통일성을 대상=X의 통일성으로 종속시키는 과정을 수행하고 있는 듯 보인다. 대상=X는 다양체를 통합하는 것이고, 통각은 그저 이 통일성을 자각하고 있다. 들뢰즈가 이를 깨닫는 방식은 매우 간단한데, 즉 이는 범주들을 '대상 일반의 술어들'(KP 16)로 이해하는 것과 관련된다.

이러한 술어들은 어떻게 대상 일반을 정의하는가? 이것이 바로 핵심적인 사안이다. 이 술어들은 세 번째 종합을 규정함으로써 대상 일반을 결정한다. 첫 번째 종합이 다양성을 포착한 이후, 그리고 두 번째 종합이 포착된 것을 재생한 이후, 재인은 범주에 따라 그 종합을 **통합**한다. 재인은 앞의 두 종합들과 같은 수동적이거나 혹은 무의식적인 종합이

적입니다.'

106 *The Phenomenological Interpretation*, p. 187 참조.

아니다. 재인은 규칙에 지배받는 종합인 바, 범주들이 종합의 통일성을 위한 규칙이 된다. '따라서 범주는 상상력의 종합을 위한 통일성을 마련해 준다'(KP 16). 범주는 세 번째 종합에 통일성을 부여해 주는 '규칙의 통일성'이다. 이것이 바로 범주들이 대상을 규정하는 방식인데, 즉 범주들은 종합을 규정하며, 종합이 외양들에 통일성을 가져올 수 있게 해 준다. 마지막으로 통각이 이러한 종합의 통일성을 **자각**한다 (A108).[107] 즉 통각은 종합의 통일성에 의해 가능해진다.

이러한 설명에는 수많은 주제들이 담겨 있는데 이는 아래에서 더욱 중요하게 다루어질 것이다. 당장 주목할 만한 필요가 있는 두 가지 사실은 이러한 종합들의 구조, 그리고 이러한 설명이 후설의 수동적 종합 개념과 맺는 관계라 할 수 있을 것이다. 종합들은 다양성 가운데 흩어져 있는 미규정적인 대상으로부터 인식(cognition)의 규정적인 대상으로 이동한다. 첫 번째 종합은 다양성 그 자체를 포착한다. 두 번째 종합은 포착된 것을 재생하며, 세 번째 종합은 오직 규칙들로 이해되는 범주들을 통해서 이러한 종합을 통합한다. 이러한 종합이 규칙의 지배를 받는다는 사실은 우리를 다시금 수동적 종합이라는 주제로 데려 간다. 수동적 종합의 첫 번째 특성은 그것이 무의식적이라는 것이었다. 즉 수동적 종합은 정신 안에서 발생하지만 정신에 의해 수행되는 것은 아니었다. 이러한 유형의 종합이 들뢰즈가 앞서 '전혀 자의식적이지 않은' 존재라고 기술한 처음의 두 가지 칸트적 종합을 특징짓는다. 하지만 세 번째 종합은, 그것이 범주들의 지배를 받는 한에서, 정신 가운데서, 또

---

[107] '왜냐하면 다양체의 인식 가운데서 (예를 들어, 대상=X의 사유 가운데서) 이러한 다양체를 종합적으로 하나의 인식으로 결합시켜주는 기능 (혹은 규칙)의 동일성을 정신이 의식하지 못한다면, 이러한 의식의 통일성은 불가능해질 것이기 때문이다'(CPR A 108).

한 정신에 의해서 수행되는 것이라 할 수 있다.

여기서 우리는 들뢰즈가 서론에서 개괄한 '반복'의 세 가지 특성들 중 두 가지가 점차 구체화되고 있는 것을 확인할 수 있다. 즉, 반복은 무의식적이며, 잠재적인 주체 가운데 펼쳐진다. 또한 반복은 법에 우선하는, 본질적으로 위반적인 것이다. 즉, 반복은 규칙의 지배를 받는 종합이 아니다. 하이데거의 말을 빌리자면, 종합이 범주들의 '토대를 이룬다.'[108]

하이데거

『차이와 반복』의 두 번째 장의 기저를 이루는 마지막 인물은 바로 하이데거이다. 들뢰즈는 『칸트와 형이상학의 문제』(*Kant and the Problem of Metaphysics*)에서 하이데거가 행하는 칸트 해석의 근본적인 측면을 받아들인다.[109] 하이데거의 독해에서, 칸트의 종합들은 시간을 구성하는 것으로 이해된다. 이따금씩 이를 암시한 적은 있지만 (CPR A143/B182 참조) 칸트는 결코 이 점을 발전시키지는 않았다. 하이데거에 따르면 이는 두 가지 이유 때문이다. 첫째로, 칸트는 결코 자신의 사유를 확장시켜 종합의 진정으로 생산적인 본성을 확실히 포착하지는 못했

---

108 *The Phenomenological Interpretation*, p. 179 참조.
109 들뢰즈는 이 장에서는 결코 하이데거를 인용하지 않는다(칸트도 거의 언급하지 않는다). 다만 『차이와 반복』의 후반부에서 『칸트와 형이상학의 문제』(*Kant and the Problem of Metaphysics*)를 인용할 뿐이다 (201/260/252). 하이데거의 텍스트는 들뢰즈의 1956-1957 세미나, 『토대짓기란 무엇인가?』(*Qu'est-ce fonder?*)에서도 엄청난 역할을 수행한다. 하지만 필자는 여기에서의 이러한 인용의 결여가 중요하다고 말하고 싶지는 않은데, 그 이유는 사실상 이는 들뢰즈가 행하는 게임의 일부이기 때문이다. '어떤 저자에 대한 철학적인 배움은 인용문들의 숫자에 의해 평가되는 것도, 항상 추측과 억측에 근거하기 마련인 도서관의 점검표에 의해 평가되는 것도 아니라, 그의 저작 그 자체의 옹호적이고 논쟁적인 방향들에 의해 결정되는 것이다' (NP 162).

다.[110] 칸트의 종합 개념은 하이데거가 '불길한 애매성'이라 부르는 것을 내포하고 있는데, 이 불길한 애매성으로 인해 그의 종합 개념은 결코 완전하게 사유될 수 없었다.[111] 하이데거의 유명한 두 번째 지적은 바로 칸트가 그 자신이 포착한 것을 제대로 다룰 수가 없었다는 것이다. '칸트는 이러한 미지의 뿌리로부터 뒷걸음질 쳤다'(KPM 112). 용기와 명석함이 부족했던 칸트 자신은 초월론적 종합을 완전하게 다룰 수가 없었다. 결과적으로 하이데거는 칸트가 그렇게 하지 못했던 방식으로 이러한 종합들의 진정으로 초월론적인 특성을 재현하고 명료화한다. 그의 명료한 설명은 종국적으로는 『존재와 시간』과 상당 부분 유사한 것이 된다.

하이데거의 독해는 들뢰즈의 독해와는 차이가 있다. 하이데거는 초월론적 종합에 관한 칸트의 설명을 소극적으로 다루면서, 마치 칸트가 종합들의 경험적 본성에 대해서는 상당히 상세히 기술하지만 초월론적인 것에 대해서는 미온적인 태도를 취했다는 듯이 설명한다. 이로 인해 하이데거는 결정적인 구분을 제안하게 된다. 즉, 시간 속에서 발생하며 시간의 이행에 종속되는 경험적인 종합들과는 대조적으로 초월론적인 종합들은 '시간의 지평 내에서 발생'(KPM 126)하는 것이 아니다. 대신에, 이들은 시간에 앞선다. 초월론적 종합들은 시간 그 자체를 '돌출해 나오게끔' 하는 시간의 '본래적인 형성'에 해당한다. 자신의 칸트 해석을 옹호하게 위해 하이데거가 펼치는 주장이 매력적이기는 할지언정 앞으로 우리가 다룰 부분과 관련하여 본질적이지는 않다. 따라서 필

---

110 하이데거는 KPM (122)에서는 이를 암시할 뿐이지만 KPM이 근거하고 있는 그의 강의들에서는 이에 대한 매우 상세한 논의를 전개시킨다. *Phenomenological Interpretation*, pp. 170-80 참조.

111 *Phenomenological Interpretation*, p. 180.

자는 여기서 단순히 하이데거가 세 가지 종합 각각에 귀속시키는 시간적인 특성 그리고 종합들 사이에 그가 설정하는 관계들만을 다루고자 한다.

직관 속에서 여기 그리고 지금 주어지는 직접적인 대상과 관계하는 포착의 경험적인 종합과는 대조적으로 하이데거는 '**순수한** 포착의 종합'이 대상들 혹은 대상의 '지금들'과는 아무런 관계가 없다고 주장한다. 대신에 그것은 모든 현상에 우선하며, 현상들이 현재적인 것으로 나타난다고 말해질 수 있는 일반적인 차원을 구성한다. 그것은 현재를 특정한 순간으로서가 아니라 순간들이 '현재적인 것의 관점을 지니게 되는' 일반적인 '지평'으로서 구성한다. 하이데거가 설명하듯이, '"현재 일반"을 마련해 주는 것, 즉 포착과 같은 순수한 종합은 시간-구성적'(KPM 126)이다. 그것은 현재의 순간을 생산하는 것이 아니라 '현재 일반'의 '관점'을 생산한다.

두 번째 재생의 종합에 대해서도 우리는 동일한 것을 말할 수 있다. 즉, 자신의 경험적인 형식 안에서 재생의 종합은 현재와 과거의 **순간들**을 다룬다. 즉, 그것은 포착된 것을 재생한다. 반면 초월론적인 종합은 구체적인 순간들을 재생하는 것이 아니라 '재생 일반의 가능성을 형성'(127)한다. 그러한 가능성은 이전에 현전한 어떤 것을 보유하는 정신의 능력에 의존한다. 하지만 그것은 현재의 양식 가운데서는 이러한 현재적인 순간들을 보유할 수가 없다. 이러한 파지(retention)의 공간은 '지금의 관점'을 가질 수가 없다. 이러한 재생 일반의 지평은 여전히 시간의 일반적인 지평이지만 하이데거는 그것이 **결코 현재적이지 않은 순수한 과거**(128)에 해당하는 것, 즉 과거의 일반적인 요소라고 주장한다. '재생의 양식 속에서의 순수한 종합은 있어 옴(having-been-ness) 그 자체를 형성'(127)한다. 이러한 지평 속에 나타날 때 이전의 현재 각각은 과거의 관점을 지닌다. '있어 옴'으로서의 이러한 순수 과거는 경험적인 연합을 조건짓는다. 이 순수 과거는 우리가 그래야 할 필요가 있을 때 포착된 것으로 돌아갈 수 있는 방식으로 포착된 것을 보유한다. 즉 그것은 '가능한 배려'(attending-to)의 지평을 일반적으로 열어 제친다'(128).

아마 하이데거의 가장 위대한 혁신은 세 번째 종합에 대한 그의 기술에 있다고 봐야 할 것이다. 경험적인 종합에서 재인은 이미 주어진 어떤 것을 인식했다. 재인은 종합의 두 가지 다른 측면들, 즉 포착과 재생에 통일성을 가져다준다. 초월론적 종합에 대한 하이데거의 버전에서, 세 번째 종합은 다른 두 개가 발생한 이후에 오는 것이 아니라 '말하자면, 이들에 우선하여 갑작스레 불쑥 나타난다'(130). 세 번째 종합은 미리 나타나서는 과거의 현재와 현재의 현재 사이에서의 재인의 종합을 발생시키는 대신에 두 가지 종합 자체들 간의 종합을 발생시킨다. '왜냐하면 이 두 가지 종합들 모두의 토대에, **이들을 지도하는** 일종의 통합적인 것(종합)이 […] 이미 발견되기 때문이다'(130, 하이데거의 강조). 세 번째 종합은 다른 두 개의 종합들에 **앞서 발생**하며 이들을 조정한다. '개념적인 전개의 경험적인 발생을 특징짓는 것 가운데 발생하는 세 번째 종합은 예를 들면, 우선 앞서 기술한 다른 두 종합들을 지도하는 종합이다'(130). 경험적인 인식이 미래와는 그 어떤 관련도 맺지 못하는 반면, 세 번째 종합은 그것이 앞으로 발생하게 될 어떤 것을 조정하는 것에 한에서 항상 미래를 향하고 있다. 두 가지의, 결코 망각할 수 없는 표현들로 하이데거는 이 종합이 '정찰'을 행하며 또한 그것이 '우리 눈앞에서 무언가를 포착할 수 있는 지평'을 탐험하는 것이라고 말하고 있다 (130).

이 세 인물들은 모두 다음에 나올 부분에서 지배적인 역할을 수행하게 될 것이다. 사실 이 세 명의 인물들을 개괄함으로써 우리는 이미 들뢰즈의 역동적 발생의 일반적 주제들과 구조를 조우한 셈이나 다름없다. 들뢰즈는 후설의 수동적 종합 개념을 취하고 칸트로부터는 종합의 전반적 구조를 취한다. 하이데거로부터는 종합의 시간-구성적 특성을 취한다. 하지만 들뢰즈는 모든 것을 거꾸로 뒤집어 버리는 중요한 수정들 또한 가하고 있다.

2장의 형식적 구조

『차이와 반복』의 2장은 이 책에서 가장 어려운 장 중 하나인데, 특히 우리가 이 장의 형식적 구조를 잘 알고 있지 못한 경우에는 더욱 그러하다고 할 수 있다. 세 가지 종합들에 대한 들뢰즈의 설명은 세 부분으로 나뉘어지는데,[112] 이 세 부분 각각은 역동적 발생, 혹은 들뢰즈가 여기서 '무의식적인'(무의식적인 것은 세 가지 수동적 종합들의 집합이다) 것이라 부르는 것을 다른 기술적 어휘의 사용을 통해 각각 다른 방식으로 설명한 것이라 할 수 있다. 들뢰즈는 이러한 종합들에 대해 세 가지의 설명을 제공한다. 첫 번째 설명(70-96/96-128/90-119)에서 들뢰즈는 철학의 역사에 등장하는 용어들과 개념들을 사용한다. 고로 필자는 이 첫 번째 설명을 철학적 설명이라 일컬을 것이다. 두 번째 설명(96-116/128-53/119-42)은 정신분석학의 언어를 사용하기에, 필자는 이를 정신분석학적 설명이라 칭할 것이다. 세 번째 설명(116-28/

112　프랑스 판본의 목차는 이러한 구분을 특히 명료하게 표현하고 있다. 영어본에서는 둘 다 이러한 구조를 파악하기 어렵게 되어 있다. 『차이와 반복』의 컨티뉴엄(Continuum Impact) 판본은 분석적인 목차와 본문 속의 절의 구분이 둘 다 빠져 있다. 콜럼비아(Columbia) 판본은 본문 속의 절의 구분은 대개 유지하는 반면 이러한 구분을 획일적으로 만들면서도 텍스트와 분석적인 목차 내의 더 상위의 구분들은 생략하고 있다. 그리고 이 판본은 들뢰즈의 문단들을 빈번하게 반으로 분리시킨다.

153-68/142-56)은 물리학의 언어를 사용하기에 필자는 이를 물리학적 설명이라 일컬을 것이다.

이러한 분할은 우리가 종합들에 대해 말할 때 참조할 수 있는 세 가지의 새로운 단어군들을 마련해 준다. 우리는 이미 반복의 언어로, 그리고 인식능력들의 언어로 이 종합들에 대해 논의했다. 그리고 들뢰즈의 종합들은 칸트식의 설명에 의거하고 있는 동시에 하이데거의 칸트 독해와도 직접적인 관련을 맺고 있다. 다시 말해 우리가 종합들에 대해 말할 때, 우리는 **적어도** 7개의 다른 어휘들을 가로질러야 하는 셈이다. (1) 인식능력 이론들의 어휘 (2) 서론과 1장에서 다루어진 차이와 반복의 언어 (3) 칸트의 언어 (4) 하이데거의 언어 (5) 그리고 마침내, 이 장에 속하는 세 가지의 새로운 어휘들, 즉 (5) 철학의 언어 (6) 정신분석학의 언어 (7) 그리고 물리학의 언어. 아래의 표 2가 이러한 언어들을 보여 주는 한편, 지배적인 표현들 및 다양한 어휘들을 가로지르는 그들의 관계들을 개괄하고 있다.

어휘적으로는 복잡할지 몰라도 실제로 이 장의 내용은 상대적으로 단순하며, 또한 매우 직접적으로 칸트적이다. 첫 번째 종합은 감성에서 주어진 것을 포착한다. 두 번째 종합은 포착된 것을 재생한다. 세 번째 종합은 포착되고 재생된 것을 재인하려고 **시도**하나 결국에는 실패한다. 재인의 실패 속에서 새로운 종합, 즉 '차이의 이념적인 종합'이 발생한다. 이러한 새로운 종합의 도래가 2장의 마지막 부분과 4장의 시작 부분을 점하고 있다.

물론 이 장의 복잡성을 고려할 때 이 구조가 『차이와 반복』에서 직접적으로 나타나는 것은 아니라고 할 수 있겠다. 다음에서 필자는 이 책의 2장에 걸쳐 이 구조가 전개되는 방식을 설명하고자 한다.

감성: 물질적 불연속성

일련의 종합들을 마주할 때 가장 먼저 떠오르는 질문은 이 종합들이 무엇을 종합하는가, 다른 말로 표현하자면, 필자가 지금까지 계속해서 참조해 온 이 발생적 과정 전체가 어디에서부터 시작되는가 하는 것이다. 종합들에 대한 들뢰즈의 설명이 내포하는 여러 어려움들은 단순히 이러한 시작 지점의 결정을 통해 해소될 수 있다. 서론에서 들뢰즈는 이미 이러한 기원에 대한 암시를 해 준 적이 있는데, 즉 반복은 특이성들과 더불어 시작되었다. 잠재적인 주체는 우리가 직관의 직접적인 대상들이라고 이해한 특이성들을 반복했다. 속류 라이프니츠주의의 관점에서, 이러한 특이성들은 우리 이전에 존재하는 불공가능한 세계들을 표현하는 미세 지각들에 해당되었다. 들뢰즈는 또한 이러한 잠재적인 주체가 전적으로 하위-재현적이라고 주장했다. 이는 그러한 주체가 이미

표2 역동적 발생의 어휘들

	칸트	인식능력 이론	철학적 설명	정신분석학적 설명	물리학적 설명	(들뢰즈식 종합의) 시간적 차원	하이데거
감성	시-공간적 다양성	감성	순간적 물질	흥분 (excitation) 으로서의 강도	자극 (excitation)	죽음	해당 없음
첫 번째 종합	포착	상상력	상상력	묶기 (binding)	짝짓기 (coupling)	현재	현재
두 번째 종합	재생	기억	기억	므네모시네 (Mnemosyne)	공명	과거	과거
세 번째 종합	재인	사유	사유	타나토스 (Thanatos)	강요된 운동	미래	미래

구성된 대상을 반복할 수는 없다는 것을 의미한다. 따라서 직접적인 대상은 파편화된 대상(우리는 이를 또한 사유의 이미지의 세 번째 공리를 통해 확인한 바 있다)이다. 하지만 이 장에서는 지금 필자가 설명한 이러한 특성화들 중 그 어떤 것도 현전하는 것 같지가 않다. 우리는 여전히 반복이 직접적인 직관의 파편화된 대상 가운데 시작된다고 말할 수 있을 것인가?

종합들에 대한 철학적 설명에서 들뢰즈는 이러한 출발점에 모호하게 관련되는 여러 가지 이름들을 부여한다. '반복-그-자체,' '대상 속의 반복,' '순간들의 반복,' '물질적 반복' 그리고 '물질' 들이 바로 그러한 이름들이다.[113] '대상,' '물질,' '반복,' 그리고 '순간'은 이러한 기원을 특징짓는 네 가지 단어들이다. 예상컨대, 이 모든 표현들은 이러한 본래적 물질이 '불연속성의 규칙'에 종속된다는 들뢰즈의 주장하에 한데 결집될 것이다. 이러한 규칙은 하나의 물질적 순간의 나타남은 다른 하나의 사라짐 없이는 발생하지 않는다는 사실을 말하고 있다. 즉, 이 규칙은 물질을 일련의 '사유 불가능한' '동질적인 순간들' (70/96-7/90-1)로 나눈다. 따라서 철학적 설명에서, 모든 것은 불연속적인 물질, 엄격히 따지자면, 사유 불가능한 불연속적인 물질과 더불어 시작된다. 이는 즉각 라이프니츠를 상기시킨다. 불연속적인 물질이라는 생각은 라이프니츠의 연속체(continuum)에 관한 글에서 중요한 역할을 하기 때문이다. 『새로운 에세이들』에서 라이프니츠는 명백히 그의 미세 지각들을 이러한 불연속적인 물질과 관련시켰다. 또한 우리는 헤겔의 『현상학』이 '죽음'에서, 혹은 직접적 대상에 대한 의식의 관조와 더불어 시작된다는 사실도 확인했다. 메를로-퐁티는 어느 정도 헤겔을 따라서

---

113 (70-6/96-103/90-7) 참조.

'각각의 **감각**은, 엄격히 따지자면, 처음이자 마지막이자, 그리고 오직 유일한 것으로서 하나의 탄생이자 하나의 죽음이다' (PP 250, 나의 강조)라고 말한 적이 있다.[114] 무엇보다도 우리는 칸트를 통해 감성이 모든 재현들에 부과하는 시간적 불연속성이 포착의 종합을 재생과 재인으로 나아가게 한다는 사실 또한 확인했다. 이러한 역사적인 연합들 (미세지각, 특이성, 감각, 감성) 모두가 이미 불연속적인 물질에 대한 들뢰즈의 기술이 초월론적 감성에 주어진 것에 대한 기술에 해당한다는 사실을 확증하는 데 기여했다. 하지만 이러한 연합들만으로는 아직 충분하지가 않다. 우리는 들뢰즈 자신이 직접, 모든 것이 감각에서 시작된다고 말하는 것을 확인할 수 있을 것인가?

인식능력 이론에서 우리는 이미 사유가 강도적인 조우들의 지각 불가능한 폭력을 견디는 초월론적 감성에 그 기원을 둔다는 사실을 확인했다. '사유로 인도되는 행로상에서, 모든 것은 감성과 더불어 시작된다' (144/188/182). 앞서 필자가 제안했던 바와 같이, 그리고 계속해서 필자가 전개하게 될 바와 같이, 인식능력 이론은 세 가지 수동적인 종합에 대한 철학적인 설명과 직접적으로 연결된다. 인식능력들의 발생적 선은 감성에서 상상력으로, 기억으로, 또 사유로 나아갔다. 이와 마찬가지로 첫 번째 수동적 종합은 '자발적인 상상력' (70-9/96-108/90-100)에서 발생한다. 또한 두 번째 수동적 종합은 '기억의 수동적 종합' (79/108/100-1)이다. 마지막으로 세 번째 수동적 종합은 기억을 '순수 사유'의 수준으로 끌어올린다. 종합들을 인식능력들과 결부시킴으로써 우리는 이 모든 능력들을 설명해 볼 수가 있는데, 단 첫 번째, 감성만을 제외하고 말이다. 그렇다면 우리는, 유추해 보건대, 2장에서

114　시간적 종합에 대한 메를로-퐁티의 논의 또한 불연속성의 문제와 더불어 시작한다 (PP 479).

들뢰즈가 행하는 불연속적이고 순간적인 물질에 대한 짧은 기술들이 그가 3장에서 말하는 사유의 기원으로서의 초월론적 감성에 대한 특징들에 해당한다고 말해도 되는 것일까?

종합들에 대한 철학적인 설명을 제쳐 두고 정신분석학적이고 물리학적인 설명만을 고려할 때, 우리는 이러한 의문이 상당히 정당화될 수 있다는 것을 알 수 있다. 정신분석학적 설명에서, 종합들의 발생적 선전체는 '강도속의 차이들이 여기저기에 **흥분들**(자극들)의 형태로서 분배되는 개체화의 장'(96/128/119, 필자의 강조)에서 시작된다. 여기서 들뢰즈는 불연속적인 물질에 해당하는 것을 '흥분'이라 이름하고는, 이러한 흥분들이, 조우의 대상과 마찬가지로 강도들의 형식을 띤다고 말한다. 물리학적 설명에서도 그는 이와 동일한 것을 행한다. '심리적 연결(아비투스)은 일련의 흥분들의 짝짓기를 초래한다'(118/155/144). 이러한 관점에서 볼 때 인식능력들은 쉽게 수동적 종합에 대한 설명과 결합될 수 있다. 즉 세 가지 종합들의 기저에 존재하는 불연속적인 물질은 인식능력 이론의 초월론적 감성에 다름 아니다.

이 세 가지 종합들은, 그리고 이들과 더불어 사유의 발생 전체는 초월론적 감성에서 시작된다. 『프루스트와 기호들』에서 조우의 대상은 '물질적 인상'의 형식을 띠었다. 여기서 그 인상은 '흥분,' 혹은 '물질적 반복'이라 불린다. 감성은 물질을 포착한다. 하지만 들뢰즈는 이 조우의 대상이 플라톤에서의 질과 같은 것이 아니라는 사실을 분명히 한다(139-40/182/176). 우리는 붉은색을 조우하는 것이 아니다. 붉음은 오직 발생적인 과정이 끝난 이후라야만 경험적 감성에 주어지는 것이다. 초월론적 감성 속에서 우리는 질없는 물질을 조우한다. 이는 후설이 질료적 소여(hyletic data)라 부른 것과 같다. 즉 그것은 감성의 내용이지만 그 내용이 어떠한 결정적인 형식 혹은 질을 취하기 이전의 것이

다. 하지만 이러한 물질을 '강도' 라 칭함으로써 들뢰즈는 우리가 질료
적 소여를 의식이 한데 모으는 일종의 뚜렷한 점과 같은 영향들의 정적
인 집합으로 상상하는 것을 막고 있다. 대신에 물질은 불연속성의 규칙
에 따라 끊임없이 스스로를 풀어헤친다. 물질적인 항들이란 없다. 오직
물질의 순간적인 탄생과 죽음 가운데 존재하는 순수한 순간성(일시성)
만이 존재할 뿐이다. 이러한 물질의 상태가 '차이-그-자체,' 혹은 '일
의적 존재,' 혹은 '잠재성' 이 아니라는 사실을 지적하는 것은 중요하
다. 비록 그것이 이러한 개념들과 명백히 공명하기는 하지만 말이다.
여기서 우리는 단순히 감성의 내용으로서의 물질에 대한 독특한 기술
만을 다루고 있다.

상상력: 첫 번째 종합

이러한 관점에서 우리는 들뢰즈 자신이 제기하고 있지만 매우 들뢰즈
적이지 않게 들리는 질문 하나를 던질 필요가 있다. 만약 감성이 물질
의 순간성으로 정의된다면, 이 상황에서 재현이 가능해지기 위해서는
무엇이 필요하게 될 것인가?

> [물질적] 반복을 재현하기 위해서는 관조적인 영혼이 여기저기에 자리할
> 필요가 있다. 경우나 요소들을 서로의 안으로 **수축**할 수 있는 수동적 자아
> 들, 하위-재현적인 종합들, 그리고 습관들(habitus) 말이다[…](286/366/
> 357, 들뢰즈의 강조).

여기서 우리는 '관조적인 영혼들,' '습관들,' '수동적 자아들' 그리고
'하위-재현적인 종합들' 과 같은 일련의 표현들이 증식하는 것을 확인
할 수 있다. **이러한 표현들 모두는 단순히 첫 번째의 수동적 종합을 기술**

하고 있는데, 다른 모든 들뢰즈의 개념들과 마찬가지로 단지 여러 가지 이름들로 불리고 있을 뿐이다.[115] 만약 감성이 우리에게 불연속적인 물질을 제공한다면, 첫 번째 종합은 그러한 불연속적인 순간들의 종합, 즉 재현으로 이르는 행로 상의 첫 번째 단계에 해당하는 것이다. 인식 능력 이론에서 감성에 의해 주어진 차이를 취한 것은 상상력이었다. 종합들에 대한 철학적 설명에서는 '자발적인 상상력'(관조적인 영혼)이 불연속적인 물질을 '수축'시킨다. '상상력은 여기서 수축적인 힘으로 정의된다. 감광판과 같이, 상상력은 새로운 경우가 나타날 때 이전의 경우를 계속 보존한다'(70/96/90-1).

자발적인 상상력에 의해 수행되는 첫 번째 수동적 종합은 감성의 이행적 순간들을 한데 모으는 것 이상을 행하지 않는다. 그렇게 함으로써 이 첫 번째 수동적 종합은 '현재'의 시간적 차원을 생산한다. '시간의 종합은 시간 속에서 현재를 구성한다'(76/105/97). 하이데거의 칸트 독해에서와 같이, 여기서 생산된 현재는 현재적인 대상 혹은 순간이 아니다. 들뢰즈에 따르면 오히려 이것은 '어떤 현재이든 간에 현재의 가능성 일반을 구성하는 것'(81/110/102)이다. 즉 그것은 '현재 일반'을 구성한다.

종합이 순간들을 한데 모음으로써 시간을 구성한다고 말할 수 있는 것은 어떤 의미에서인가? 감성은 우리에게 오직 불연속적인 순간만을 제공한다는 사실을 기억해 보자. 이러한 순간들 중 그 어느 것도 자체적으로 현재의 '지금'을 구성하는 것은 불가능한데, 왜냐하면 하나의

115 아마도 그가 이러한 첫 번째 종합에 부여한 가장 악명 높은 이름은 '기관 없는 신체'일 것이다. 『의미의 논리』와 『앙티-오이디푸스』 모두에서 기관 없는 신체가 불연속적인 물질의 종합을 초래하는 것이라는 사실에 주목한다면 이 두 개념들 간의 연계를 파악하기가 더 쉬울 것이다.

순간에 결합되어 있는 상상력이 그 순간과 더불어 이행해 버릴 것이기 때문이다. 하이데거가 이야기하듯이, '기껏해야 그것은 현재의 지금만을 "직관"할 수 있을 뿐이며 결코 지금들의 연속체 그 자체나 그 지평을 자신 안에 형성시킬 수는 없다'(KPM 122). 일련의 지금들 안에 위치한 것으로서만 지금을 현상하게 하는 이 '지평'이 바로 하이데거가 '현재 일반'이라 부르는 것이다. 순간들의 종합이 어떠한 시간의 차원, 미규정적인 연장의 현재를 생산할 수 있는 것은 일련의 지금들 가운데 그것이 시간적 연장을 구성한다는 의미에서이다.

> 순간들의 연속은 시간을 구성한다기보다는 오히려 그것을 사라지게 한다. 이 연속은 오로지 탄생의 끊임없이 유산된 순간만을 표시한다. 시간은 오로지 **순간들의 반복을 대상으로 작동**하는 어떤 본래적인 종합안에서만 구성된다. 이 종합은 독립적이면서도 연속되는 순간들을 서로의 안으로 수축시키는데, 이를 통해 체험적 현재, 혹은 살아 있는 현재가 구성된다. 시간이 전개되는[se déploie] 것은 바로 이러한 현재 안에서이다(70/97/91, 필자의 강조).[116]

위의 인용문은 지금까지 논의된 첫 번째 종합에 관한 모든 주요한 점들을 요약하고 있다. 첫 번째 문장은 감성, 즉 끊임없이 유산된 시간의 탄생을 재현하는 순간들의 연속에 대해 기술한다. 두 번째 문장은 상상력, 즉 감성에 의해 주어진 불연속적인 순간들을 종합하는 본래적인 종합에 대해 기술한다. 마지막으로 세 번째 문장에서 우리는 현재 일반이 순간들의 수축을 통해서, 현재적 순간이나 대상으로서가 아니라 살아

---

116   여기서의 들뢰즈의 논의는 『지속과 동시성』(*Duration and Simultaneity*)의 3장에서 베르그송이 펼치는 주장에 크게 빚지고 있다.

있는 현재, 즉 시간적 지평 혹은 연장을 지닌 현재로서 생산된다는 사실을 확인할 수가 있다.[117]

두 번째 종합으로 나아가기 전에 우리는 종합에 대한 칸트와 하이데거식의 설명, 그리고 들뢰즈식 설명 사이의 결정적 차이를 짚고 넘어갈 필요가 있다. 칸트/하이데거에서 첫 번째 종합은 직관의 순수하게 형식적이고 텅 빈 형식 위에 작동한다. 그것은 시간과 공간의 다양성 그 자체를 포착한다. 들뢰즈에서는 그러한 형식은 없고 오직 사라지는 내용만이 존재한다. 첫 번째 종합은 불연속적인 물질에 대한 상상력의 경험과 더불어 시작된다. 이러한 관조를 토대로 첫 번째 종합은 시간의 첫 번째 차원인 현재를 생산한다.

기억: 두 번째 종합

인식능력 이론에서 감성은 그것의 한계를 상상력으로 전달했고, 상상력은 그것의 한계를 기억으로 전달했다. 우리는 수동적 종합에서도 이와 동일한 관계를 볼 수 있다. 감성에 의해 주어진 불연속적인 순간들을 종합한 이후, 상상력은 초월론적 기억을 '구성'(79–80/108/101)하는 두 번째 수동적 종합 속에서 '연장'(s'approfondit)(108/144/134)된다. 곧 우리는 들뢰즈가 두 번째 종합을 기억으로 특징짓는 것에 대해 논의하게 될 것이지만, 그 전에 우선 두 번째 종합이 종합하는 것이 과연 무엇인가 하는 질문부터 제기해야 할 필요가 있다.

두 번째 종합에 대한 철학적인 설명은 놀라울 정도로 거의 아무것도 우리에게 해명해 주지를 못한다. 철학적인 설명은 이 종합이 초월론적 기억을 구성한다는 사실을 확증하며, 나아가 이 종합의 시간적 차원을

---

117   물론 들뢰즈는 살아 있는 현재라는 개념을 후설로부터 취하고 있다.

'과거 일반으로서 이해되는, 과거의 순수한 요소, 즉 선험적(*a priori*) 과거'(81/110/103)로 규정한다. 하지만 다음으로 그것은 순수한 과거와 **재현된** 현재(첫 번째 수동적 종합의 하위−재현적인 현재가 아니라 '이행하는 현재') 간의 관계를 세 가지 역설의 형식들로 개진시킨다. 우리가 수동적인, '하위−재현적인' 종합들과 재현의 관계에 대해 아직 관심을 두고 있지 않기에 이러한 역설들은 우리의 질문과는 아무런 관련이 없다. 두 번째 종합이 종합하는 것은 정확히 무엇이며, 이 종합은 어떻게 첫 번째 수동적 종합과 관련되는 것일까?

이 종합에 대한 정신분석학적이고 물리학적인 설명을 참조할 때, 이러한 두 개의 질문은 사실 하나의 동일한 질문인 것으로 드러난다. 즉 두 번째 수동적 종합은 첫 번째 수동적 종합의 결과물의 종합이다. 상상력에 의해 포착된 것은 기억에 의해 재생된다. 이를 확인하기 위해서 우리는 들뢰즈가 두 번째 종합 뿐 아니라 첫 번째 종합을 정신분석학적이고 물리학적인 설명들을 통해 어떻게 규정하고 있는지를 알아볼 필요가 있다.

아마도 첫 번째 종합과 두 번째 종합 간의 관계는 물리학적 설명 속에서 가장 명확하게 드러난다고 할 수 있을 것이다. 들뢰즈는 첫 번째 종합에 대해 차이를 '빼내는' 종합이라고 규정한다. 철학적 설명에서, 상상력이 끌어내는 차이는 불연속적인 순간들 간의 차이이다. 우리는 상상력이 불연속성 그 자체를 뺀 다음 연속적인 순간들을 불러 모아 연속적인 현재로 결집시킨다고도 말할 수 있을 것이다. 물리학적 설명에서 이 행위는 '짝짓기'(coupling)라고 불린다(117−18/154−5/143−4). 짝짓기는 불연속적인 순간들 사이의 차이를 빼냄으로써 그 순간들을 한데 모은다. 그렇게 함으로써 짝짓기는 '자극'의 **계열들**을 생산한다. 사라지는 대신, 이제 자극들은 계열 가운데 연결된다. 물리학적 설명에서 두 번째 종합은 '공명'이라 불린다. 공명은 정확히 이전에 빼내어진 차이들의 종합이다. 들뢰즈는 공명이 '차이를 다른 차이들과,' 혹은 '첫 번째 등급의 차이들을 서로서로 관련시킨다'(117/154/143)고 말한다. 첫 번째 등급의 차이들은 첫 번째 종합에서 빼내어진 차이들이다. 두 번째 종합에서 이러한 차이들은 '어두운 전조'의 영향 아래 '공명'한다. 이러한 관점에서 두 번째 종합이 첫 번째 종합의 종합이라는 사실이 분명해진다.

정신분석학적 설명을 통해서도 우리는 동일한 결론에 도달할 수 있다. 비록 상황이 약간 더 복잡해지긴 해도 말이다. 앞서 우리는 감성이 '강도 속의 차이들이 여기저기에 자극들(흥분들)의 형식으로 분배되는 개체화의 장'(96/128/119)이라는 규정을 확인했다. 첫 번째 종합은 '묶기'의 형식을 취한다. 어떠한 국소적인 자아, 혹은 자발적인 상상력이 강도 속에서 차이들을 '묶는다.' 들뢰즈는 이러한 종합을 '재생적인 종합'(96/128/120)이라 명한다. 이 종합이 재생적인 것은 자아가 말 그대로 그것이 종합하는 것 자체가 되고, 따라서 자극(흥분)의 관조 가운데서 그 자극(흥분)을 재생하기 때문이다. '빛을 결합하는 눈은 그 자체가 결합된 빛이다'(96/128/120, 74-5, 102, 96-6도 참조). 이러한 이유로 들뢰즈는 첫 번째 종합의 자아를 '나르시시즘적'이라고 규정한다. 즉 그것은 자신이 관조하는 것 가운데서 자기 자신을 본다.

이러한 자아들이 직접적으로 나르시시즘적이라는 사실은, 우리가 나르시시즘을 자기 자신의 관조가 아닌, 다른 사물의 관조를 통한 자기-이미지의 달성으로 생각할 때 가장 잘 설명된다. 가령 눈, 혹은 바라보는 자아는 자신이 묶는 흥분을 관조하는 가운데 자기 자신의 이미지로 가득차게 된다. 이 자아는 자신이 관조하는 것에서 자기 자신을 생산하거나 혹은 '끌

어낸다[…].' (97/129/120)

두 번째 종합은 이러한 나르시시즘적인 자아와 어떤 관계를 맺고 있는 가? 들뢰즈는 딱 한 번 이에 대한 언급을 한다. '첫 번째 종합(s' approfondit)은 두 번째 종합 속에서 그 자신을 연장(확장)시키는데, 여기서 두 번째 종합은 특수한 나르시시즘적인 만족을 한데 모아 그것을 잠재적인 대상들의 관조와 연계시킨다' (108-9/144/134, 영문 번역은 수정된 것). '특수한 나르시시즘적 만족'은 그것이 종합하는 것 자체가 되는, 첫 번째 종합의 자아를 일컫는다. '두 번째 수동적 종합의 원리' (109/145/135)인 '잠재적인 대상'은 순수 과거 일반, 즉 '있어 옴'의 지평을 구성하는 것인데, 그러한 지평 안에서 포착된 것은 그것의 재생 가능성의 조건을 발견한다.[118] 두 번째 종합에서 나르시시즘적 자아들은 잠재적인 대상 가운데 '한데 모인다.' 그렇다면 여기서도 두 번째 수동적 종합은 첫 번째 수동적 종합의 결과물들의 종합인 셈이다.

이러한 설명에는 수많은 난점들이 존재한다. 먼저, 이 두 번째 종합이 필수적인 이유는 무엇인가? 첫 번째 종합의 결과물은 왜 두 번째 종합 가운데 한데 모일 필요가 있는가? 들뢰즈가 두 번째 종합을 매우 자세하게 소개하는 이유는 두 번째 종합에 대한 칸트의 주장들과 관련된다. 칸트가 두 번째 종합을 도입하는 데 있어 동기가 된 것이 두 가지 있는데, 이 중 하나는 경험적인 것과, 다른 하나는 초월론적인 것과 관

---

118 (103/136/127) 참조. 들뢰즈는 다양한 곳에서 이를 대상=X, '어두운 전조' 그리고 '남근' (phallus)이라고 부른다. 이러한 두 번째 종합의 원리를 세 번째 종합의 원리, '우발점', 혹은 들뢰즈가 『의미의 논리』에서 (두 번째 종합의 여전히 완전한 남근'에 대립되는) '거세된 남근'이라 불렀던 것과 혼동해서는 안 될 것이다.

련된다. 먼저, 그는 두 번째 종합이 경험적인 연합을 토대지을 수 있다고 주장했다. 만약 현재의 지각이 나로 하여금 연합의 법칙들에 따라 선행적 지각을 재생할 수 있게 한다면, 재생 일반을 조건짓는 지각이 우선적으로 존재해야만 한다. 이 역할을 담당하는 것이 두 번째 종합이다 (CPR A101-2). 하이데거가 말하듯이, 과거의 '있어 옴'이 나의 배려(attending-to)를 가능하게 한다.

　들뢰즈는 이 점에 관하여 칸트/하이데거를 완전히 따르고 있다. 들뢰즈에게도 두 번째 종합은 경험적인 연합을 토대짓는 것이다. 즉 두 번째 종합은 '일반적 요소로서의 과거'를 생산하는 한에서 경험적인 연합을 토대지을 수 있는데 '그러한 요소 안에서 이전의 현재 각각은 스스로를 보존한다.' 과거의 재현들을 보존할 때, 순수 과거는 재생가능성 일반의 조건이 된다. 즉, 순수 과거는 어떠한 요소를 제공하는데, 그 요소 안에서 이전의 현재는 보존되는 한편 미래의 지각을 따라서 재생될 수도 있다 (80/109/101-2). 들뢰즈는 이보다 더 나아가 '이러한 재현 혹은 재생의 한계들이 사실 연합의 형식들이라고 알려진 유사성과 인접성 간의 다양한 관계들에 의해 결정된다' (80/109/102)고까지 주장한다. 종합에 대한 정신분석학적인 설명에서 들뢰즈는 이러한 종합의 두 가지 측면을 각각 '므네모시네'(Mnemosyne)와 '에로스'(Eros)라 명명한다. 므네모시네는 순수 과거의 '보물'로서, 하이데거가 '있어 옴'이라 칭한 것과 같다. '우리가 이러한 순수 과거를 관통하는 것을 가능하게 하는' 에로스는 '기억들의 추적자'로서, 하이데거의 '배려'에 해당하는 것이다.[119] 따라서 두 번째 종합은 칸트와 들뢰즈 모두에서 비슷하게 경험적 연합을 조건짓는다.

119　(85/115/107)과 (274/351/344) 참조.

이러한 주장들은 초월론적인 토대 그리고 그 토대가 조건짓는 경험적인 상태와의 관계만을 다루고 있다. 즉 이는 여전히 두 번째 종합이 필수적인 이유에 대한 우선적 질문에는 답하지 못하고 있다. 하지만 칸트의 두 번째 동기는 경험적인 것과는 무관하다. 앞서 살펴본 바와 같이, 칸트에게 있어 첫 번째 종합은 즉각적인 현재를 포착하지만, 시간이 내적 의미, 혹은 사유 속에서 발생하는 모든 것(종합을 포함하여)의 형식이라는 점에서 이 종합 그 자체는 시간과 더불어 이행하고 만다. 따라서 우리가 항상 선행적 포착들을 잃어버리는 것을 막기 위해서는 두 번째 종합이 필수적이다. 첫 번째 종합에서 포착된 것은 반드시 보존되고 재생될 수 있어야만 한다.

다시금 들뢰즈는 이 점에 대해 거의 칸트를 따르고 있다. 들뢰즈의 첫 번째 종합은 칸트의 것과 동일한 문제, 즉 그것이 이행한다는 문제에 직면한다. 사실 들뢰즈는 칸트가 그렇게 했던 것과 마찬가지로 종합들이 시간과 더불어 이행한다는 사실을 우리에게 상기시킨다. 현재 일반의 관점을 생산하는 한에서 '습관'은 시간의 토대이지만, 그것은 '움직이는 토양'(79/108/101)에 세워지는 토대와 같은 것이다. 하지만 여기서 칸트와 들뢰즈 사이의 엄청난 차이가 드러난다. 즉 들뢰즈에게는 내적 의미의 형식과 같은 것은 존재하지 않고 순간적인 물질만이 존재한다. 습관은 포착이 이행하는 것과는 다른 이유로 이행한다. 들뢰즈의 첫 번째 종합이 이행하는 이유는 그것이 '수축 범위'를 지니고 있기 때문이다. 첫 번째 종합은 '피로'로 인해 포착된 불연속성을 놓아 버리기 전에만 그렇게 많은 물질적 순간들을 파악할 수가 있다(77/106-7/98-9). 따라서 살아 있는 현재의 지속 기간의 범위를 결정하는 '수축의 유한성'이 존재하며, 그 지속 기간이 끝나고 피로가 자리할 때 살아 있는 현재 그 자체는 이행하게 된다(79/108/101).[120] 즉, 우리의 수축

범위가 우리의 유한성의 지표가 된다.[121]

이것이 바로 들뢰즈가 기억의 두 번째 종합을 환기하는 이유이다. '본래적인 것이긴 해도, 시간의 첫 번째 종합이 시간-내적(intratem-poral)이지 않은 것은 아니다. […] 이로 부터 귀결되는 필수적인 결론은 그 안에서 시간의 첫 번째 종합이 **발생**(*s'opère*)하는 어떤 또 다른 시간이 존재해야 한다는 것이다'(79/109/100-1, 들뢰즈의 강조, 영문 번역은 수정된 것). 칸트에서와 마찬가지로 첫 번째 종합은 시간 속에서 이행한다. 따라서 두 번째 종합이 필요하게 되는데, 이 두 번째 종합 없이는 우리의 사유 중 그 어느 것도 발생할 수가 없다. 이 부분은 종종 두 번째 종합이 첫 번째 종합을 발생시키며 첫 번째 종합이 (들뢰즈의 용어로) '본래적인' 것이 아니라는 주장으로 오독되곤 한다. 하지만 들뢰즈는 두 번째 종합이 첫 번째 종합을 발생시키는 것이 아니라는 사실을 매우 분명하게 밝히고 있다. 오히려 두 번째 종합은 '현재와 습관을 전유'(approprie le présent et l'habitude)(79/108/101, 영문 번역은 수정된 것)한다.[122] 종합에 대한 정신분석학적이고 물리학적인 설명이 분명히 하듯이, '전유'라는 말로 들뢰즈는 '파고들어 모으는 행위'를

---

120 들뢰즈가 이 단락에서 살아 있는 현재의 이행에 대해서 말하는 것은 사실이지만, 이는 하나의 예외로 볼 수 있다. 들뢰즈가 '이행하는 현재'라고 말할 때, 이는 거의 항상 재현의 현재를 의미하는 것이지, 하위-재현적인 현재 일반을 의미하는 것이 아니다. 이를 염두에 두면서 2장을 읽으면 수많은 어려운 단락들이 매우 명료해질 것이다.
121 유한성의 문제를 제기하고 있는 『칸트와 형이상학의 문제』의 처음 몇 장들에서 하이데거는 우선 인간적 직관을 신적 직관과 대립시키면서 유한성을 부정적인 방식으로 정의한다. 그는 긍정적인 정의를 위해서는 '인간 지식의 유한성이 우선적으로 그것 자신의 직관의 유한성 속에서 발견되어야 한다'(KPM 17)고 주장한다. '수축 범위'라는 들뢰즈의 개념은 바로 그러한 정의를 마련해 주고 있다.
122 원래의 번역은 다음과 같다. 두 번째 종합은 '습관과 현재가 속하는 종합이다'(79/108/101). 리바이 브라이언트는 이 점을 특히 훌륭하게 설명하고 있다. *Difference and Givenness*, pp. 108-11 참조.

뜻하고자 한다.

이러한 두 번째 종합이 과거 일반의 시간적 차원을 구성한다면 이는 그것이 스스로를 이전에 현전했던 것의 종합으로 설정하기 때문이다. 즉 그것은 유한한 상상력들을 불러 모으고, 동일한 이유로 기억을 **구성한다**. 하지만 여기서 주목할 필요가 있는 것은, 이러한 두 가지 종합들 그 어떤 것에서도, 감성에서 주어진 데이터가 내용에 따라서 혹은 내용을 결정하기 위해 조직되지 않는다는 사실이다. 비록 감성적인 물질 그 자체를 종합하긴 해도, 이들은 그 물질에 어떤 관심도 없는 '맹목적인' 종합들이다. 즉, 이 종합들은 내용에 대한 고려없이 종합을 행한다. 그들이 생산하는 과거는 특수한 과거의 한 순간이 아니라 과거 일반이다. 여기서 구성되는 기억은 과거의 순간들을 담지하고 있지 않으며 과거의 형식 그 자체만을 지닐 뿐이다. 하이데거는 칸트의 두 번째 종합이 경험적인 것과 초월론적 재생 가능성 모두를 근거짓는다는 이유로 칸트의 두 번째 종합을 결코 현전하지 않은 과거(과거 일반의 지평)라고 기술한 바 있다. 들뢰즈 또한 이러한 초월론적인 기억을 '과거 일반,' 혹은 '순수 과거,' 혹은 '결코 현전하지 않은 과거'라고 규정한다. '이 과거는 이전의 현재가 아니라 우리가 그 안에서 이전의 현재에 집중하게 되는 어떠한 요소이다'(80/109/101). 다시, 칸트/하이데거식의 종합과는 대조적으로 들뢰즈의 두 번째 종합은 텅 빈 형식이 아닌 규정적인 내용의 종합이며, 나아가 그 내용은 첫 번째 종합으로부터 계승된 내용이다. 아직 그 내용이란 것이 중요성을 띠지는 않지만 이 내용은 하나의 인식능력으로부터 다음의 인식능력으로 전승되어 온 것이다.

잠재성과 문제

두 번째 종합과 관련된 또 다른 난점은 이 종합이 어느 정도까지 '잠재적인' 것을 구성하는 것으로 기술될 수 있는가 하는 문제와 관련된다. 『차이와 반복』의 독자들이 두 번째 종합의 순수 과거를 잠재적인 것으로 등치시키는 데에는 몇 가지 이유가 존재한다. 먼저, 『베르그송주의』와 『프루스트와 기호들』에서 들뢰즈는 잠재적인 것에 대한 베르그송적 개념을 다음과 같은 말로 기술한 바 있다. 즉 '잠재적인 것은 결코 현전했던 적이 없는 과거이다. 그것은 재현된 현재와의 다양한 역설적 관계들로 진입한다. 그것은 스스로를 보존하고 유지한다. 그것은 베르그송의 원뿔을 형성한다' 등등.[123] 사실 철학적 설명에서 들뢰즈가 행하는 두 번째 종합에 대한 논의는 세세한 점들에까지 『베르그송주의』 3장의 내용으로부터 직접적으로 가져온 것이다. 하지만 두 번째 종합과 더불어 우리가 잠재적인 것에 대한 들뢰즈식 개념에 도달했다고 즉각 결론짓는 일은 피해야 할 것이다. 들뢰즈의 초기 저작인 『베르그송주의』와 『프루스트와 기호들』 모두에서 들뢰즈는 또 다른 작가에 대한 논의를 펼치고 있고, 또 그의 자유간접화법의 사용으로 인해 어디에서 베르그송 혹은 프루스트의 말이 끝나고 어디서부터 들뢰즈 자신의 말이 시작되는지를 구분하기는 거의 불가능하다. 잠재적인 것이 베르그송에게 있어서는 명백히 순수 과거에 해당하는 것이지만 들뢰즈에게 있어서는 다를지도 모른다. 들뢰즈가 『베르그송주의』에서 이 점을 강조한다는 사실은 그에게 있어서도 순수 과거가 잠재적인 것을 구성한다는 것을 의미하는 것이 아니라 단지 그가 베르그송을 주제로 글을 쓰고 있다는 것만을 의미한다. 『차이와 반복』에서 들뢰즈는 잠재적인 것이라는 단어 자체를 포함하여 두 번째 종합에 대한 설명을 위해 베르그송의 사유의 측면들을 채택하고 있지만, 이로부터 우리가 잠재적인 것에 대한 들

---

123 『베르그송주의』의 3장과 『프루스트와 기호들』의 5장(특히 p. 58)을 참조할 것.

뢰즈식 개념에 제대로 도달했다고 보는 것에는 무리가 있을 것이다. 다음에서 보게 되겠지만 잠재적인 것에 대한 들뢰즈식 개념의 **생산**은 오직 세 번째 종합의 수행 이후에만 가능해질 것이다.

이 두 번째 종합이 들뢰즈의 잠재성 개념과 등치되어 온 것은 보다 복잡한 두 번째 이유 때문이다. 철학적 설명에서 들뢰즈는 순수 과거를 '문제들의 장'(85/115/107)으로 정의한다. 정신분석학적 설명에서 그는 이에 대한 설명을 보다 상세히 개진한다 (106-8/140-4/130-2). 잠재적인 것을 문제들(혹은 이념들)이 점진적으로 규정되는 장으로 기술함으로써 들뢰즈가 『차이와 반복』의 4장을 시작한다는 사실에 주목해 볼 때, 그것이 문제들의 장인 한에서, 두 번째 종합의 순수 과거가 잠재성 그 자체라는 것에는 의문의 여지가 없어 보인다.

하지만 여기서 우리가 주목해야 할 사실은 두 번째 종합이 혼자서만 '물음-문제 복합체'를 구성하는 것이 아니라는 점이다. 사실, **세 종합들 모두가 그들 자신만의 고유한 물음-문제 복합체를 지니고 있다.** '첫번째 종합에는 첫 번째의 물음-문제 복합체가 상응한다'(78/107/99). 세 번째 종합의 결과는 '문제적인 것의 마지막 형식'(112/148/137-8)이다. 전체이다. 문제를 제기하는 것은 단지 두 번째 종합만이 아니라 세 가지 종합 모두, 혹은 '무의식적인 것' 전체이다. '무의식적인 것의 구조는 [⋯] 물음을 던지고 문제를 제기하는 것이다'(112/148/137). 들뢰즈가 4장의 서두에서 이념들을 문제들로 다룰 때 그가 언급하는 문제들이란 두 번째 종합이나 첫 번째 종합의 문제들이 아니라, 오직 세 번째 수동적 종합에서의 '물음-문제 복합체의 마지막 형식'에 해당한다. 이런 관점에서 볼 때 두 번째 종합이 잠재적인 것에 대한 들뢰즈식 개념의 완전히 발전된 형태가 아니라는 사실은 분명하다. 왜냐하면 두 번째 종합은 세 번째 종합을 지시하고 심지어는 그것의 너머까지 향하기 때문이다. 이는 다음과 같은 보다 긴급한 문제를 제기한다. 즉, '문제적인 것'이 세 가지 변별적인 형식을 지닌다는 사실은 우리에게 무엇을 말해 주는가?

들뢰즈는 여기서 메를로-퐁티와 베르그송을 넌지시 언급하고 있다. 『행위의 구조』(*The Structure of Behavior*)에서 메를로-퐁티는 하나의 특수한 자극이 여러 개의 다른 반사적인 반응들을 불러 오며, 나아가 그러한 반응들은 그 자극이 발생하는 전체적 상황에 의존하는 것이지 결코 자극 그 자체에 특수한 것은 아니라고 지적한다. 따라서 자극과 반응 간의 표면적인 관계는 설립될 수 없다. 인과 관계 대신 메를로-퐁티는 **변증법적** 혹은 문제제기적 모델에 따라 반사궁(reflex arc)을 기술하는데,[124] 여기서 자극은 '반응'을 불러오는 **문제**로 나타난다.[125] 『지각의 현상학』에서 그는 이러한 반사궁의 변증법적 모델을 지각 전체로까지 확장시킨다.

> 감각되려는 찰나에 있는 감각 가능한 데이터는 우리의 신체가 해결할 일종의 뒤섞인 문제를 설정한다. 나는 반드시 그것이 파랑으로 나타날 수 있는, 그것에 결정적일 수 있는 수단을 마련해 줄 어떠한 태도를 발견해야만 한다. 즉 나는 모호하게 표현된 물음에 대한 응답을 찾아내야만 한다(PP 248-9, 90도 참조).[126]

---

124 『행위의 구조』(*The Structure of Behavior*) 3장 참조.
125 빈센트 데콩브(Vincent Desconbes)는 메를로-퐁티의 사유의 이러한 측면을 잘 설명해 내고 있다. '하나의 행위 유형은 어떤 **자극**에 대한 **반응**이 아니라 오히려 어떤 상황에 의해 **야기되는 반응**이다. 따라서 이러한 상황을 그것이 응답할 하나의 질문으로 이해하는 인식능력이 자신의 행위를 고려 중인 유기체에게 귀속되어 있어야 한다'(Descombes 58, 데콩브의 강조).
126 다음을 참조할 것. '대상의 통일성은 단순히 전경 속에 잠재하는 질문들에 대한 응답을 막 우리에게 내어놓으려 하는 내재적 질서의 전조에 기반한다. 그것은 오직 모

감각 가능한 데이터는 처음에는 파랑이라는 규정적인 질로 나타나지 않는다. 오히려 그것은 뒤섞인 문제로 나타나며, 규정적인 질로서의 파랑이 나타나는 것은 오직 나의 신체가 이 문제를 해결하기에 적절한 어떠한 '태도'를 발견한 이후이다. **모호한 감각을 규정적인 지각으로 바꾸는 행위는 여기서 문제를 푸는 행위에 비견된다.** 하지만 (데콩브의 표현을 빌려) 문제를 포착하는 인식능력으로 감성을 규정할 때, 메를로-퐁티 또한 유사하게 베르그송을 염두에 두고 있는 듯하다. 『물질과 기억』에서 베르그송은 각각의 '지각' 혹은 자극(흥분)을 무언가에 '호소하는' 혹은 '반응을 유도하는' 일종의 **물음**으로 기술한다. 이 물음은 두 가지 방향에서 제기된다. 첫째로 각각의 지각은, '말하자면, 나의 활동 능력에 초보적인 물음'(MM 45)을 제기하지만, '반응의 선택'이 '과거의 경험에 의해 고무될 가능성이 높기' 때문에 이 물음 혹은 호소는 또한 기억으로도 제기된다(MM 65).[127]

그렇다면 들뢰즈가 감성에서 시작되는 일련의 '물음-문제 복합체들'을 언급할 때 그가 이러한 담론을 염두에 두고 있다는 사실을 부정하기란 어려워 보인다. '문제'란 자극(흥분)이다. '그러한 물음들 모두가 일종의 지각이다'(MM 55). 들뢰즈가 4장의 서두에서 자신의 문제 개념이 이념들에 대한 칸트의 이론을 발전시킨 것이라고 명시적으로 밝히는 것은 사실이다. 하지만 이러한 칸트 이론과의 관계는 이 문제의 어떤 특정하게 발전된 순간에 대해서만 사실이며, 칸트식 이념은 거기서 발견조차 되지 않을지 모른다. 문제가 처음으로 나타나는 것은

호한 불안함의 감정의 형식으로만 설정된 문제를 해결하고, 그 순간까지 동일한 우주에 속하지 않았던 요소들을 조직한다[…]'(PP 20). PP 370, 372 및 다음의 156번 주석도 참조할 것.

127 *Creative Evolution*, p. 262 참조.

첫 번째 종합에서, 다시 말해 자아가 감성에 의해 주어진 것을 포착할 때이다. 감성은 문제를 상상력으로 전달한다. 상상력은 그것을 다시 기억으로 전달한다. 메를로-퐁티가 말하듯이 중요한 것은 '모호하게 표현된 물음에 대한 응답을 발견'하는 것이 여기서 목표가 된다는 사실이다. 이 문제는 '뒤섞인 문제'이며, 상상력도 기억도 이 문제가 무엇인지 정확히 규정할 수가 없다. 다음에서 우리는 이것이 정확히 **사유**에 주어진 역할이라는 사실을 확인하게 될 것이다. 감성이 문제들을 포착하는 인식능력이라면 사유는 문제들을 규정하는 능력이다. 진정으로 잠재적인 이념이 처음 나타나게 되는 것은 바로 이러한 사유에서뿐이다.

　세 번째 종합으로 넘어가기 전에 우리는 지금까지 밝혀진 것에 대한 다양한 점들을 일직선적인 종합의 방식으로 한데 모아 볼 필요가 있다.

1. 종합들에 대한 세 가지 설명 모두에서, 모든 것은 감성에서 시작된다. 철학적인 설명에서, 주어진 것은 '불연속적인 물질'이라 불리며, 정신분석학적이고 물리학적인 설명에서 그것은 '자극(흥분)'이라 불린다.

2. 세 가지 설명 모두에서, 첫 번째 종합은 이러한 주어진 것의 종합이다. 철학적인 설명에서 상상력은 연속적인 순간들을 수축한다. 정신분석학적 설명에서 국소적인 자아들은 자극(흥분)들을 묶는다. 물리학적인 설명에서는 순간들의 짝짓기가 발생하는데, 이로 인해 자극들은 계열들로 정렬된다.

3. 세 가지 설명 모두에서 두 번째 종합은 첫 번째 종합에서 생산된 것을 종합한다. 철학적인 설명에서 기억은 상상력을 '전유'한다. 정신

분석학적인 설명에서 첫 번째 종합의 국소적인 자아들은 잠재적인 대상과 관련된다. 물리학적인 설명에서 첫 번째 등급의 차이들은 서로서로 공명한다.

들뢰즈 언어의 엄청난 유동성에도 여기서 우리는 명백히 종합들에 대한 칸트적인 모델과 마주하게 된다. 모든 것은 불연속성과 더불어 시작된다. 첫 번째 종합은 불연속성을 포착하고 그것의 차이를 끌어낸다. 이 종합 그 자체가 이행을 행하기에, 이행하는 포착들을 불러 모으기 위해 두 번째 종합이 요구된다. 그리고 이는 우리를 세 번째 종합으로 이끈다.

사유: 세 번째 종합

세 번째 종합에 대한 들뢰즈의 논의는 이 책에서 가장 불명료한 부분들 중 하나이다. 극도로 이해하기 어려운 들뢰즈의 설명들은 때때로 일관되지 못하고 모순적으로 보이기까지 한다. 어려운 텍스트에 직면할 때 우리의 대처 방안에 대해 들뢰즈 자신이 우리에게 주는 단서는 바로 구별을 행하라는 것이다.[128] 실제로 이 특수한 순간을 이해하기 어려운 한 가지 이유는 들뢰즈 스스로가 충분한 구별을 행하지 않고 너무 많은 정보와 너무 많은 정교한 함의들을 단 몇 줄로 설명해 버리기 때문이다. 세 번째 종합을 받아들이기 위해서 우리는 들뢰즈 자신의 충고를 따라야만 한다. 즉 독자는 반드시 구별들을 증식시켜야만 한다. 구별을 행하는 것과 더불어 도움이 되는 것은 사유의 발생 가운데 이 지점에서

---

128 '극도로 어려운 텍스트들과 마주했을 때의 해석자의 과업은 구분들을 증식시키는 것이다. 이러한 텍스트들이 스스로를 한정하여 구분들을 엄격하게 설정할 때보다는, 오히려, 그리고 무엇보다도 그러한 구분들을 암시하고 있을 때 말이다' (BG 63).

우리가 예상할 수 있는 것이 무엇인지를 생각해 보는 것이다.

처음 두 종합들의 칸트적 구조를 고려할 때 우리는 여기서 재인의 세 번째 종합의 등장을 예상해 볼 수 있다. 첫 번째 종합은 불연속적인 물질을 포착했다. 두 번째 종합은 순수 과거 혹은 재생 가능성의 공간 속에서 그 포착을 기록했다. 세 번째 종합은 이러한 두 가지의 종합들을 재인의 종합 가운데 통합해야만 한다. 칸트의 종합들에 관한 하이데거의 재해석을 따라, 우리는 세 번째 종합이 실제로는 첫 번째 종합이라는 사실을 발견할 것을 예상해 볼 수도 있다. 여기서 재인되는 것은 정확히 첫 번째 종합과 두 번째 종합의 양립가능성이 될 것이다. 세 번째 종합은 우선적으로 나타나 다른 두 종합들을 조직할 것이고, 이런 관점에서 그것은 초월론적인 미래를 구성하는 것이 될 것이다. 하지만 사실 이러한 예상들 중 그 어느 것도 실제로 발생하지는 않으며, 대신 이는 우리를 들뢰즈 철학의 가장 독창적이고 흥미로운 측면들 중 하나, 즉 세 번째 종합은 실패한 종합이라는 주장으로 인도한다.

하이데거의 해석과는 대조적으로, 들뢰즈의 세 번째 종합이 가장 먼저 발생하지 않는 것은 두 가지 이유에서이다. 먼저 발생의 관점에서, 간단히 말해 물질을 제외하고는 처음에 종합할 것이 아무것도 존재하지 않기 때문이다 (그러한 경우 종합은 포착의 종합이 될 것이다). 하이데거에서 찾아볼 수 있는, 이에 대한 명백한 응수는 초월론적인 재인이 사실상 규제라는 것이다. 그것은 다른 두 종합들을 예상하고, 지도한다. 이런 의미에서 그것은 미래와 관련성을 띤다. 이는 우리의 예상을 두 번째로 뛰어넘는 들뢰즈의 다음 주장으로 우리를 인도한다. 칸트적인 재인과 대조적으로, 우리는 종합의 세 번째 순간에 재인의 불가능성과 조우한다. 이는 **칸트에서는 재인과 종합의 통일성이 전적으로 오성의 범주들에 의존하기** 때문이다. 칸트의 사유에서는 범주들이 재인을 규정하기에 종합의 통일성은 사실상 어떠한 규칙의 통일성이다. 하지만 들뢰즈의 사유에서는 그러한 범주들이 존재하지 않으며 나(I) 의 초월론적 토대 또한 존재하지 않는다. 결과적으로 종합의 통일성을 보증해 줄 그 무엇도 존재하지 않기에 비록 그것이 최고의 의도를 지니고 있다 할지언정 조정적 종합을 위한 그 어떤 희망도 남아 있지 않게 된다.

들뢰즈의 체계 내의 이 지점에서는 수적으로 동일한 나(I) 대신 오직 수동적이고 변화하는 '자아'만이 존재한다. 즉 오직 '자아'만이 존재할 따름이며 이 자아는 오직 관조라는 한 가지 행위만을 할 수 있다. 수동적 자아인 그것은 자신에게 주어진 것을 오직 관조만 할 수 있다. 제일 먼저 자신에게 주어지는 것은 단순히 물질 그 자체이다. 다음으로 관조는 포착이 되고, 자아는 상상력이라 불리게 된다. 물질을 포착한 자아는 이제 자신 앞에 물질이 아닌 어떤 다른 것을 지니게 된다. 즉 자아는 이제 자신이 이전에 포착한 것들을 관조한다. 이제 자아는 기억이라고 불린다. 세 번째 종합에서 자아는 자신 앞에 두 가지 것들을 가지고 있다. 포착과 재생, 상상과 기억. 따라서 세 번째 종합은 이러한 두 가지의 다른 인식능력들을 하나의 관조로 결집하며, 인식능력들의 통일인 한에서 자아는 이제 사유의 능력이 된다. 물론 이 종합은 계획대로 진행되지는 않는다.

이러한 과정이 어떻게 진행되는지를 확인하기 위해 우리는 들뢰즈의 충고를 따라 일련의 구별들을 행할 필요가 있다. 세 번째 종합 전체는 '시간의 텅 빈 형식'이라고 불린다.[129] '시간의 텅 빈 형식'이라는 이름

---

129   영어 번역본에는 하이데거의 인용문을 통해 들뢰즈가 사유와 시간의 텅 빈 형식의 관계를 긍정한 바로 직후에 나오는 중요한 내용 하나가 생략되어 있다. "'인간이 사유할 수 있는 것은 그가 그렇게 할 수 있는 가능성을 지니고 있다는 의미에서이다.

200 들뢰즈의 『차이와 반복』 입문

에도 세 번째 종합이 또 다른 차원의 시간(미래)을 생산하는, 혹은 시간 전체를 생산하는 또 하나의 종합이 아니라는 사실을 강조하는 것은 중요하다. 게다가 『차이와 반복』에서의 '시간의 텅 빈 형식'은 칸트가 말하는 시간의 텅 빈 형식과는 전혀 공통점이 없다. 들뢰즈에게 시간의 형식은 종합이지, 계속해서 외양들을 나르는 규정 가능한 다양성이 아니다. 종합으로서의 시간의 형식은 다음의 세 가지 순간들로 구성된다.

1. 형식적이고 정적인 질서
2. 총체(ensemble)
3. 계열

시간의 **질서**는 이전, 사이 그리고 이후의 정적인 분배이다. 시간의 **총체**는 들뢰즈가 불가사의하게 '행위＝x,' '가공할 만한 행위' 혹은 '행위의 이미지'라고 부르는 어떤 것이다.[130] 시간의 **계열**은 과거, 현재, 그리고 미래의 연속이다. 도식적으로 조직된 세 번째 종합의 구성 요인들은 표 3에 잘 나타나 있다.

하지만 가능성만으로는 우리가 사유를 할 수 있다는 것을 보증할 수 없다." 사유는 그것이 "사유를 부여해 주는" 것, 혹은 사유되어야 하는 것의 현전 안에서 구속되고 강요될 때에만 사유를 행한다. 사유되어야 하는 것은 실제로는 사유할 수 없는 것, 혹은 비-사유라 할 수 있는데, 다시 말해 그것은 (시간의 순수한 형식에 따라서) "우리가 아직 사유하지 않고 있다"는 지속적인 **사실**을 의미한다' (144/188/181-2, 들뢰즈의 강조). 사유 행위는 시간의 순수한 형식으로부터 나온다. 즉 그것은 시간의 순수한 형식에 합치된다.
130 '사실상 이러한 순수 형식 혹은 직선적인 시간은 **이전**, **사이**, 그리고 **이후**를 분배하는 질서에 의해 정의된다. 이 세 가지 모두를 자신의 선험적인 종합의 동시성 가운데 통합하는 총체(emsemble)에 의해서, 그리고 한 유형의 반복을 각각에 상응하게 만드는 계열에 의해서 말이다' (294/376/366).

표3 세 번째 종합의 주된 구성 요인들

시간의 형식적 질서	시간의 총체	계열
이전(before)	가공할 만한 행위	과거
사이(휴지)(during[caesura])		현재
이후(after)		미래

시간을 일반적으로 질서, 총체, 그리고 계열로 분배할 때, 들뢰즈는 이미 칸트를 떠올리고 있다. 칸트는 도식의 맥락 안에서 이러한 구별을 행한 적이 있다.

> 따라서 도식은 규칙에 따른 선험적 시간-규정들에 다름 아니다. 즉 도식은 범주들의 질서에 따라 모든 가능한 대상들에 관한 **시간-계열**, **시간의 내용**, **시간의 질서**, 그리고 마지막으로 **시간의 총합**(*Zeitinbegriff*)과 관계한다(CPR A145/B184-5, 칸트의 강조).[131]

들뢰즈가 이 단락을 넌지시 참조하는 것은 두 가지 이유에서 매우 기이하다고 할 수 있다. 먼저, 들뢰즈에게 있어 질서와 총체, 계열을 지니는 것은 텅 빈 시간이지만 칸트에게 있어 이들은 시간-규정들이다. 이는 질서와 총체, 계열을 껴안을 때, 시간은 더 이상 텅 빈 시간이 아니라는

---

131 세 번째 종합에 대해 논의할 때 들뢰즈가 사용하는 표현은 프랑스어로 번역된 다음 단락을 직접적으로 차용한 것이다. 'Les schêmes ne sont donc que des **déterminations de temps à priori** d' après des règles, qui suivant l' ordre des catégories, ont pour objet la **série du temps**, **la matière du temps**, **l'ordre des temps**, et enfin **l'ensemble du temps** par rapport à toutes les choses possibles' (CPR fr. 223, 칸트의 강조).

것을 의미한다. 그것은 도식화된 시간, 혹은 규정된 재현들 가운데 한
데 모인 시간이다. 칸트에 대한 암시가 기이한 두 번째 이유는, 도식이
란 개념들이 직관들에 적용되는 과정이지 시-공간적 규정들이 개념적
인 규정들로 고양되는 과정이 아니라는 사실 때문이다.[132] 주체가 종합
과 도식의 절차들에 의미를 부여하는 감성과 오성으로 분할되는 과정
이 들뢰즈에게는 부재한다는 것, 따라서 도식이 나타나는 체계적인 맥
락이 무관하게 되는 것은 사실이다. 하지만 들뢰즈는 수동적 종합과 능
동적인 나(I) 사이의 유비적인 구별을 지속하고 있으며, 앞으로 우리가
보게 될 바와 같이, 이러한 '나' 가 수동적인 주체를 규정하는 방식을
설명하기 위해 실제로는 도식을 부활시킨다. 현재 우리가 들뢰즈의 종
합에 대한 설명 혹은 수동적인 자아에서 능동적인 '나' 로의 여정의 한
가운데에 있다는 사실을 떠올릴 때, 이러한 들뢰즈의 칸트에 대한 암시
는 특히나 잘못된 것처럼 보인다. 그렇다면 들뢰즈가 여기서 칸트를 암
시하고 있는 이유는 무엇일까?

그 이유는 바로 '나' 가 자아에 영향을 미치는 방식을 도식이 재현하

---

132   예를 들어 시간의 **계열**은 양의 범주가 감성 안의 시간 형식에 적용되는 것으로부
터 비롯된다. 양은 시간을 외연적인 크기들로 구획하며 따라서 서로서로에게 외재적
이며, 시간 안에서 이행할 수 있는 규정적인 순간들을 생산해 낸다. 다음으로 시간은
계열적이게 된다. 시간의 **내용**은 양의 범주의 적용에 의해 결정되며, 이는 각각의 외
연적인 크기를 강도적인 크기의 형식을 띠는 특수한 질로 채우는 종합으로 귀결된다.
따라서 그 순간들은 내용을 부여받게 된다(들뢰즈는 이 부분은 그냥 생략해 버리는
데, 왜냐하면 그에게 텅 빈 시간이란 그 이름이 암시하듯 어떠한 내용도 지니고 있지
않기 때문이다). 질과 양의 범주들은 함께 그 순간의 질과 범위를 결정한다. 관계의
범주의 적용은 이러한 순간들 간의 다양한 관계들을 결정한다(이 순간들은 연속적일
까 아니면 동시적일까?). 그것은 시간의 **질서**를 결정한다. 마지막으로, 양식이라는 범
주의 적용은 순간들과 **시간 전체**와의 관계를 결정한다. 그러한 순간이 현실적인 것인
지, 필수적인 것인지, 혹은 심지어 가능한 것인지를 그것이 결정하는 한 말이다. 이것
이 바로 칸트에서 '질서,' '총체,' 그리고 '계열' 이라는 표현들이 의미하는 바이다.

기 때문이다. 들뢰즈가 이 개념을 환기하는 이유는 도식의 특성들 때문
이 아니라 도식의 형식적 구조 때문이다. 중요한 것은 그 구조 내에서
하나의 개념 혹은 범주가 시간 혹은 감성에 적용된다는 사실이다. 오성
은 감성에게 등을 돌리고, 나의 활동이 자아의 수동성과 관계를 맺게
된다. 이는 들뢰즈가 두 번째로 칸트를 암시하는 부분으로 우리를 인도
한다.

   들뢰즈는 데카르트적 코기토와 관련되는 칸트의 '내적 의미의 역설'
을 해석하는 맥락에서 처음으로 세 번째 종합을 소개한다. 이 역설은
직관 행위와 사유 행위 사이의 구별에 기초한다. 나는 외양들을 **직관**하
지만 이 외양들은 아직 결정적으로 서로서로와 관계를 맺지는 않고 있
다. 칸트가 말하듯이, 감성 안에는 '다양체의 결합이 존재하지 않는
다' (CPR B154). 다양체는 단순한 다양성으로 남아 있다. 직관 행위와
는 대조적으로 **사유 행위**는 규정적이고 통합된 대상에 대한 사유를 의
미한다. 앞서 우리는 이미 이 대상이 생산되는 방식을 본 바 있다. 즉
모든 외양들이 직관의 형식을 통해 주어지고, 초월론적인 종합이 직접
적으로 이러한 형식들과 관계 맺는다. 세 번째 종합이 범주들에 의해
결정되는 한, 주어진 이 다양성은 대상=X와 관계를 맺는다. 이를 통해
외양들은 통합되고, 따라서 통각의 주체에 의해 (직관되기보다는) **사유**
된다.[133] 내적 의미의 역설과 관련된 중요한 점은, 이러한 직관의 형식
들을 종합할 때 우리가 우리 자신을 **변용**시키거나 혹은 우리 자신을 규
정할 수 있다는 사실이다. '따라서 오성은 내적 의미 안에 이미 존재하

---

133   들뢰즈는 이 과정을 다음과 같이 요약한다. '(1) 모든 현상은 공간과 시간 속에
존재한다. (2) 상상력의 선험적인 종합은 공간과 시간 그 자체와 선험적으로 관련된
다. (3) 따라서 현상은 필수적으로 이 종합의 초월론적 통일성 그리고 그것을 선험적
으로 재현하는 범주들에 종속된다' (KP 17).

는 다양체의 어떠한 결합을 **발견**하는 것이 아니라, 내적 의미를 **변용**시키킴으로써 그것을 **생산한다**' (B155, 칸트의 강조). 오성은 직관의 형식들을 질서 지음으로써 외양으로부터 대상을 형성해 낸다. 즉 주체의 능동적인 부분이 수동적인 부분을 변용시킨다.

이러한 내적 의미의 역설은 우리가 대상들로부터 관심을 돌려 **우리 자신**을 직관하기보다 **사유**하려 할 때 발생한다. 여기서도 동일한 시나리오가 전개된다. 칸트가 말하길, 나는 '직관 가운데 나 자신에게 주어진다.' 하지만 다른 현상들과 마찬가지로 나에게 내가 주어지는 것은 '오성에게 있어 내가 존재하는 방식대로가 아니라, 나 자신에게 내가 현상하는 방식대로' (CPR B155)이다. 나는 통합되고 실체적인 사유의 형식으로서 나 자신에게 주어지는 것이 아니라 시간 속에 흩어진 외양의 형식으로 주어진다. 데카르트가 '나는 생각한다'고 말할 때 그렇게 했던 것과 마찬가지로 만약 내가 나 자신에 대해 **사유**하기를 원한다면, 나는 나 자신의 외양들을 통합해야만 한다. '우리는 반드시 내적 의미의 규정들을 질서 지어야 한다' (CPR B156). 그렇다면 역설은, '내가 생각하는 나'와 '그것을 직관하는 나'가 다른 것임에도 이 두 개가 여전히 하나의 동일한 것이라는 사실에 있다. 달리 말해, 여기서 역설은 수용성, 수동적인 인식능력과 오성, 능동적인 인식능력이 그 자신을 변용시키거나 혹은 통합함으로써만 스스로에 대해 사유하는, 하나이자 동일한 주체에 속한다는 사실이다.[134]

들뢰즈는 종종 이 두 가지 인식능력들 사이의 구별을 '자아'와 '나'

---

[134] 들뢰즈는 이러한 주체가 스스로를 발견하는 기이한 상황을 포착한다. '사유의 활동은 수용적인 존재, 즉 사유의 활동을 실행하기보다는 그것을 스스로에게 재현하고, 그러한 활동을 개시하기보다는 그 활동의 효과를 경험하며, 마치 자신 안에 존재하는 타자와 같이 사유 활동을 행하는 수동적인 주체와 관계한다' (86/116/108).

라는 용어로 기술한다. 오성은 통각의 통일성 가운데서 '능동적인 나'를 구성한다. 감성은 그것의 수용성과 수동성 가운데서 '자아'를 구성한다.

> 자아(*moi*)는 시간 가운데 존재하며, 끊임없이 변화한다. 그것은 시간 속에서 변화를 경험하는, 수동적인 혹은 다소 수용적인 자아이다. 나는 나의 경험(나는 존재한다)을 능동적으로 규정하는 행위(나는 생각한다)이지만, 오직 그것을 시간 속에서만 규정할 수 있다. 스스로에게 자기 자신의 사유의 활동만을 재현하는, 수동적이고, 수용적이며 변화하는 자아의 실존과 마찬가지로 말이다(EC 29-30, 칸트의 강조, KP viii-ix도 참조).

들뢰즈는 칸트적인 주체의 두 가지 측면들, 즉 수동적 자아와 능동적인 나를 구분한다. 나는 수동적인 인식능력을 규정하는 능동적인 인식능력이다. 시간은 단순히 이 두 개가 그것하에서 서로서로 관련되는 어떠한 형식이다. 시간은 어떠한 '형식적 관계'인데, 이 관계를 통해 '정신은 그 자신을 변용시킨다'(EC 31). 이 지점에서는 수동적인 인식능력과 능동적인 인식능력의 구별, 그리고 이들의 관계의 조건이 오직 칸트적인 주체만을 특징짓는다. 능동적인 나는 감성이다. 시간은 직관의 규정 가능한 형식이다.

  이것이 어떻게 들뢰즈적인 주체와 연결되는가? 『차이와 반복』에서 들뢰즈는 '칸트가 선취한 것을 취할 수는 있다. […] **하지만 수동적인 자아에 대한 아주 다른 이해의 과정 속에서 말이다**'(87/118/109, 필자의 강조)라고 말하고 있다. 다시 말해, 들뢰즈적 주체 속에서도 동일한 구조가 작동하고 있지만 세 가지 용어들의 특성이 바뀌었다. '수동적이고 수용적이며 변화하는 자아'는 더 이상 감성과 그것의 텅 빈 형식들이 아니다. 들뢰즈에서 그것은 자발적인 상상력 혹은 포착의 관조적인 영혼이다.[135] 이 자아는 그 자신의 수동성 안에서 종합을 행하는 주체이다. 시간과 '나' 라는 다른 두 가지 요소들을 대체하여 들뢰즈가 사용하는 용어는 무엇인가? 수용성은 수동적인 종합으로 대체된다. 그렇다면 나의 수적 통일성을 대체하는 것은 무엇이며, 또 자아와 나는 어떤 형식에 의해 관계를 맺게 되는 것일까?

이러한 물음들에 답하기 전에, 혹은 오히려 이러한 물음들에 답하기 위해, 우리는 우선 '시간의 텅 빈 형식' 이라는 말로 들뢰즈가 의미하는 바가 약간 더 선명해지고 있다는 사실에 주목할 필요가 있다. 이 형식은 다른 두 개의 종합들과 같은 시간적 차원이 아니다. 사실 그것은 시간 그 자체와 거의 아무런 관련을 맺고 있지 않다고 보아도 무방하다. 오히려 이는 어떠한 종합인데, 이 종합의 실패는 시간 전체가 아닌, 오직 미래만을 열어 젖혀 준다. 들뢰즈가 이 **종합**을 시간의 텅 빈 형식이라고 부르는 데에는 두 가지 이유가 있다. 첫 번째는 종합으로서의 텅 빈 시간이 다른 두 개의 시간들, 즉 현재와 과거를 한데 불러 모으기 때문이다. 따라서 이 종합은 시간 전체를 포함하는 한편 그것의 질서를 마련한다. 보다 더 중요한 두 번째 이유는 들뢰즈가 칸트의 사유에 등장하는 극도로 넓은 정의의 텅 빈 시간이라는 개념을 가지고 작업하고 있기 때문이다.

만약 '나' 가 시간 속에서 변화하는 수동적인 자아로 우리의 실존을 규정한다면, 시간은 그것을 통해 정신이 그것 자신을 변용시키는, 혹은 우리가 우리 스스로에 의해 내적으로 변용되는 형식적 관계가 된다. 따라서 시간

---

135 들뢰즈가 첫 번째 종합이 칸트의 수용성을 대체한다고 주장하는 부분 (87/117-18/109)을 참조할 것.

은 그 자체로 자아의 변용태(affect), 혹은 적어도 스스로에 의해 변용될 수 있는 형식적 가능성이라 정의될 수 있다(EC 31).

시간은 단순히 자아-변용의 (혹은 데리다가 너무나 고상하게 표현하는, 오나니즘[onanism]의) 형식적 가능성이다. 시간은 그것에 의해 정신이 스스로를 변용시키는 어떠한 형식이다(실제로 들뢰즈는 칸트의 시간 개념의 또 다른 측면, 즉 규정가능성의 형식으로서의 시간이라는 측면도 강조한다. 하지만 앞으로 우리가 보게 될 바와 같이, 들뢰즈는 자신의 체계 내에서 명백히 자아-변용의 형식을 규정가능성의 형식과 분리시킨다).[136] 들뢰즈는 지금으로서는 오직 자아-변용의 형식으로서의 시간에만 관계하고 있는데, 이곳이 바로 세 번째 종합이 시작되는 곳이다. 즉 세 번째 종합은 자아에 의한 자아의 변용과 더불어 시작된다.

　세 번째 종합은 다른 대상들을 관조한 자아가 이제 자기 자신에게로 눈을 돌려 그 자신을 관조하는 순간에 시작된다(이 다른 대상들이란 그것이 첫 번째 종합에서 포착한 특이성들 그리고 두 번째 종합에서 기록한 포착들을 일컫는다).[137] 자아가 자기 자신에게로 관심을 돌릴 때,

---

136　하지만 이는 『의미의 논리』에는 전혀 해당되지 않는 말이다. 『차이와 반복』에서 들뢰즈가 '시간의 텅 빈 형식'이라 부르는 것은 『의미의 논리』에서는 오이디푸스 콤플렉스라고 불린다. 『차이와 반복』에서 미래로 일컬어지는 것이 『의미의 논리』에서는 '시간의 텅 빈 형식' 혹은 '아이온'(Aion)이라고 불린다.

137　들뢰즈는 분명 『프루스트와 기호들』에서 그가 개괄한 바 있는 도제의 과정을 따르고 있다. 우선, 도제는 대상들 혹은 세속의 기호들 속에서 진리를 찾으려고 시도한다(객관주의). 거기서 진리를 찾지 못한 도제는 다음으로 내부로 방향을 돌려 주관적인 기호들 가운데서 진리를 찾으려고 한다(주관주의). 하지만 진리는 객관적이지도, 주관적이지도 않다. 진리는 오직, '본질' 혹은 '의미,' 즉 사유의 인식능력에 의해 해석되는 예술의 기호들 속에서만 발견될 수 있다.

들뢰즈가 말하길, '수동적인 자아는 전적으로 나르시시즘적이게 된다'(110/145/135). 자신이 관조하는 어떤 다른 대상 속에서 자기 자신을 본다는 의미에서 나르시시즘적이라는 말이 아니다. 이제 자아는 글자그대로 그 자신을 관조한다. 이러한 자기 관조와 자아를 통합하려는 시도 가운데서 이 새로운 자아는 들뢰즈적인 나(I), 혹은 사유의 인식능력이 된다. 이 능력은 매우 짧은 수명을 지니고 있다.

들뢰즈는 이 새로운 자아가 '녹색의 한 다리와 붉은 색의 다른 다리로 절뚝거리며 걷는다'(110/145/135)고 말한다. 이 두 다리는 이전의 두 개의 인식능력들, 즉 상상력과 기억을 일컫는다. 이 자아가 절뚝거린다면, 그 이유는 바로 이러한 두 개의 인식능력이 균등한 것이 아니기 때문이다. 철학적 설명의 언어로, 들뢰즈는 이 새로운 자아를 '휴지'(caesura)라 부른다. 그리고 다시 다른 두 개의 인식능력들은 '"휴지"의 양쪽에 불균등하게 분배'(89/120/111)된다. 우리는 이미 사유가 두 개의 동등하지 않은 인식능력들의 비대칭적 종합을 발생시키려 시도한다는 사실을 확인할 수가 있다. 처음부터 재인의 가능성은 희박해 보인다.

사유의 능력을 구성하는 '휴지'는 그 자체로 두 가지 기능을 지닌다. 첫 번째로 휴지는 자아를 분할하거나 혹은 규정한다. '이전, 사이, 이후의 형식적이고 정적인 질서는 시간 속에서 **나르시시즘적인 자아의 분할을 나타낸다**[…]'(110/146/136, 영문 번역은 수정된 것). 이러한 능력 가운데서 그것은 '시간의 질서'라고 불린다. 사이는 휴지 그 자체이지만 이전과 이후는 휴지 가운데서 불균등하게 분배된 두 개의 다른 인식능력이다. 이러한 세 가지 인식능력, 즉 상상력, 기억, 그리고 사유가 한데 모여 들뢰즈가 '시간의 질서,' 혹은 이 종합의 첫 번째 측면이라 부르는 것을 구성한다.

이 종합의 두 번째 측면에서, 휴지는 자아의 통일성이다. 그리고 이 통일성은 자아로부터 그 자신을 떼어 놓는다. 이제 그것은 '개념 일반의 동일성, 혹은 나(I)의 동일성' (296/378/368, 필자의 강조)을 나타낸다. 이 능력 가운데서 자아의 통일성(혹은 이전, 사이 그리고 이후의 통일성)으로서의 휴지는 세 번째 종합의 두 번째 순간인 시간의 **전체성**을 나타낸다. 들뢰즈는 종종 이러한 능력 가운데서의 휴지를 '가공할 만한 이미지' 라고 부른다. 예를 들어 들뢰즈는 어떤 지점에서 다음과 같이 말하고 있다.

우선, 시간의 전체성이라는 생각은 다음에 상응하는 것이다. 즉 어떠한 휴지라도 반드시 시간 전체에 부합하는 어떠한 행위의 이미지, 독특하고 가공할 만한 사건의 이미지 안에서 규정되어야 한다. 이 이미지 자체는 분열되어 있고, 두 개의 불균등한 부분들로 나뉘어 현존한다. 그럼에도 그것은 시간의 전체성을 회집한다(89/120/111-12, 영문 번역은 수정된 것).

'휴지' 라는 표현 뿐 아니라 이 말 또한 복잡한 역사를 지니고 있다. 즉 이는 횔덜린(Hölderlin)의 「오이디푸스 비평」 "Remarks on Oedipus" 에 대한 장 보프레(Jean Beaufret)의 해석을 들뢰즈가 변주한 것이라 할 수 있다.[138] 우리가 여기서 이 역사를 추적할 필요가 없는 것은 들뢰즈가 횔덜린의 비평을 직접적으로 자율-변용의 역설로 묘사하고 있다는 단순한 이유 때문이다. 오이디푸스와 햄릿은 외부로부터의 결정을 기다리는 수동적인 인물들이다. 햄릿은 수동적인 자아이다. 즉, 그는

---

138 들뢰즈는 칸트 세미나에서 횔덜린의 독해를 매우 상세히 설명한다(1978년 3월 21일). 로날드 보그(Ronald Bogue)는 「신에 대한 배반」 "The Betrayal of God" 에서 보프레의 독해 및 그것과 들뢰즈와의 관계를 매우 상세히 기술하고 있다.

시간 속에서 변화하는 수용적인 주체에 해당한다. 햄릿은 행위 할 능력
을 결여하는 것 뿐만이 아니다. 그의 관점에서 볼 때 왕을 죽이라는 행
위 자체는 실제로 '가공할 만한' 것이다. 하지만 '나' 혹은 휴지는 능
동적인 인식능력이다. 그것은 주체가 능동적으로 되는 순간을 지정한
다. 따라서 들뢰즈는 '햄릿이 그가 수동적 실존으로서 등장할 때 마다,
탁월하게 칸트적인 특성을 보여 준다. 즉 배우 혹은 잠자는 사람과 마
찬가지로, 그는 그 자신의 사유를 타자적인 것으로 받아들인다
[…]' (EC 30)고 말한다.[139] 자율-변용의 이야기는 꽤나 들뢰즈적인 오
이디푸스 콤플렉스이다.[140] 이런 관점에서, 들뢰즈가 '시간의 전체성,'
'휴지,' 혹은 '가공할 만한' 행위나 사건, 혹은 이미지에 관해 논할 때
사실 그가 나(I), 즉 수동적인 자아를 규정하려고 시도하는 능동적인
인식능력에 대해 논하고 있다는 사실을 강조하고 있다는 사실은 중요
하다. 이런 맥락에서 '규정'을 행한다는 것은 또한 '통합'을 행한다는
것을 의미하는데, 왜냐하면 주체 전체가 나의 행위 가운데 일소되어 버
리기 때문이다.

    세 번째 종합의 첫 두 측면들은 '시간의 질서'와 '시간의 전체성'이
다. 첫 번째 측면에서 수동적 자아는 세 가지 부분들, 즉 상상력, 사유,
그리고 기억으로 나누어진다. 두 번째 사유에서, 자아를 나누는 나, 혹
은 휴지는 가공할 만한 행위의 이미지 속에서 그것의 통일성을 지속한

---

139   다음을 참조할 것. '햄릿은 회의론자나 의심하는 인간이 아니라 비판하는 인간
이다.' 나'는 시간의 형식에 의해 나 자신과 분리되지만 그럼에도 나는 여전히 단일한
데, 왜냐하면 '나'는 시간의 형식의 종합을 초래함으로써 본질적으로 이 형식을 변용
하기 때문이다. […]' (EC 30).
140   이것이 바로 『의미의 논리』에서 들뢰즈가 발생의 이 단계를 '시간의 텅 빈 형식'
이라고 부르기보다는 '오이디푸스적 단계'라고 부르는 이유이다. 들뢰즈는 횔덜린에
의해 여과된 내적 의미의 역설의 관점에서 오이디푸스 콤플렉스를 다시 쓰고 있다.

다. 다시 말해 그것은 수동적인 자아를 결정하는 행위로부터 그것의 통일성을 끌어낸다.

이 종합의 세 번째 순간인 시간적 **계열**은 이러한 처음의 두 순간들 사이의 관계를 표현한다. '시간적 계열은 분할된 자아를 시간의 전체, 혹은 행위의 이미지와 대면하게 한다' (110/146/136). 달리 말해, 시간적 계열은 수동적 자아를 능동적인 나와 대면시킨다. 이것이 바로 능동적인 '나'가 수동적인 자아를 변용시킬 때 발생하는 일이다. 이러한 시간적 계열은 과거, 현재, 미래라는 세 가지 측면들을 지니고 있다. 첫 번째 순간에, 들뢰즈에 따르면, 이 행위는 '나에게는 너무 큰' 것으로 나타난다. 나는 자아를 넘어서 있으며, 아직 결정은 발생하지 않았다. 들뢰즈는 두 번째 순간을 이 행위에 준하게 되는 과정이라 칭한다. 그것은 '변신의 현재'이다. 다시 말해, 자아는 '나'에 의해 주어진 결정을 취한다. '나'와 동등하게 되는 것은 자아와 '나'가 통합하게 될 때의 통합의 순간 그 자체이다. 하지만 세 번째 순간에 자아와 '나'는 둘 다 해산되고 만다. 이 점에 대해서는 다음에 더 상세히 논하게 될 것이다. 지금으로서는 종합의 처음 두 순간들만을 면밀히 살펴보는 것이 중요하다.

처음의 이 두 순간들은 모두 수동적인 인식능력의 능동적인 '나'에 대한 관계를 표현한다. 중요한 것은, 시간의 계열 속의 '과거'가 한 가지 인식능력을 단독으로 일컫는 것이 아니라 수동적인 인식능력과 능동적인 인식능력의 종합을 의미한다는 사실을 깨닫는 것이다. '현재,' 혹은 결정의 순간에 대해서도 동일한 것이 적용된다. 그것 또한 수동적 인식능력과 능동적 인식능력 간의 종합이다. 어떤 인식능력들 말인가? 흥미롭게도 들뢰즈는 세 번째 종합 각각의 제시와 더불어 인식능력들을 변화시킨다. 어떤 경우에는 과거를 구성하는 것이 기억과 '나'의 종합이고 현재를 구성하는 것은 상상력과 '나'의 종합이다 (94/125-6/ 117-18). 하지만 때때로 정반대의 경우가 성립하기도 한다. 즉 과거는 '나'와 상상력의 종합에 의해 결정되고, '나'와 동등하게 되는 것은 바로 기억이다 (296/378/368). 그리고 또 다른 경우에는 감성(혹은 '이드'[Id])과 '나'의 통일이 과거를 결정하고, 자아 전체가 현재 속의 '나'와 동등한 것이 된다 (110/146/136). 어떤 경우든 간에 동일한 시나리오가 전개된다. 어떤 인식능력이 '나'와 관계될 때 그것은 자신의 기능을 변화시킨다. 예를 들어, 어떤 경우에 종합은 '기억의 토대를 애초부터 단순한 조건으로 바꾸고, 습관의 토대를 "아비투스"의 실패로, 즉 작인의 변신으로 바꾸어 놓는다' (94/125-6/117-18). 여기서 과거는 기억의 '나'에 대한 관계이고, 현재는 습관의 '나'에 대한 관계이다. 두 종합들 모두에서, 문제되는 인식능력은 그것의 성질을 자유롭게한다. 기억은 더 이상 우리가 앞서 봤던 것과 같이, 경험적 연합의 궁극적인 토대로 기능하지 않는다. 오히려 사유에 의해 결정될 때 기억은 사유의 관심들에 종속된다. 그것은 애초부터 어떠한 조건이 된다. 유사하게, 습관도 그 자신의 맹목적인 종합을 더 이상 반복하지 않는다. 종합은 변화를 요구받게 되거나, 혹은 결정에 동등한 것이 되도록 요구받는다. 하지만 변화는 습관에 반테제적이다.

　시간의 계열 속에서, 상상력과 기억은 사유의 통일 가운데 함께 모이게 되지만 이 종합은 실패하고 만다. 칸트에서 세 번째 종합은 통각과 범주들에 의해 보증된다. 재인의 종합은 규칙의 지배를 받는 종합이지만, 여기서는 이 종합을 안내하거나 규제하는 그 어떤 것도 존재하지 않는다. 흥미롭게도 들뢰즈는 여기서 이 점을 강조하지 않는다. 재인은 그것이 **두 개의** 불균등한 인식능력을 재인하려는 시도이기 때문에 실패하는 것이 아니다. 재인이 실패하는 것은 **세 개의** 불균등한 능력들이

존재하기 때문이다. 다른 두 개의 능력들과 조화로운 관계를 맺고 있지
는 않지만, 재인은 종합을 소망한다. 여기서 우리는 사유의 독단적 이
미지의 두 번째 공리, 즉 인식능력들의 전제된 공통감의 중요성과 다시
금 마주하게 된다. 인식능력들 간의 조화로운 불화에 대해 기술할 때,
들뢰즈는 이 공리를 피할 것을 주장했다. 상호적인 선의나 양립가능성
의 허울하에서 소통하는 대신, 들뢰즈의 버전에서 인식능력들은 한계
들을 서로서로에게 전달했다. 세 번째 종합이 다른 두 개를 돌아보며
그들을 관조할 때, 그리고 그들을 자신의 통일성 하에 두려할 때, 세 번
째 종합은 그들의 능가할 수 없는 상호적인 양립불가능성으로 인해 붕
괴되고 만다. 재인의 종합은 완수되지 않는다. 그리고 세 번째 종합을
지배하는 법칙을 마련해 주는 코기토는 '유산된 코기토'가 된다.

영원 회귀와 차이의 이념적 종합

클로소프스키에게 있어서 힘의 의지가 강도들과 충동들의 육화된 세계
라면, 들뢰즈에게 있어 힘의 의지는 순간적인 물질성으로 개방되는 세
가지 수동적 종합들의 세계이다. '강도들이 여기저기에 분배되는 개체
화의 장' 이외에, 이 물질성이 무엇이겠는가? (적어도 정신분석학적인
설명에서) 충동들 혹은 욕동들 외에 이 세 가지 종합들이 무엇이겠는
가? 들뢰즈는 이러한 전체를 또한 '해체된 자아의 체계'라고 부른다.
힘의 의지, 혹은 수동적 종합의 무의식이라 할 수 있는 이 체계 전체는
감성에서 사유로의 운동, 즉 존재가 존재들로부터 떼어 내어지는 운동
을 나타낸다. 이 사유는 인식능력들의 통일 속에서 성취되는 것이 아니
다. 대신 그것은 능력들의 해체를 수반한다.
  영원 회귀는 자아와 나의 종합이 실패한 이후, 계열의 세 번째 시간
에, 오직 세 번째 시간에만 나타난다. '그것의 불가해한 진리 가운데

영원 회귀는 오직 계열의 세 번째 시간과만 관계한다(그리고 관계할
수 있다)' (90/122/113). 들뢰즈는 이 점에 있어 매우 엄정하다. 영원
회귀는 상상력의 현재, 기억의 과거, 혹은 시간의 텅 빈 질서나 전체성
과는 아무런 관련이 없다. 영원 회귀는 오직 계열의 세 번째 시간과만
관계한다. 우리는 '영원 회귀 이론이 마치 시간의 전체성에 영향을 끼
치는 것처럼 설명함으로써 사태를 단순화하고 있다' (91/122/114). 사
실 그것은 수동적 주체를 능동적으로 망각한다.

  영원 회귀의 첫 번째 기능은 해체된 자아의 전 체계를 '추방' 하는 것
이다. 들뢰즈는 종종 이 자아가 '조각조각 난다' 거나, 혹은 클로소프스
키를 환기하여 '사건과 행위가 자아의 일관성을 배제하는 어떤 비밀스
러운 일관성을 소유한다' (89/121/112)고 말한다. 이러한 일관성의 본
성보다 더 중요한 것은 그것이 비밀스럽다는 사실이다. '나' 와 동등한
것이 될 때, **주체는 그 자신 안에서 어떠한 일관성도 발견할 수가 없다.**
어떤 비밀스러운 일관성이 존재할 수도 있지만, 그것은 곧 자아와 '나'
둘 다에게 **인식되지 못한 채** 지나가 버린다. 영원 회귀는 '작품 혹은 생
산물이라는 이름하에' (94/126/118) 기억과 습관 둘 다를 '추방' 한다.
영원 회귀는 '회귀의 **조건**도, 회귀의 **작인**도 초래하지 않는다. 반대로,
그것은 이들을 거부하고 그것의 모든 원심력을 발휘하여 그들을 추방
한다. 영원 회귀는 생산물의 자율성, 작품의 독립성을 구성한다' (90/
112/113, 들뢰즈의 강조).[141] 이 작품은 자율적이다. 작인도 조건도 필

---

141 들뢰즈는 여기서 블랑쇼를 떠올리고 있다. 블랑쇼에게 있어 '작품' 이란 오직 죽
음을 통해서만 접근 가능한 공간이다. 그는 작품을 '주사위 던지기,' '살아 있는 현재'
혹은 중얼거리는 '익명적이고 비개인적인 존재' 의 공간이라고 말하는데, 이 공간 안
에서는 '오직 자기 자신만을 지시하는 기호' 가 의미 없는 요소들 간의 '이동적인 연결
들' 및 '이해의 관계들' 을 형성한다. 즉, 작품은 의미의 공간이다. *The Space of Liter-
ature*, pp. 198-207과 *The Book to Come* pp. 233-6 참조.

요로 하지 않는 이 작품은 오직 그 조건들의 부재 속에서만 구성된다.

　영원 회귀의 두 번째 기능은 '차이의 이념적 종합'이라는 새로운 종합을 개시하는 것이다. 계열의 세 번째 시간에서 자아와 나는 해체되고, 주체는 새로운 종합을 향해 그 자신을 초월한다. 세 번째 종합은 습관과 기억을 '활용'하지만 그들을 '흔적으로 남기고는 떠나 버린다'(94/125/117). 이러한 '죽음' 가운데 두 가지의 것이 발생한다. 먼저, 상상력이 물질로부터 끌어낸 차이들과 기억이 포함시킨 차이들이 '해방'된다. 자아의 '죽음'은 '자유로운 차이들이 더 이상 '나'나 자아가 부여한 형식에 종속되지 않는, 자유로운 차이들의 상태를 지칭'(113/149/138)한다. 차이는 일종의 규정**가능성**의 상태로 진입한다. 즉 그것은 수동적인 상상력과 기억의 구속들로부터 벗어난다. 동일한 것이 종합에도 발생한다. '리비도'는 '탈성욕화'되어 '중립적인 **전치가능한** 에너지'(111/147/136-7)를 형성한다. 두 번째 종합의 원리가 '남근'(phallus)이였다면, 세 번째 종합의 원리는 거세된 남근이다. '여전히 완전한 남근'이 한데 모여 나르시시즘적인 자아를 하나의 거대한 기억으로 통과시켰다면, 이제 해체된 자아의 '분산된 일원들'이 우발점의 '숭고한 이미지 근처로 끌려오게 된다'(90/121/112). 차이는 일종의 규정**가능성**의 상태로 들어서고 종합 혹은 리비도는 더 이상 원리에 의해 지배받지 않게 된다.

　이러한 규정가능성의 상태가 시간의 세 번째 차원인 미래를 정의한다. 영원 회귀는 미래와 어떤 관련이 있을까? 다른 종합들이 시간을 구성하는 방식을 확인하는 것은 상대적으로 용이했다. 첫 번째 종합은 감성의 순간적이고 불공 가능한 사건들을 한데 모아 유한한 지속의 살아있는 현재로 만들었다. 두 번째 종합은 이행하는 현재들을 불러 모은 다음 일종의 과거를 구성했다. 세 번째 종합은 이 두 가지 모두를 거부한다. 혹은, 오히려 그것은 그들의 '분산된 일원들'을 새로운 종합 가운데 불러 모은다. 세 번째 종합이 미래와의 연계성을 지닌다면, 이는 하이데거에서처럼 그것이 다른 두 가지 종합들보다 우선하여 이 두 종합들을 지휘하기 때문이 아니라, 미래라는 것이 규정가능성의 형식, '다양한 것, 차이 나는 것, 또한 우연한 것'(115/152/141)의 형식이기 때문이다. 미래는 어떤 것이라도 발생할 수 있는 시간의 차원이다. 들뢰즈는 종합들에 대한 정신분석학적 설명을 '신적인 놀이'에 대한 짤막한 언급과 더불어 끝맺으면서 이 점을 강조한다.

> 미래의 체계는 […] 신적인 놀이라 불려야 하는데, 그 이유는 미리 존재하는 규칙이 없고, 놀이가 이미 그 자신의 고유한 규칙과 관계하며, 모든 우연이 매번 매시간 긍정되기에, 노는-아이가 항상 이길 수밖에 없기 때문이다(116/152/142).

규칙은 존재하지 않는다. 해체된 자아의 분산된 일원들 혹은 해방된 차이들은 순수한 기회의 '형태 없는' 장에 퍼져 있다. 또한, 종합의 작인, 즉 우발점은 노는-아이에 해당하는데, 이는 정확히 그것이 과거를 망각했다는 이유에서 비롯된다.

계열의 세 번째 시간 속에서 펼쳐지는 이러한 '미래의 체계' 혹은 규정가능성의 장은 잠재적인 것에 다름 아니다. 하지만 잠재적인 것이라는 이 개념은 그것이 세 가지의 수동적 종합의 이후에 오는 경우가 아니고서는 말이 되지 않는 개념이다.

5절. 차이의 이념적 종합

하지만 한 가지 위로가 되는 것은, 상상력이 스스로의 무력함을 발견하는 순간, 즉 더 이상 오성의 역할을 수행할 수 없다고 깨닫는 순간, 그것이 우리로 하여금 훨씬 더 아름다운 인식능력, 무한의 인식능력과 같은 것을 우리 자신 안에서 발견하게 한다는 사실입니다. 그것이 무력해져서 우리가 우리의 상상력에 대해 너무나 유감스럽게 생각하고 그로 인해 고통받는 바로 그 순간에, 바야흐로 우리 안에 새로운 인식능력이, 즉 초감각적인 것의 인식능력이 깨어나게 됩니다.[142]

『차이와 반복』의 네 번째 장, '차이의 이념적 종합'은 2장이 끝난 지점에서 다시금 발생을 논한다. 복잡하긴 해도 2장은 쉽게 요약될 수가 있었다. 세 가지 수동적 종합들은 칸트의 종합들에 기반했는데, 여기서 첫 번째 수동적 종합은 불연속적인 물질성을 포착했다. 두 번째 수동적 종합은 그 포착을 기록했고, 세 번째 것은 포착과 기억 간의 공통적인 대상을 재인하려고 시도했다. 칸트의 사유에서 재인은 포착과 포착의 범주들에 토대하고 있지만, 들뢰즈의 사유에서는 어떠한 조화로운 자기-반영적인 주체도, 종합의 통일성을 위한 규칙도 존재하지 않기에 결과적으로 세 번째 종합은 실패로 끝났다. 하지만 한 가지 위로되는 사실이 있다. 상상력, 기억 그리고 사유의 실패가 '우리로 하여금 훨씬 더 아름다운 인식능력, 무한의 인식능력과 같은 것을 우리 자신 안에서 발견하게 한다는 사실'이다. 재인의 여파로 인해 새로운 코기토, '우발점' 혹은 거세된 남근이라 불리는 것과 그것의 새로운 종합이, 즉 영원

---

142   칸트 세미나(1978년 4월 4일).

회귀가 나타나게 된다. 『차이와 반복』의 네 번째 장은 이러한 새로운 종합에 대한 상세한 기술이다. '차이의 이념적 종합'은 '영원 회귀' 혹은 '미래의 신적인 놀이'라 불리는 것에 다름 아니다.

이러한 새로운 종합과 그것이 발생시킬 이념들은 역동적인, 혹은 수동적인 발생의 끝과 정적인 발생의 시작을 지시한다. 우리는 사유의 이미지의 처음 네 가지의 공리들로부터 마지막 네 가지의 공리들로 이동하고 있다. 잠재적인 주체는 막 지나갔고, 이제 우리는 자명한 주체의 과정 중에 있다. 탐정 소설의 관점에서 우리는 소설의 두 번째 부분의 첫머리에서 세 번째 부분을 바라보고 있는 셈이다. 소설의 두 번째 부분에서 우리는 발생 가운데서 이념들이 생산되는 것을 보게 될 것이다. 세 번째 부분에서 우리는 일단 생산된 이념들이 스스로 재현을 생산하는 것을 보게 될 것이다. 이념적 종합이 발생하는 '잠재적인' 것이 이체계의 첫 번째 순간인 것은 절대 아니다. 그것은 중간쯤에서야 나오게된다. 모든 것은 하위-재현적인 영역에서 특이성들을 반복하는 잠재적인 주체와 더불어 시작되었다. 여기서 세 가지 반복들이 존재했는데, 첫 번째는 포착, 두 번째는 기록, 세 번째는 해방적인 추방이었다. 잠재적인 것은 오직 이 세 번째 종합이 실패한 이후에서야 나오게 된다.

4장 전체에 걸쳐 들뢰즈는 '잠재적인' 것과 '현실적인' 것 사이를 반복적으로 오간다. '현실적인' 것을 모든 것이 시작되는 개체화되지 않은 순간적인 물질성과 혼동하는 것은 잘못일 것이다. 잠재적인 주체를 변용하는 불공 가능한 사건들은 하위-재현적이며 파편화되고 해체된 대상들이다. 이들은 그것들이 신체에 혹은 힘의 의지에 나타나는 모습 그대로의 대상들이다. 하지만 잠재적인 것으로부터 나오는 현실적인 것은 더 이상 파편화되어 있지 않다. 그것은 개체화되어 있으며, 질과 연장의 한계 내에서 한정되어 있다. 다시 말해, 잠재성에서 현실성으로 이동할 때, 우리는 개체화되지 않은 물질성에서 이념적인 종합으로 이동하기보다는, 오히려 잠재적인 것에서 재현으로 이동한다. '현실화' 혹은 '분화'의 운동은 잠재적인 대상, 혹은 '이념 속의 대상'으로부터 현실적인, 재현된 대상으로의 운동이다. 그것은 다시 하위-재현적인 대상으로 돌아가지는 않는다.[143]

이 장에서도 우리는 이전의 장들에 영향을 미친 동일한 문제, 즉 기술적인 어휘들의 증식이라는 문제에 직면하게 된다. 아래의 세 가지 문장들이 모두 동일한 것, 즉 잠재적인 것과 현실적인 것의 관계에 대해 기술하는 방식에 한번 주목해 보자.

1. '부차모순(vice-diction)은 두 가지 절차들을 지니는데, 이 절차들은 문제의 조건들의 규정에 개입하는 한편 해의 경우들의 상관적인 발생에도 개입한다[…](190/244-5/239).
2. 이 두 가지 측면들은 또한 '미분화'(differentiation)와 '분화'(differenciation)라 불린다. '우리는 이념의 잠재적 내용이 규정되는 과정을 미분화라 부른다. 우리는 이 잠재성이 종이나 서로 구별되는 부분들로 현실화되는 과정을 분화라 부른다'(207/267/258).
3. '산출된 해들의 수준에 속하는 실제적 사건들, 그리고 문제의 조건들에 기입된 이념적 사건들'(189/244/237).

잠재적인 것과 현실적인 것의 관계는 문제들의 해결들에 대한 관계, 미분화의 분화에 대한 관계, 그리고 이념적 사건들의 실제적 사건들에 대

---

143 『의미의 논리』에서 들뢰즈는 개체화되지 않은 물질성으로의 회귀를 불가능하게 만드는 '반-현실화'(counter-actualization)에 대해 논한다. 반-현실화는 '물체적 깊이'(LS 168)를 지니는 개체화되지 않은 물질로부터의 정신의 독립을 보증한다.

한 관계와 같다. 이 장이 잠재적인 것과 현실적인 것 사이를 오간다고 말하는 대신에 우리는 이장이 이념과 지식, 사건과 재현, 감각과 명제, 문제와 해결 사이 등등을 오간다고도 말할 수 있을 것이다. 이러한 예들은 끝이 없지만, 단 한 가지 사실은 명백하다. 즉 우리가 이 장을 이해하려면 이 장에서 등장하는 언어의 유희에 세심한 주의를 기울여야 한다는 사실이다. 아래의 표 4는 잠재적인 것/현실적인 것의 구분을 따를 때 들뢰즈가 사용하는 지배적인 몇몇 표현들을 나타내고 있다.

4장은 그 자체가 두 부분으로 불균등하게 나뉘어져 있다. 첫 번째 부분(168-208/218-69/214-60)은 (이 탐정 소설의 두 번째 순간이라 할 수 있는) 잠재성 속의 이념들을 전적으로 다룬다. 두 번째 부분(208/21/269-85/260-74)은 (이 소설의 세 번째 부분이자 마지막 부분이라 할 수 있는) 이념들의 현실화와 재현으로의 운동에 대해 기술한다.

미분법

이 장의 첫머리에서 들뢰즈는 미분법의 역사의 맥락에서 이념들을 소개한다. 하지만 우리는 들뢰즈의 미분법에 대한 논의에 너무 큰 중요성을 부여하지 않도록 조심할 필요가 있다. 이념들의 운명이 들뢰즈의 수학에 달려 있는 것은 아니기 때문이다. 우리가 이 사실을 알 수 있는 것은 두 가지 이유 때문인데, 첫째로, 들뢰즈는 그의 저작 전체에 걸쳐 자신의 체계의 **다른** 순간들을 기술하기 위해 미분적 관계 개념을 반복적으로 활용했다. 예를 들어 『주름』(*The Fold*)에서 미분적 관계는 잠재적인 주체에 의해 관조되는 순간적인 물질에 대한 설명을 위해 환기된다. 하지만 『앙티-오이디푸스』에서 미분적 관계는 '자본주의적인 공리' 혹은 자명한 주체 내의 재현들의 관계들을 기술한다. 『차이와 반복』에서 우리는 미분적 관계가 그러한 단계들 사이의 중간점에 위치한다는

표4 '잠재적인 것'과 '현실적인 것'의 동의어

잠재적인 것	현실적인 것
1. 이념 　a. 구조-사건-의미	1. '의식의 명제' 또는 '지식으로의 재현, 　혹은 지식의 재현' ① 　a. 재현②
2. 문제	2. 해③
3. 미분화(Differentiation)	3. 분화(Differenciation) ④
4. 이념/신적인 놀이	4. 인간적 놀이

① (197/256/247) 참조.

② (191/247/140) 참조.

③ '의식의 명제들은 해의 경우들을 지정하는 야기된 긍정들이다' (206/266/257).
'따라서 우리는 재현들을, 개념 일반과 관련하여 해의 경우들을 지정하는 의식의
명제들과 같은 것으로 취급할 수 있다' (178/231/225).

④ 엄밀히 말해, 분화는 현실적인 것이 구성되는 과정이다. 의식의 명제들, 혹은 재
현들, 혹은 해들은 현실적인 것을 차지하여 그 안에 거주한다. 분화는 우리가 어
떻게 잠재적인 것으로부터 거기에 도달할 수 있는지를 설명해 준다. 인간적 놀이
는 재현된 세계의 규칙들과 좌표들을 설명해 준다.

것을 발견할 수 있다. 들뢰즈는 주요한 개념 거의 모두를 이런 방식으
로 사용하기에, 결과적으로 우리는 그의 어휘를 너무 심각하게 받아들
이지 않는 법을 배울 필요가 있다고 하겠다. 대신에 우리가 할 수 있는
것은 그의 작업들의 구조에 집중하는 일이다. 이 장 또한 상당 부분이
여전히 자유간접화법의 양식으로 쓰여져 있다.

보다 더 긴밀하게 관련되어 있는 두 번째의 이유는, 들뢰즈가 수학이
여기서 오직 '기술적인 모델' (220/285/273)로서만 등장한다는 사실을
반복적으로 강조한다는 데 있다. 들뢰즈에게 수학이란 다른 무언가에
봉사하는 은유와 같다(Badiou, *Deleuze* 1)는 알랭 바디우(Alain Ba-

diou)의 말은 절대적으로 옳다. 이 다른 무언가란 '수학보다 우월한 변증법'이다. '한 가지 중요한 점이 반드시 상술되어야 한다. 미분법은 명백히 수학에 속하는 것이자, 전적으로 수학적인 도구이다. 따라서 그 안에서 수학보다 우월한 변증법에 대한 플라톤적인 증거를 찾는 일은 어려운 것으로 보인다' (179/232/226).[144] 따라서 우리는 실제적인 것으로 남아 있으면서 결코 스스로 잠재성을 획득하지 못하는 이러한 기술적인 모델들에 과도한 특권을 부여하지 않도록 조심할 필요가 있을 것이다.[145]

이념과 수동적 종합

이념들은 문제들이다. 하지만 우리는 앞서 하나 이상의 물음-문제 복합체가 존재한다는 사실을 확인했다. 실제로는 각각의 수동적 종합에 해당하는 세 개의 물음-문제 복합체들이 존재한다. 진정으로 잠재적인 이념은 이러한 복합체들 중 어떤 것에 속할까? 여러 가지 이유로 우리는 그것이 세 번째 종합, 혹은 '문제적인 것의 마지막 형식' (112/148/137)에 속한다고 말할 수 있다. 우리는 우선 수반된 인식능력과의 관련하에서 이념이 세 번째 종합에 속한다고 말할 수 있다. 어떤 의미

---

144 '[요소, 관계, 그리고 특이점의 배치로서의 이념의] 이러한 정의 속에 수학적인 것은 아직 없다. 수학은 마지막 질서의 변증법적 이념들이 구현되는 해의 장들과 더불어 나타난다[…]' (181/234-5/229). 즉, 수학은 현실적인 것 (혹은 해들의 장)으로부터 취해진 예이며, 따라서 잠재적인 것의 보편 수학(*mathesis universalis*)을 스스로 기술할 수 없다.

145 한편, 댄 스미스는 「공리론과 문제」 "Axiomatics and Problems"에서 이념과 미분법 간의 관계에 대한 감탄할 정도로 명료한 설명을 제공한다. 사이먼 더피(Simon Duffy)는 『표현의 논리』(*The Logic of Expression*)에서 보다 기술적인 버전을 제시한다. 리바이 브라이언트 또한 *Difference and Givenness*, pp. 159-74에서 이념들의 칸트적 측면들을 발전시킨 바 있다.

에서 이념들은 각각의, 그리고 모든 인식능력에 속한다. 들뢰즈가 주장하듯이, 이념들은 각각의 인식능력 간의 연계를 구성하고 각각의 능력을 그것의 한계로까지 데려간다 (94/251/243-4). 하지만 이념들이 각각의 모든 능력에 속하는 것은 오직 문제의 점진적인 전개라는 의미에서이다. 감성은 메를로-퐁티의 말로 표현하자면, '뒤섞인 문제'를 상상력에 제시했다. 상상력은 그 문제를 기억으로 전달했다. 기억은 그 문제를 다시 사유로 전달한다. 문제들이 그러하듯이, 이러한 관점에서, 이해된 이념들은 모든 인식능력에 참여한다.

'그럼에도 이념들이 순수 사유와 매우 특별한 관계를 맺고 있는 것은 사실이다' (194/251/244). '이념들은 정확히 코기토의 사유들' (169/220/216)이다. 왜 그러한가? 왜냐하면 감각된 것이 뒤얽힘을 멈추고서 **규정**되는 것은 사유의 능력을 통해서이기 때문이다. 이것이 바로 문제들이 애초부터 존재했음에도 들뢰즈가 여전히 문제들의 '기원'을 사유에 둘 수 있다(194/251/244)고 말하는 이유이다. 사유가 뒤섞인 문제들의 기원인 것이 아니라 감성이 그들의 기원이다. 사유는 규정된 문제들의 기원이다. 들뢰즈가 종종 말하듯이 우리는 우리가 제기한 물음에 따라 혹은 우리가 제기한 문제에 따라 마땅히 얻을 수 있는 대답을 얻는다.[146] 만약 우리가 오직 뒤얽힌 문제만을 제기한다면, 그 대답 또한 뒤얽혀 있을 것이다. 이상적인 종합안에서 우리는 마침내 어떠한 조건들과 마주하게 되는데, 그 조건들은 정신이 문제를 점진적으로 규정할 수 있게 해 주는 한편 마침내는 '모호하게 표현된 질문에 대한 응답을 발견' (PP 249)할 수 있게 해 준다.[147]

---

[146]　'문제가 되는 것은 해이지만, 문제는 그것이 제기된 방식에 따라 마땅히 취할 만한 해를 항상 지니고 있다' (BG 16/5, 영문 번역은 수정된 것). 문제는 '**그것이** 규정되어 **있으면** 있을수록 더욱더 잘 해결된다' (179/232/226, 들뢰즈의 강조).

이러한 조건들은 들뢰즈의 이상적인 놀이에 대한 기술에서 비유적으로 표현된다. 세 번째 종합은 사유하는 이가 '미래의 놀이'를 할 수 있도록 했다. 그 안에서 영원 회귀가 발생하는 계열의 세 번째 시간은 다수의 특징들을 지니고 있었는데, 그 중 하나는 주체의 해체였고 이와 더불어 재인의 통합적인 종합의 가능성도 소멸했다. 이것이 바로 들뢰즈가 그것을 '죽음'이라 부르는 이유이다. 잠재적인 것, 즉 그것하에서 문제가 점진적으로 규정될 수 있는 조건들은 오직 이러한 실패한 죽음의 여파 속에서만, 일종의 인간적 놀이를 초월하는 놀이의 여파 속에서만 나타난다. 세 번째 수동적 종합에 대한 들뢰즈의 논의의 일부인 다음의 인용문을 살펴보자.

반대로, 미래의 체계는 신적인 놀이라 불려야 한다. 왜냐하면 미리 존재하는 규칙이 없고, 놀이가 이미 그 자신의 고유한 규칙과 관계하며, 모든 우연이 매번 매시간 긍정되기에, 노는─아이가 항상 이길 수밖에 없기 때문

---

147 메를로─퐁티는 이 장에 심대한 영향을 끼쳤는데, 지면 관계상 지금 여기서 이를 더욱 상세히 다루지는 못할 것이다. 다만, 『지각의 현상학』에서 뒤얽힌 문제는 '긍정적인 미규정성'으로서 등장하고, 해를 규정하는 과정은 그가 '사유'라 부르는 것이 된다. '미규정적인 것으로부터 규정적인 것으로의 이행, 새로운 의미의 통일성 가운데서 그 자신의 역사의 모든 순간에 행하는 재구성이 바로 사유 그 자체가 된다'(PP 36). 이러한 이행은 들뢰즈의 것과 매우 공통적인 다수의 특징들을 지닌다. 먼저, 구성(constitution)은 모델의 부재 속에서 펼쳐진다. 구성은 '상당한 집단화의 어떤 이상적 모델도 없이' 자발적으로 의미를 창조한다. 따라서 둘째로, 메를로─퐁티에게 있어 문제는 그 자신의 자발적인 자아 조직화의 형식을 소유해야만 한다. '대상의 통일성은 단순히 전경 속에 잠재하는 질문들에 대한 응답을 막 우리에게 내놓으려 하는 내재적 질서의 전조에 기반한다. 그것은 오직 모호한 불안함의 감정의 형식으로만 설정된 문제를 해결하고, 그 순간까지 동일한 우주에 속하지 않았던 요소들을 조직한다[…]'(PP 20). '이제 여기서 문제의 데이터는 그것의 해에 우선하지 않는다. 그들을 통합하는 의미를 일군의 데이터와 더불어 단숨에 창조하는 행위 그 자체가 바로 지각이다'(PP 42, 35도 참조). 125번 주석도 참조할 것.

이다. 여기서의 긍정은 한정되거나 제한하는 긍정들이 아니라, 제기된 물음들과 그로부터 이 물음들을 낳는 결정들과 공연장적인 긍정들이다. 이러한 놀이는 필수적으로 이기는 패의 반복을 수반하는데, 왜냐하면 그것이 그 자신의 고유한 회귀의 체계 내의 모든 가능한 조합들과 규칙들을 끌어안고 있기 때문이다(116/152/142).

문제들이 그 안에서 규정될 수 있는 일반적인 조건들이 존재할 뿐, 선행적으로 존재하는 규칙은 없다. 오직 노는-아이만이 이길 수 있으며, '모든 우연'(tout le hasard)은 반드시 긍정되어야 한다. 이 놀이는 '그 자신의 회귀의 체계'를 구성한다. 우리는 다음에서 이 모든 점들을 다시 논의하게 될 것이다. 지금으로서는 우선 규칙들의 부재와 노는-아이라는 두 가지 점만을 부각시켜 보자.

　들뢰즈에게 있어 사유는 규칙들에 대한 순응에 의해 규정되는 것이 아니라 모든 우연을 긍정하는 '주사위 던지기'에 의해 규정된다. 이는 분명 칸트를 겨냥한 말이다. 칸트에서 사유의 행위는 오성과 그것의 범주들, 즉 정확히 **규칙들**에 의해 조건 지어진다.

> 앞서 우리는 **오성**을 다양한 방식들로 설명했다.(감성의 수용성과 대조되는) 인식의 자발성을 통해, 사유를 위한 인식능력, 혹은 개념들 또는 판단들의 인식능력을 통해 말이다. 우리가 이를 제대로 이해할 때, 이 모든 설명들은 동일한 것으로 귀결된다. 이제 우리는 오성을 **규칙들의 인식능력**으로 특징지을 수가 있다(CPR A126, 칸트의 강조).

사유의 인식능력은 규칙들의 인식능력이다. 이러한 규칙들, 범주들이 재인의 세 번째 종합을 지배한다. 들뢰즈의 독해에서 세 번째 종합이 외양들을 대상-형식과 관련시키는 한, 다소 현상학적인 방식으로 우리는 이러한 범주들을 **경험의 모든 가능한 대상의 구성을 위한 규칙들**이라고 특징지을 수 있다. 하지만 우리가 본 것처럼 들뢰즈에서 세 번째 종합은 허물어지고 마는데, 왜냐하면 세 번째 종합을 통합시켜 주는 어떠한 범주적 모델도, 종합을 토대 지을 어떠한 통각의 주체도 들뢰즈의 사유에서는 존재하지 않기 때문이다. 결과적으로 들뢰즈는 칸트처럼 사유를 규칙들의 인식능력으로 정의할 수가 없다. 종합의 실패 가운데서 사유는 규칙들의 부재, 즉 우연에 의해 특징지어진다. 사유하는 행위는 일종의 '주사위 던지기'이다.

하지만 들뢰즈가 이러한 정황으로부터 완전히 규칙을 배제하는 것은 아니다. 즉 어떤 의미에서 사유는 아직도 규칙들의 인식능력으로 남아있다. 사유가 이미 주어진 규칙에 따라서 작동하지는 않을지도 모른다. 하지만 사유는 '**그 자신의 규칙들을 발명**'(283/263/354, 필자의 강조)한다. 이러한 관점으로부터 우리는 이념이 여전히 대상들의 구성과 근본적인 관련을 맺고 있다는 사실을 확인할 수 있다. 이념의 체계적인 기능은 **어떠한 선재하는 규칙들의 부재 가운데서 대상들의 구성을 위한 규칙들을 생산하는 것**에 다름 아니다.

들뢰즈는 오직 '노는-아이'만이 신적인 놀이에서 이길 수 있다고 말한다. 이 노는-아이란 누구인가? 이 표현 자체는 정신의 세 가지 변신에 관한 차라투스투라(Zarathustra)의 우화를 환기하고 있다. '나는 그대들에게 정신의 세 가지 변신에 대해 말하고자 한다. 정신이 어떻게 낙타가 되고, 낙타는 어떻게 사자가 되며, 또 이 사자가 어떻게 마지막으로 아이가 되는지 말이다'(Nietzsche, *Thus Spoke Zarathustra* 54). 이 우화가 들뢰즈에게 왜 매력적인지를 이해하기는 쉽다. 들뢰즈에게 있어서도 정신은 세 가지 변신을 겪는다. 상상력은 낙타와 같다. 상상력은 그 자신이 종합하는 것이 되고, 따라서 직접적으로 세계의 무게와 결부된다. 하지만 기억은 피로한 관조적인 영혼들을 종합하는 가운데서 사자와 같이 세계의 주인이 된다. 그렇다 하더라도 기억은 여전히 **창조**의 힘을 결여하고 있다. 기억이 창조의 능력을 획득하게 되는 것은, 정신이 사유의 인식능력이 되는 세 번째 변신에서 뿐이다. 왜냐하면, 정신은 아이처럼 더 이상 규칙들 혹은 선-정립된 가치들을 알지 못하기 때문이다. 영원 회귀는 조건과 작인 둘 다 추방한다. '작품'은 오직 죽음 가운데서 접근 가능하며, 그것의 과거와 관련하여 자율적인 것으로 남아 있다. 자신의 순수와 망각 가운데서, 아이는 새로운 것과 동일한 것이 된다.

> 아이는 순수이자 망각이다. 그는 새로운 시작이자 놀이[*un jeu*]이며, 자기-추동적인 바퀴, 첫 번째 운동, 신성한 긍정[*une sainte affirmation*]이다.

> 형제들이여. 긍정, 창조의 놀이를 위해서는[*le jeu divin de la creation*] 신성한 긍정이 필요한 법이다. 이제 정신은 **그 자신의** 의지를 발휘한다. 세계로부터 절단된 정신은 이제 **그 자신의** 세계를 획득한다(Nietzsche 55, 니체의 강조).[148]

정신의 변신에 관한 우화는 인식능력들을 가로지르는 문제의 점진적 전개에 관한 이야기를 반복하며, 마지막 변신에서 우리는 이미 논의된 여러 주제들과 마주하게 된다. 창조의 신적인 놀이라는 개념, 영원 회

---

148 여기서 필자는 들뢰즈가 이 단락에 의존하는 정도를 보여 주기 위해 프랑스어 번역본의 문구들을 홀링데인(Hollingdale)의 영어 번역문에 삽입했다. 영어본에서 '창조의 신적인 놀이'라는 표현이나 '긍정'이라는 표현은 어디에서도 찾아볼 수 없다.

귀 개념, 자기 자신을 회전시키는 자기-추동적인 바퀴, 긍정, 또는 신성한 긍정이라는 개념들 말이다. 가장 중요하게, 우리는 여기서 '창조의 신적인 놀이'를 조건짓는 순수, 즉 망각에 의해 부여되며 세계로부터 절단된 정신에게만 주어지는 순수의 개념을 발견한다. 세 번째 종합의 실패 가운데 세계로부터 멀어진 노는-아이는 규칙들의 외부에서 문제들을 점진적으로 규정하는 사유자와 같다. 들뢰즈의 여러 개념들 중 어느 것이 이러한 모든 특성들에 상응하는가? 이러한 '서정적인' 개념에 해당하는 들뢰즈의 철학적 구성물은 무엇인가? 또한 노는-아이는 무엇을 창조하는가? 노는-아이는 들뢰즈의 코기토와 같다. 노는-아이의 사유들은 이념들이다.

잠재적 다양체

들뢰즈의 이념(또는 다양체, 또는 사건, 또는 구조) 개념을 어떤 안정적인 무언가로 전환하려는 어떤 경향이 존재하는 바, 우리는 그것이 미분적 요소들, 미분적 관계들과 특이성들의 배치라고 말한다. 들뢰즈 자신 또한 때때로 이러한 경향을 주도한다. '이념[…]은 하나도, 다양한 것도 아니다. 그것은 미분적 요소들, 그러한 요소들 간의 미분적 관계들, 그러한 관계들에 **상응하는** 특이성들로 구성된 하나의 다양체이다'(278/356/348, 필자의 강조). 하지만 배치는 그 자체로 하나의 과정이다. 이념은 그것의 발생과 구분 불가능하며, 그러한 과정의 시초에 기이한 코기토가 자리하고 있다.

　추상적이고 형식적인 수준에서 이념의 발생을 기술하는 것보다 쉬운 것은 없다. 모든 것은 규정되지 않은 '이념적 요소들'의 집합과 더불어 시작된다. 이러한 요소들은 다음으로 그들을 상호적으로 결정하거나 혹은 그들을 서로서로와의 관계하에 두는 어떠한 종합에 종속된다. 마지막으로 요소들 간의 다양한 관계들은 '특이성들'에 의해 접합된다. 특이성들은 이념에 그것의 구체적인 형식을 부여하며, 결과적으로 '완전한 규정'의 단계를 재현한다. 따라서 정도에 따라 규정은 미규정된 것, 상호적으로 규정된 것, 완전하게 규정된 것이라는 세 가지로 존재하는데, 이는 각각 요소, 관계, 그리고 특이성이라는 이념의 세 가지 순간들에 상응한다. 이러한 추상적 기술의 문제는 이러한 기술이 우리의 가장 근본적인 질문들 몇 가지를 해결하지 못한 채 남겨 둔다는 것이다. 즉, 누가 혹은 무엇이 이념적 종합을 초래하는가? 이러한 '이념적 요소들'은 무엇이며 이들은 어디에서 기인하는가? '이념'이란 무엇의 이념을 일컫는 것인가?

첫 번째 질문은 대답하기가 가장 쉬운 질문임과 동시에 이해하기는 다소 어려운 질문들 중 하나라 할 수 있다. 들뢰즈식의 코기토 이외에 이념적 종합을 초래할 수 있는 것이 무엇이겠는가? 이념들의 기원을 둘러싼 들뢰즈의 논의를 따라가고자 시도할 때 우리의 독해는 불가피하게 '우발점'(283/363/354 ; 198/256/248)에 근거하고 있는 주사위 던지기에 최종적으로 도달하게 된다. 이념적 놀이의 언어에서, 이 우발점은 주사위를 던지는 것에 해당한다. 실제로 이념들을 생산하는 것은 우발점이다. 예를 들어, 들뢰즈는 이러한 던지기가 '그들의 관계들과 특이성들을 규정하는 이념적 문제들을 **활성화**한다'(283/363/354, 필자의 강조), 혹은 '주사위 던지기가 문제들의 계산, 미분적 요소들의 규정, 혹은 하나의 구조를 형성하는 특이점들의 분배를 **수행**한다'(198/256/248, 필자의 강조)고 말한다. 이 두 문장 모두에서 들뢰즈는 이러한 던지기의 능동적인 역할 하나를 명시적으로 설정하고 있다. 즉 그것은 다양체들의 발생을 '활성화'하고 실제로 그것을 '수행'한다. 던지기는 요소들을 결정하고, 점들을 분배하며, 문제들을 계산한다.

들뢰즈는 여기서 이따금씩 블랑쇼를 참조한다. 우발점은 '모리스 블랑쇼(Maurice Blanchot)가 끊임없이 언급하는, 맹목적이고 무두적이며 실어증적이고 우발적인, "'사유의 불가능성이 **사유되는**" 어떤 지점'(199/257/249-50, 필자의 강조)을 의미한다. 조르주 풀레(Georges Poulet)는 이 점과 관련하여 필수적인 사실 하나를 포착한 바 있다. 즉, 우발점이 블랑쇼의 **코기토**라는 것 말이다.

> **의식**은 항상 그 자신을 포함한 모든 것으로부터 절대적으로 분리되어 있기에, 블랑쇼에게 있어 의식은 결코 무한한 고립 의식 이외의 어떤 다른 것이 될 수 없다. 실존이라는 사실 그 자체가 현전에 대한 확실한 증거를 제공하지 않는다면 말이다. 이 현전이란 모든 분리된 부정들의 이면에 흐릿하게 자리하고 있는 끊임없는 긍정, 어떤 독특한 자리, 공간이나 지속이 부재하는 어떤 점을 일컫는데, 이곳은 더 이상 어떠한 모순적인 항들도 존재하지 않는, 대상적인 것과 주체적인 것이 만나는 장소라 할 수 있다. 즉 이 장소는 진리와 우리의 진리에 대한 합의가 상정될 수 있는 유일하고 독특한 자리이다(Poulet 80, 필자의 강조).[149]

이 점은 블랑쇼의 '나는 생각한다'에 해당한다. '나는 생각한다'는 스스로를 규정적인 주체로 생각하지 않으며, 특정한 대상으로도 생각하지 않는다. 그것은 세계로부터 무한히 고립되어 있는 의식이며, 대상성과 주체성 이전에 어떠한 행복감의 자리에서 생각하는 비개인적인 의식이다. 즉, 그것은 존재의 '끊임없는 긍정'에 다름 아닌 어떠한 텅 빈 사유이다.[150] 풀레는 데카르트와의 관련하에 이러한 새로운 개념의 의

---

[149] 풀레의 에세이는 블랑쇼에게 있어서의 초월론적 경험론의 중요성 또한 훌륭하게 설명해 내고 있다.

식을 상정하고 있다. 하지만 들뢰즈에서 이러한 개념이 등장하는 체계적인 장소 (즉 세 가지 종합들의 이후, 그리고 다음 부분에서 설명하겠지만, 도식의 바로 이전)를 고려할 때 아마도 우리는 이를 칸트와 관련시켜야 할 것이다. 들뢰즈에 있어 이 우발점은 몇몇 중요한 방식에서 칸트의 통각에 대한 대안으로 기능한다.

우리는 세 번째 종합의 해체가 통각의 통일성 부재 때문이라고 말했다. 그럼에도 계열의 세 번째 시간 속에는 어떠한 종합이 있고, 이 종합과 더불어 어떤 새로운 형식의 의식이 존재한다. 이 새로운 코기토, 우발점, 또는 노는-아이는 그 어떤 전통적인 방식을 통해서도 잘 설명될 수 없다. 그것은 순수하지도, 본래적이지도, 불변적이지도 않으며 내가 다른 어떤 것을 아는 것보다도 더 제대로 나 자신을 알기 위해 따르는, 내적 의미의 필연성에 참여하지도 않는다. 또한 마지막으로 그것은 모든 주체성의 필수적인 토대로 기능할 수 없다. 들뢰즈가 말하듯이, 이 새로운 코기토는 무두적이고(머리가 없고), 실어증적이며(말이 없으며) 우발적(필수적이기보다는 우연적)이다. 『의미의 논리』에서 이 우발점은 무-의미의 화신으로 등장한다. 하지만 그것은 (규칙들을 찾아 외양들을 끊임없이 탐구하는 종합의 작인이라는 사실 말고도[CPR A126]) 칸트식 통각의 가장 근본적인 특성들 가운데 두 개를 소유하고 있다.

먼저, 영원 회귀에 대한 특징을 기술하며 블랑쇼가 말하듯이, 그것은

---

150 들뢰즈는 『미래의 책』(*The Book to Come*)에 속해 있는 아르토(Artaud)에 대한 블랑쇼의 에세이(특히 36페이지 참조)를 떠올리고 있는 듯하다. 하지만 폴레가 주장하듯이 이 개념은 이 시기에 쓰여진 블랑쇼의 저작 전체에 걸쳐 등장하고 있다. 특히 『문학의 공간』(*The Space of Literature*)(pp. 44–6)과 『미래의 책』 속에 포함되어 있는 그의 에세이 「미래의 책」 "The Book to Come"(여기서 블랑쇼는 의미의 발생과 관련하여 주사위 던지기라는 주제를 개진하고 있다)의 마지막 몇 페이지들을 참조할 것.

232 들뢰즈의 『차이와 반복』 입문

자기-지칭적인 기호이다. 우발점은 '**사유가 스스로를 지칭**하는 독특한 기호'(Blanchot *Friendship* 173, 필자의 강조)이다. 즉 그것은 원환과 같이 항상 자기 자신에게로 되돌아가는 운동이다. 둘째로, 그것은 여전히 통일성의 기이한 형식으로 기능한다. 주사위 던지기는 특수한 이념들만을 활성화하기에, 들뢰즈는 여전히 이념들의 이념에 대한 문제, 즉 모든 다른 이념들의 본질에 해당하며 그 본질들을 모두 담고 있는 어떤 이념에 대한 문제는 여전히 남아 있다고 말한다.[151] 이러한 이념들의 이념이 바로 우발점이다. 『의미의 논리』에서 들뢰즈는 이 우발점을 '모든 사건들을 위한 대사건(*Eventum tantum*)(즉, 사건 그 자체), 그 안에서 탈구되는 모든 형식들을 위한 궁극적인 형식'(LS 179)이라고 기술한다. 각각의 주사위 던지기는 특수한 이념을 결정하지만, 이 우발점의 '순환'은 이러한 특수한 던지기들의 이면에 자리하고 있는 발생적 원리 그 자체이자 모든 던지기들을 하나의 던지기로 통합해 주는 것이다.[152] 이는 두 가지 것을 의미한다. 첫째로, 각각의 이념은 오직 다른 이념들과의 관련하에서만, 그리고 어떤 가변적인 전체성의 한 기능으로서만 생산된다.[153] 둘째로, 이 장의 통일성은 우발점의 지배를 받는다. 우발점은 형식들의 형식이자 이념들의 이념이다. 그것은 미분적인 관계들이 그것과의 관련하에 그들의 절대적 가치를 부여받게 되는 특수한 다양체 각각의 발생적 원리일 뿐 아니라, 모든 특수한 이념들을

---

151 들뢰즈는 (186-7/241-2/235-6)에서 특수한 이념들이 그들의 공존 가운데서 서로서로와 구별될 수 있는 다양한 방식을 논한다.

152 『의미의 논리』에서의 다음 문구를 참고할 것. '각각의 던지기는 특이점들을 발산한다[…]. 하지만 이러한 던지기 행위는 우발점 속에, 모든 계열들 전체에 걸쳐 끊임없이 전치되는 단일한 주사위 던지기 안에 포함되어 있다'(LS 59).

153 들뢰즈는 '상호적인 종합 속에서의 A와 B, B와 A 사이의 운동이 '문제적인 장 전체의 점진적인 순회, 혹은 그것의 기술'을 재현한다'(210/272/262)고 말함으로써 이를 표현하고 있다. 상호적인 종합은 문제적인 장의 사태 전체와 연결되어 있다.

하나의 의식, 즉 영원 회귀의 사유 안에 한데 불러 모아 부여잡고 있는 것이기도 하다.

우발점은 생산될 이념들을 결정하고, 이념적 종합을 발생시킨다. 그렇다면 이 종합은 무엇의 종합인가? 이러한 이념적 요소들은 어디에서 생겨나는가? 규정되지 않은 상태에 있는 하나의 이념은 **규정 가능한** 요소들의 집합이다. 이러한 요소들은 수동적 종합들이 시작되는 바로 첫 순간에 본래적으로 감각되는 요소들인데, 이제서야 이들은 관조하는 자아의 한계로부터 해방되어 있다. 재인의 종합이 실패한 이후 우리는 두 가지 것들이 발생하는 것을 확인했다. 첫째 주체, 그리고 통합된 대상의 가능성이 소멸했다. 자아는 '마치 새로운 세계의 담지자가 자신이 발생시키는 다양체의 충격에 의해 탕진되어 버리는 것처럼' '조각조각 나 버렸다' (89-90/121/112). 둘째, 비록 자아가 조각조각 났다 해도 이 순간이 자아의 **절멸**을 나타내는 것은 아니었다. 그것은 자아가 어떠한 새로운 형태를 취하는 변신을 의미했다. 본래적으로 끌어내어져서 해방된 것은 차이들뿐만이 아니었다. 종합 또한 자유로워졌다. 들뢰즈는 이러한 새로운 상황을 다음과 같이 특히나 암울한 이미지로 기술한다. ''분산된 일원들'이 우발점의 '숭고한 이미지 근처로 끌려오게 된다'' (90/121/112). 신체의 분산된 일원들은 이념의 발생이 기원하는 순간의 규정 가능한 요소들이다. 이들은 '해방된 차이들' 혹은 '영원 회귀'의 **무형성**(formlessness) 가운데 '펴져 있는' 자아의 '근거없는' 파편들이다 (91/122-3/114). 숭고한 이미지는 그것의 해체된, 하지만 해방된 신체를 관조하는 새로운 코기토이다. 이것이 이념들의 발생의 첫 번째 순간이다. 즉, 새로운 '나'가 그것의 분산된 자아를 관조한다.

이는 들뢰즈가 '이념적 종합,' '유동적인 종합' 혹은 상호 결정의 과정 등 여러 이름으로 부르고 있는 어떠한 새로운 종합을 발생시킨다. 어떤 이름으로 불리든 간에 그것은 이념들의 발생의 두 번째 순간에 해당한다. 이념적 요소들이 해체된 자아의 '분산된 일원들'이었다면 이 종합은 '파편들을 찾아낸다'(190/245/239)고 할 수 있다. 이 종합은 파편화된 신체를 규정가능성의 공간 안에서 재통합한다. 들뢰즈는 이러한 종합을 여러 가지 방식으로 기술하고 있다.

아마도 이 종합에 대한 가장 정확한 기술은 요소들간의 미분적 관계의 구성에 관한 기술일 것이다. 왜 이것이 가장 정확한 기술인가? 들뢰즈는 매우 빈번하게 '이념적인 연결들'(liaisons idéals)의 설정으로서의 종합에 대해 이야기하는데, 이는 매우 이해하기 쉬운 사유이다. 이념의 첫 번째 순간에는 규정 가능한 요소들이 존재하고, 두 번째 순간에는 파편들의 추구가 행해진다. 이것이 이해하기 쉬운 이유는 이 사유가 우리로 하여금 지각의 우선성을 유지하게끔 하기 때문이다. 즉 이는 우리가 관계라는 것을 서로서로에게 외재적인 두 요소들 간의 어떠한 관계로서 사유하게 한다. 들뢰즈가 말하길, 이 사유는 '시-공간적인 관계의 측면을 너무나 많이 보유'(184/239/232-3)하고 있다. 이것이 바로 들뢰즈가 미분적 관계들에 대한 설명으로 이 장을 시작하는 이유이다. 이들을 외재적 요소들 간의 관계로서 사유하는 것은 훨씬 더 어려운 일이다.[154]

들뢰즈는 미분적 관계를 이렇게 설명한다. '엄격히 말해 dx는 x와 비교해서, 그리고 dy는 y와 비교해서 아무것도 아니다.'(171/222/218). dx는 x로부터 나온 무한하게 작은 차이를 나타낸다. 그것은 x와 비교해서 아무것도 아니다. 비록 dy와 dx가 자체적으로 사라지는 양들

---

154   피터 홀워드(Peter Hallward)는 *Out of This World*, p. 171n5에서 미분적 관계에 대한 매우 읽기 쉬운 입문적인 해설을 제공해 준다.

이며 따라서 '0'에 해당되기는 해도, 예를 들면 dy/dx라는 방정식에서
처럼 이 들이 서로서로와 관계될 때 이들은 관계 그 자체 내에서 포괄
된다. 이런 경우 그들을 통합하는 관계에 의해 이들은 이제 주어진 곡
선의 접선을 표현하게 된다. 이 관계가 두 개의 '0들' 혹은 두 개의 '사
라지는 수량들' 간의 관계임에도 말이다.[155]

　　이러한 미분적 관계는 그것에 대한 시-공간적 관계들의 측면을 별로
포함하고 있지 않다. 들뢰즈가 말하듯이, 이 관계는 수량들의, **현실적으
로** '**직관된**' 혹은 **가능한** '대수적인 크기들' 간의 관계가 아니다. 이러
한 대수적인 크기들 간의 관계는 '특수한 가치들'을 지니고 있으며,
'분열된 관계 속에서 통합되어 있을 때조차도 각각 이 관계와는 독립
적으로 어떠한 가치를 유지한다'(171/222/218). 그러나 미분적 관계

---

[155]　들뢰즈는 라이프니츠 세미나(1980년 4월 22일)에서 이에 대한 특히나 명료한 설
명을 제공한다. '우리는 dx 혹은 dy가 x 혹은 y로부터 더해지거나 혹은 빼졌다고 가정
된 무한히 작은 양이라고 말합니다. 이제 하나의 발명이 가능해지는데요! 무한히 작
은 양… 즉, 그것은 고려될 수 있는 양 중에서 가장 작은 변이입니다. 관습적으로 할
당될 수 없는 것이지요. 따라서 x와 비교될 때의 $dx=0$은 그것이 x가 달라질 수 있는
가장 작은 양이기에, 0과 동일한 것이 됩니다. (동일한 이유로) y와 비교해서 $dy=0$입
니다. 순간적인 차이라는 개념이 이제 형태를 띠기 시작하지요. 이는 변이 혹은 차이,
dx 혹은 dy인데, 어떠한 주어진 혹은 주어질 수 있는 양보다 더 작습니다. 이는 하나
의 수학적인 상징이라 할 수 있는데요. 어떤 의미에서 이는 말도 안되는 것이지만 또
다른 의미에서는 기능적인 개념이지요. 어떻게 그렇게 될까요? 미분법의 상징주의의
놀라운 점 하나가 여기 있습니다. x와 비교될 때의 $dx=0$, 즉 가장 작은 차이, x라는
양이나 할당불가능한 y라는 양이 가능해질 수 있는 가장 작은 증가치는 무한히 작은
것입니다. 놀라운 것은 dy/dx는 0과 동일하지 않다는 것인데요. 게다가 dy/dx는 완벽
히 표현 가능한 유한한 양을 지니고 있습니다. 이들은 상대적인데요, 아주 독특하게
상대적입니다. dx는 x와 비교해서는 아무것도 아니고, dy는 y와 비교해서 아무것도
아니지만 dy/dx는 아무것도 아닌 게 아니지요. 이는 하나의 놀랍고, 감탄할 만하며,
위대한 수학적인 발견입니다.' 댄 스미스는 그의 글 「공리론」에서 이러한 생각에 대한
특히나 명료한 기술을 제공해 준다. 보다 기술적인 버전을 위해서는 사이먼 더피의
『표현의 논리』 2장을 참고할 것.

속에서 '각각의 항은 다른 항과의 관계 속에서 절대적으로 존재한다. 독립적인 변수를 지시하는 것은 더 이상 필수적이지도, 혹은 가능하지도 않다'(172/223/219).

이것이 바로 이념적 종합이다. 어떠한 파편들도 그대로 두지 않는 해체된 자아의 분산된 일원들 간에, 일련의 상호적 관계들이 설립된다. 각각의 항은 전적으로 다른 항과의 관계 속에서만 존재하며, 그 자체의 가치를 결여한다(들뢰즈는 이념적인 요소들이 철저히 **무의미**하다는 것을 반복적으로 강조한다). 각각의 요소는 그 자신을 포괄하는 관계로부터 그 자신의 가치를 취한다.

'미분적 관계들'이라는 용어가 가장 정확한 용어이고, '이념적 연결들'이라는 표현이 가장 이해하기 쉬운 표현이라면, 이념적 종합에 대한 가장 명료하다고 할 만한 기술이 하나 더 존재한다. 들뢰즈는 때때로 이념적 연결들이라는 표현을 제쳐 두고 '군 이론'(group theory)의 언어를 선택한다. 군 이론의 예에서 점진적인 규정은 '문제'에 대한 연속적인 변수들의 형식을 취한다.

> 기본적인 어떤 '장'(R)으로부터 출발하여 장들을 연속적으로 부가하면 (R′, R″, R‴) 가능한 치환들이 점진적으로 제한되고, 이로써 한 방정식의 근들이 점점 더 정확하게 식별될 수 있다(180/233/227-8).

위의 예에서, '기본적인 장'은 이념적 요소들의 집합이다. 연속적으로 장을 부가하는 것은 이념적 연결들의 점진적인 설립을 나타낸다. 이 예는 이념적 종합의 필수적인 기능을 잘 보여 주고 있는데, 이 기능이란 점진적으로 '가능한 치환들'의 수를 제한시키는 것을 뜻한다. 이는 우리가 이러한 군으로부터 어떠한 '구조,' '불변자,' 혹은 본질을 추출하는 것을 가능하게 한다.[156] 들뢰즈는 명백히 후설의 그 유명한 '상상의 변이'라는 개념을 재구성하기 위해 이 군 이론을 활용하고 있다. 후설은 대상을 '자의성의 구조'(규정가능성) 안으로 데려와 그것을 상상적으로 수정함으로써 대상의 본질을 발견하는 것이 가능하다고 말한 바 있다.[157] 추정컨대 우리는 여기서 결국 그것이 더 이상의 변이를 겪을 수 없는 어떤 지점에 도달하게 된다. '가능한 치환들의 점진적인 한계'와 같은 것이 존재할 것이고, 그리하여 이러한 불변자는 그 대상의 본질 혹은 **이념**을 표현하게 될 것이다.

이 과정에 대한 들뢰즈식 버전은 여러 중요한 측면에서 후설의 것과는 다르다. 가장 일반적인 수준에서, 후설에게 상상의 변이는 최상의 이성적인 행위이다. 하지만 들뢰즈에게 있어서 그것은 여전히 상당히 미학적인 행위로 남아 있다. 아직 어떠한 능동적인 의식도 없고, 이성의 능동적인 인식능력도 없다. 오직 해체된 자아를 관조하는, 새로이 태어난 사유의 인식능력만이 있을 뿐이다. 이러한 일반적인 차이의 결과들이 관찰되는 것은 하나의, 보다 더 구체적인 차이 속에서이다. 즉 들뢰즈에서는 아직 어떠한 대상도 존재하지 않으며, 들뢰즈가 '문제'라고 부르는 일군의 규정되지 않은 이념적인 요소들만이 존재한다. 이것이 바로 들뢰즈가 갈루아(Galois)와 아벨(Abel)에 주목하는 이유이다. 그들은 '해결가능성이 문제의 형식으로부터 따라 나오는 방식 하나를 정교화했다'(179-80/233/227). 군 이론은 어떻게 구조가 알려진

---

156   『강도의 과학』에서 마누엘 데란다가 행하는 이 과정에 대한 설명을 참고할 것. '변형의 군들은 그들이 자신들의 **불변자들**에 의해 기하학적 형상들을 분류하는 데 사용될 수 있다는 점에서 중요하다[…]'(17, 데란다의 강조).
157   『경험과 판단』의 §87 참조. 들뢰즈의 해석과 공명하면서도 이 과정에 대한 보다 분명한 설명을 제공하는 것으로는 리오타르의 *Phenomenology*, pp. 37-42를 참조할 것.

것(후설의 직관의 대상들)이 아니라 알려지지 않은 것(이념적 요소들)으로부터 추상될 수 있는지를 설명해 준다. 『베르그송주의』에서의 표현을 빌리자면, 그것은 참과 거짓의 시험을 해들이 아닌, 문제 그 자체들에 적용한다 (BG 15–16). 들뢰즈가 이 점을 이렇게나 중요하게 여기는 이유는 무엇인가? 들뢰즈에게 있어 '해'란 구성된 '현실적' 대상, 즉 후설이 상상의 변이를 설명할 때 참조하는 질과 연장의 배치로서의 사물이기 때문이다. 들뢰즈가 이 장에서 제기하는 문제 전체는, 대상의 이념, 즉 문제가 어떻게 이미 완결된 대상, 즉 해를 전제하지 않고서 규정될 수 있는가를 설명하는 것이다. 이념은 '재현의 필수 요건들과는 독립적으로 그 자신을 발생시킬 수 있어'야만 한다 […]' (274/353/344). 군 이론은 가능한 해들에 대한 참조 없이 문제를 규정할 수 있는 방법을 보여 준다. 문제는 어떻게 문제로서 규정되는가? 상호적 규정, 혹은 이념적 규정이 이에 대한 들뢰즈의 대답이 된다.

점진적인 규정은 아직 완전한 규정이 아니다. 불변자가 추출되고 난 이후에도 하나의 추가적인 순간이 이념들의 발생에 등장할 필요가 있다. 이러한 규정의 마지막 단계에 등장하는 것이 바로 '특이성들'이다. '완전한 규정은 특이성들의 미분화를 수행한다, 하지만 그것은 오직 (그들의 본성이 아닌) 그들의 실존, 그리고 그들의 분배와만 관계한다' (210/271/262). 들뢰즈는 종종 특이성들의 '실존과 분배' 그리고 특이성들의 '본성'을 구분한다. 다른 여러 구분들과 마찬가지로 이 구분 또한 잠재적인 것과 현실적인 것의 선을 따라 펼쳐진다. 특이성들의 실존과 분배라는 말로 들뢰즈가 의미하는 것은 특이성들의 이념에의 도달(실존) 그리고 그들의 이념에의 정착(분배)이다. 본성이라는 말로 들뢰즈는 특이성들이 현실화된 이후에 발생시키는 구체적이고 **현실적인** 외양을 뜻하고 있다.

얼마간 우리는 잠재성 내의 특이성들만을, 혹은 그들의 실존과 분배의 관점에서만 특이성들을 논했다. 이 실존과 분배는 전적으로 미분적 관계들의 상태에 의존한다. 들뢰즈는 종종 특이성들이 미분적 관계들에 '상응'한다고 말한다. '잠재적인 것의 현실은 미분적 요소들과 관계들, 그리고 그러한 미분적 관계들에 **상응**하는 특이점으로 구성된다' (209/269-70/260).[158] 때때로 그는 이보다 훨씬 더 나아가 '각각의 다양성의 가치들에 **의존**하는, 관계들의 다양성과[…] 특이점들' (210/270/261, 필자의 강조)에 대해 논하기도 한다.[159] 특이성들이 미분적 관계들에 '상응'하거나 '의존'한다면 이는 궁극적으로 특이성들이 그러한 관계들을 정식화하기 때문이다. 특이성들은 완결된 규정을 특징짓는 어떠한 **형식** 가운데서 점진적 규정을 끝맺는다. 사이먼 더피(Simon Duffy)는 규정의 첫 번째 순간들과 관련되는 이러한 특이성의 정의를 포착하여 매우 명료하게 설명해 낸다.

미적분학에 대한 들뢰즈의 이해에 따르면, 미분적 관계는 이러한 미분적 차이들(혹은 이념적 요소들)에 의해 발생되며, 힘의 계열들(특이성들)은 **미분적 관계의 반복된 미분화를 수반하는 과정** 속에서 발생된다(Duffy 71, 필자의 강조).

군 이론이 자유로운 변이, 혹은 더피가 '미분적 관계의 반복된 미분화'라고 부르는 것에 의해 불변자를 추출했다면, 특이성들은 이제 그 불변

---

158 (187/242/235)도 참조.
159 다음을 참조할 것. '완전한 규정이 상호적인 규정과 혼동되어서는 안 된다. 후자는 미분적 관계들 및 그들의 변화의 정도와 관계한다[…] 전자는 관계의 가치들, 다시 말해 하나의 형식의 구성, 혹은 그것(형식)을 특징짓는 특이점들의 분배와 관계한다' (175/227-8/223).

자를 표현한다. 특이성들은 그들의 잠재적인 형식에 있어서 이념적 종합에서 창조된 이념적 연결들의 표현들에 다름 아니다.

앞으로 이러한 특이성들의 중요성과 역할에 대해 논하게 되겠지만, 여기서는 잠시 다음의 질문을 제기해 보자. 요소들, 관계들, 그리고 점들의 이러한 기이한 배치의 체계적인 기능은 과연 무엇인가?

대상의 다른 절반

앞에서 필자는 이 장을 주제적으로 두 부분으로 나눌 수 있다고 말했다. 우리가 이미 확인한 바와 같이, 첫 부분은 잠재성의 상태 속에 있는 이념들을 발생의 관점에서 기술하는 것과 관계한다. 두 번째 부분은 탐정 소설 혹은 정적인 발생의 세 번째 부분에 해당하는 이념들의 현실화와 관계한다. 이는 잠재적인 이념들이 현실적인 대상이 되는 과정이다. 앞서 본 바와 같이 들뢰즈는 이러한 잠재태/현실태의 구분을 여러 다양한 방식으로 설명한다. 다음의 단락을 통해 가장 중요한 구분들 두 개인 '문제/해,' 그리고 '미분화/분화' 개념이 분명해진다.

> 미분화가 문제로서의 이념의 잠재적 내용을 규정하는 반면, 분화는 이 잠재적 내용의 현실화, 또한 […] 해들의 구성을 표현한다. 분화는 차이의 두 번째 부분과 같으며, 우리는 대상의 질적 통합성이나 양적 통합성을 지칭하기 위해서 미/분화(different/ciation)라는 복합적인 개념을 필요로 한다 (209/270/261).

미분화는 문제가 완전하게 규정되는 과정이다. 분화는 해들이 구성되는 과정이다. 하지만 미분화도, 분화도 그 자체로 대상의 '질적 통합성'을 규정할 수는 없다. 이는 두 가지 사실을 말해 주는데, 첫째로, 잠재적인 것은 그 자체로는 무용하다. 그것 혼자서는 대상의 전체성을 스스로 담지하지 못한다. 잠재적인 것은 오직 대상들의 생산을 위한 규칙만을 보유하고 있다. 대상은 몇몇 논평가들이 주장하듯이 잠재적인 것의 일-방향적인 창조성에 의해 구성되는 것이 결코 아니다. 그것은 오직 미분화 속에서만, 즉 이념들과 강도들의 복합적인 상호 작용 속에서만 구성된다. 이 단락이 우리에게 말해 주는 두 번째 사실은 이념들이 대상들 안에서 현실화된다는 것이다.

들뢰즈는 이러한 현실화와 대상의 관계를 주장한다. 이 책의 초반에 우리는 대상에 대한 한 가지 정의를 발견했는데, 즉 대상은 질, 외양, 그리고 지속의 배치이다. 이 정의는 대상을 오직 그것의 잠재성의 관점에서만 고려하는 부분적인 정의라 할 수 있다. 방금 우리가 확인한 바와 같이, 대상을 정의하기 위해서는 이념 그 자체로는 불충분하다. 이념은 오직 대상을 그것의 잠재성의 관점에서만 고려하기 때문이다.

완결된 규정이 결여하는 것은 현실적 실존에 속하는 규정들 전체이다. [...] **따라서 대상에는 현실화에 의해 규정되는 다른 한 부분이 있다**(209/ 270/261, 필자의 강조).

위에서 들뢰즈가 말하는 바와 같이, 따라서 대상의 진정한 정의는 '미/ 분화라는 복합적인 개념' 속에 포함되어 있다. 대상의 한 절반은 잠재적인 것이다. 다른 절반은 현실적인 것인데, 이 두 순간들의 '양적 통합성'이 바로, 미/분화라는 이 기이한 단어가 포착하고 있는 것이다. 현실화는 잠재적인 이념 혹은 '이념 속의 대상'(l'objet en Idée)[160]이

---

160   영어 번역본에는 '이념 속에서 그것이 존재하는 방식대로의 대상'(169/220/ 215)이라고 되어 있다. DI 100도 참조할 것.

현실적인 대상과 만나는 과정이다. 미분화는 대상을 분화하고, 따라서 그것의 질, 연장, 그리고 지속을 결정한다.

다음에서 우리는 이러한 논의로 돌아갈 것이다. 하지만 여기서 분명히 해야 할 점은 현실화는 오직 특정한 이념들의 현실화이지 결코 잠재성 전체의 현실화가 아니라는 사실이다. 앞서 우리는 사건들(events)과 사건(Event), 특히 이념들과 우발점을 구분했는데, 이 우발점이란 발생적 원리이자 모든 특수한 이념들의 통합이었다. 현실화는 오직 특수한 이념들에만 관계한다. 들뢰즈는 종종 우발점을 '사건의 현실화 불가능한 부분' 혹은 모든 응답의 상위에 혹은 너머에서 지속되는 물음으로 묘사한다. 우발점은 잠재성 전체, 혹은 사유의 인식능력인데, 이 우발점은 현실화의 과정과는 독립적으로 그 자신의 지속성을 유지한다.

규칙으로서의 이념

앞서 필자가 칸트에게 있어 오성이란 규칙들의 인식능력이며 이러한 규칙들, 범주들이 대상들의 구성을 위한 규칙이 된다고 지적했을 때, 필자는 이들의 유래에 대해 약간 과장한 면이 없지 않다. 범주는 그것이 재인의 종합에 통일성을 부여해 주는 한 대상들의 구성을 위한 규칙이라 할 수 있지만, 이는 오직 충분히 넓은 관점에서 볼 때에만 그러하다. 어떤 대상인지를 불문하고 이들은 그러한 대상들 모두를 위한 규칙이다. 그들은 어떠한 가능한 대상이든지 간에 그러한 대상들의 보편적이고 필수적인 규칙이며, 대상들의 다양성을 고려할 때 이러한 개념들은 엄청나게 넓은 개념들이어야만 한다.

'어떤 대상'(any object)이라는 이 개념은 기이합니다. '장미는 붉다'고 말해 봅시다. 이게 무슨 말인가요? '장미는 붉다'는 복잡한 문장이 아닙니다. 그것은 장미와 붉다라는 두 개념들 사이의 관계를 나타내고 있지요. 또한 '이 안에서 무엇이 보편적이거나 필수적인가?' 라고 묻는다면 우리는 이렇게 대답할 수 있을 것입니다. 아무것도 보편적이거나 필수적이지 않다고요. 모든 대상들이 장미인 것도 아니고 모든 장미가 붉은 것도 아닙니다. 붉은 것들 모두가 장미들의 색인 것도 아니지요. 따라서 우리는 붉은 장미에 대한 한 경험이 존재하는데, 이 경험은 특수하고 우연적이며, 모든 경험과 같이 후험적인 것이라고 말할 수 있겠습니다(칸트 세미나[1978년 3월 14일]).

특수하고 경험적인 개념들과 대조적으로, 범주는 모든 대상들이 대상들로 구성되기 위해 반드시 합치되어야 하는 일종의 보편적 개념이다.

제가 '모든 대상들은 원인을 지니고 있다'고 말할 때, 저는 완전히 다른 영역에 있는 것이 아닐까요? 그러함이 분명한데요, 제가 완전히 다른 영역에 있는 까닭은, 원인을 지닌다는 것은 가능한 경험의 모든 대상들에 적용되는 어떤 보편적인 술어에 해당하기 때문입니다. 만약 어떤 알려지지 않은 대상이 제 눈앞의 경험 가운데 발생한다면 원인을 지니고 있지 않는 한 이 대상은 대상이 아닌게 될 것입니다. 원인을 지닌다는 것, 혹은 어떠한 원인으로 인해 초래된다는 것은 '붉다'라는 술어와는 완전히 다른 유형의 술어에 해당합니다. 왜 그럴까요? 그 이유는 '초래된다'는 술어는 (숙고 끝에 우리가 '이게 정말 술어일까? 무언가 다른 것은 아닐까?' 하며 의문시해 볼 수 있을 정도로) **가능한 경험의 어떠한 대상에 대해서도 모두 술어로 기능할 수 있기 때문입니다. 이 술어는 경험 안의 어떠한 하나의 집합이나 하위 집합만을 정의하는 것이 아닌데요, 그 이유는 엄격히 말해 이 술어가 가능한 경험의 전체성과 공외연적이기 때문입니다**(칸트 세미나

[1978년 3월 14일], 필자의 강조).

만약 범주들이 규칙이라면, 이 범주들은 오직 대상일 수 있는 그들의 일반적 가능성의 관점에서 볼 때만 대상과 관련된다. 오성이 규칙들의 인식능력이라면, 그러한 규칙들 대부분은 확실히 직접적인 경험의 특수자들을 위한 규칙을 제정하지는 않는다. 다시 말해, 오성은 현상의 규칙을 제정하지만 '그것은 결코 현상의 **내용**, **실제** 경험의 세부 사항 혹은 이러 저러한 대상의 **특수한** 법칙들을 선험적으로 규정하지는 않는다'(KP 62).

들뢰즈적인 이념들이 정확히 대상들의 구성을 위한 규칙들이고, 들뢰즈에게 있어서 사유의 인식능력은 또한 규칙들의 인식능력이기도 하다고 말할 때, 우리는 두 가지 점에 있어서 이들을 반드시 칸트의 범주들로부터 구별해야만 한다.

첫째로, 그리고 가장 단순하게, 들뢰즈에게 있어 이념들은 발생에 종속된다. 이미 주어진 범주들과는 대조적으로, 이념은 우발점에 의해 사유 안에서 점진적으로 규정된다. 우리는 이러한 기원을 보다 더 깊이 추적하여 사유 그 자체가 상상력과 기억을 통과하기 전, 그리하여 재인의 실패한 종합 가운데서 미완되기 전, 어떠한 강도의 장에서 시작되는 점진적인 발전 과정의 결과물이라고 말해 볼 수 있을 것이다. 따라서 사유의 인식능력, 그리고 그것의 이념들은 오성, 그리고 오성의 범주들과는 전적으로 다른 출생 신고서를 가지고 있다.

둘째로, 범주는 어떠한 대상인지를 불문하고 모든 가능한 대상의 개념인 반면, 이념은 정확히 실제 경험의 내용과 세부 사항을 규정하는 규칙들의 집합이다. 그것은 이러 저러한 대상의 특수한 법칙들만을 담지하고 있다.[161] 여기서 규칙들은 칸트에서와 같은 대상–형식, 혹은 대상=x의 술어들이 아니라, 실제 경험의 잠재적 관계들이다. 이념이 대상 안에서 현실화되는 방식을 완전히 기술하기 위해서는 『차이와 반복』의 5장을 살펴보는 것이 필수적이지만, 들뢰즈는 4장의 마지막 몇 페이지에서도 이러한 과정의 전개에 대해 몇 가지 중요한 점들을 설명하고 있다. 다음에서 필자는 이러한 논의들에 집중해 보고자 한다.

현실화

정확히 이념들은 어떻게 대상들의 생산을 위한 규칙으로 기능하는가? 들뢰즈는 결코 이 질문에 완벽히 대답하지 않는다. 이 장의 두 번째 부분에서 들뢰즈가 주장하는 가장 기본적인 첫 번째 사실은, 이념과 대상 사이에는 단순한 평행 관계가 있다는 것이다. 이 단순한 평행 관계는 나중에 상당히 복잡해지지만, 사물들의 본성을 밝혀주는 데 여전히 도움이 된다. 왜냐하면 들뢰즈에게 있어 '대상'은 질과 연장의 교차 지점 (생물학적 은유를 사용할 때, 질은 '종'이라 불리고 외양은 '부분들'로 불릴 수 있다)으로 정의되기 때문이다. 이념들의 현실화는 사물의 실제적인 질과 연장을 규정하는 것이며, 이념의 두 부분들은 대상의 두 측면들에 직접적으로 상응한다. 이념 안의 미분적 관계들은 사물 안의 질들을 규정한다. 이념 안의 특이성들은 사물의 외양, 혹은 외재적 형식을 규정한다.

대상의 상이한 두 부분들은 어떻게 서로 맞물리게 되는가? 질들과 종들은

---

161 들뢰즈는 마이몬에게서 이 점에 대한 영감을 받았다고 주장한다. '특수한 대상은 그 대상의 생산이나 그것의 미분적 양식의 특수한 규칙의 결과이다[…]' (174/225-6/221). 하지만 들뢰즈는 이를 종종 그 자신만의 방식으로 재구성한다. '미분적 차이들은 확실히 어떠한 발생된 양에도 상응하지 않는다. 오히려 이들은 양의 지식의 생산을 위한 무조건적인 규칙을 형성한다' (175/227/222).

현실적 양식 안에서[sur un mode actuel] 관계의 다양성들을 체현한다. 유기적 부분들은 그에 상응하는 특이성들을 체현한다(210/271/262, 영문 번역은 수정된 것).

들뢰즈는 책 전체에 걸쳐 이러한 단순 대립을 계속적으로 반복한다. 잠재적 관계들은 현실적 질들을 규정하고 잠재적 특이성들은 현실적 외양들을 규정한다.

어떤 의미에서 잠재적 관계가 질을 규정할 수 있는가? 이는 대답하기에 매우 까다로운 질문이다. 피터 홀워드(Peter Hallward)는 들뢰즈에게 있어 질이란 수축된 양에 다름 아니라는 것을 계속해서 지적한 바 있다.[162] 그가 인용하는 책은 『베르그송주의』이다. 이 책에서 들뢰즈는 '감각이란 실제로 무엇인가? 수축하는 무수한 진동들이 수용적인 표면에서 작동하는 것이 바로 감각이다. 질은 이로부터 발생한다. 질은 수축된 양에 다름 아니다'(BG 74)라고 말하고 있다.[163] 질은 무수한 진동들의 수축으로부터 **발생**한다. 우리는 우리의 초월론적 감성에 강도들이 거주한다는 사실을 이미 확인했다. 이것들이 바로 수동적인 주체를 변용시키는 무수한 감각들이다. 하지만 위의 인용에서 가장 핵심적인 단어는 바로 '수축된'이라는 단어이다. 질은 수축된 양, 즉 양의 종합이다. 우리는 다음 장에서 진동들을 질로 변형시키는 이 종합이 더 이상 수동적인 종합이 아니라는 사실을 확인하게 될 것이다. 강도들을 수

---

162 *Out of This World*, p. 19와 *Absolutely Postcolonial*, p. 12 참조.
163 존 프로테비(John Protevi)는 이러한 주장을 상세히 설명해 내려는 몇 안되는 이들 중 한 명이다. 홀워드의 *Out of This World*에 대한 리뷰에서 프로테비는 다음과 같이 쓰고 있다. '만약 이념이 미분적 관계들의 집합이라면, 즉 연계된 변화율과 같다면, 색이라는 이념은 전자기적인 진동들의 변화율의 연계이고, 색들은 그러한 관계들을 표현하는 눈/뇌/신체에 의해 현실화되는 것이다.'

축시키는 습관의 수동적 종합은 질을 생산하지 않는다. 질이 발생하기 위해서는 이러한 수동적 종합이, 이념에 의해 규제되는 능동적 종합으로 전환되어야만 한다. 이념적 관계는 그것이 특정한 질서에 따라 강도적인 양들을 조직하거나 수축하기 위해서 종합을 규정하는 한에서만 질을 결정할 수 있다. 또한 이러한 이유로 들뢰즈는 강도적 양 그 자체는 질을 현실적으로 만들어 내는 것인 반면, 이념은 단순히 이 질을 분화하기만 한다고 말한다. 이념 안의 미분적 관계는 양의 종합을 규제하고, 그것을 특정한 방식으로 수축시켜 우리의 감성에 전해지는 무수한 진동들로부터 질이 생산될 수 있게 한다. 이러한 과정은 들뢰즈를 해석하는 데 있어 매우 의미심장한 결과들을 도출한다. 질은, 존재의 상위에 존재하는 하나이자 모든 것(One-All)으로서의 잠재적인 것으로부터 모든 존재들이 생겨나듯이 이념들로부터 직접적으로 도출되는 것이 아니다. 미분적 관계는 단순히 종합을 규제하는 하나의 규칙일 뿐이며, 감각들을 수축함으로써 질을 생산하는 것은 종합이다. 질은 전적으로 강도적인 양들의 조직에, 따라서 이념들의 감성에의 적용에 의존한다.

관계들이 강도적인 양들을 조직함으로써 질을 규정한다면, 특이성들은 어떤 의미에서 연장적인 형식을 제공하는가? 들뢰즈는 특이성을 다음과 같이 정의하고 있다.

> 특이성은 한 계열의 출발점인데, 이 계열은 체계의 모든 평범한 점들로까지 확장되어 어떤 또 다른 특이성의 근방(voisinage)에 까지 이른다. 이 새로운 특이성은 또 다른 계열을 낳는데, 이 계열은 먼저있던 계열과 수렴하기도 하고 발산하기도 한다(278/356-7/348, 영문 번역은 수정된 것).

라이프니츠에 관한 강의들에서 들뢰즈는 특이성에 대한 이해를 더욱 복잡하게 만드는 몇 가지 유용한 예들을 제공한다. 여기서는 가장 단순한 예인 기하학적 형상만을 조명해 보자. 들뢰즈가 말하길, 사각형은 (각 모에 하나씩) 네 개의 특이성들을 가지고 있다. 삼각형은 세 개의 특이성들을 가지고 있으며 팔각형은 여덟 개의 특이성을 가지고 있다. 이러한 특이성들은 평범한 점들의 선을 내내 가로 질러 다음 특이성의 근방에 이르게 된다. 이러한 관점에서 들뢰즈는 특이점들이란 하나의 **형식**의 '구성' 혹은 '특성화' 를 일컫는다(175/227-8/223)고 말한다. 특이점들은 대상의 형식, 즉 그것의 연장과 부분들을 결정한다.

앞서 우리는 특이성들이 미분적 관계들을 표현한다고 말했다. 특이성들은 이러한 미분적 관계들에 상응하고, 또 의존한다. 이는, 형식이 질의 조직화에 다름 아니라는 사실을 의미하는 것일까? 언뜻 보기에 이는 정확히 들뢰즈가 의미하는 바와 일치하는 것 같다. 들뢰즈는 종종 질이 관장하지 않는 연장이란 없으며 연장 안에서 분배되지 않는 질은 없다고 말한다. '일반적으로, 질이란 그 질 안에서 체현되는 미분적 관계들에 상응하는 특이성들에 의해 정의되는 공간 이외에 다른 것이 아니다' (210/271/26).[164] 질과 연장은 공외연적이다. 형식이 질이고 질이 형식이다. 질이 변화하는 곳에서 대상은 변화를 겪거나 혹은 한계에 직면한다. 특이성은 질들에 걸쳐 '확장' 되며 따라서 그들의 연장을 규정한다. 한 대상의 연장은 그 대상의 질의 조직화에 다름 아니다.

도식론: 시 - 공간적 역동성
관계들은 질들을 규정하고, 특이성들은 양들을 규정한다. 질은 강도적인 양의 조직화이다. 이러한 대상의 두 가지 차원들은 마치 창조적인

---

164   어떤 지점에서 들뢰즈는 분화란 '구성이자 질화, 조직화이자 종별화' (214/277/ 266, 영문 번역은 수정된 것)라고 말한다.

기원에서 나오는 것처럼 이념으로부터 직접적으로 발생하는 것이 아니다. 대상의 잠재적인 한쪽과 실제적인 다른 한쪽은 이념이 강도적인 양들에 **적용**되는 조건에서만 서로 결합된다. 발생의 첫 절반의 과정에서는 사유가 신체로부터 스스로를 추출했다. 사유는 수동적 자아과 그 자아의 충동들을 추방하고는 그것의 변용태들을 규정가능성의 형식으로 승화했는데, 그곳에서 그것은 이념들을 생산할 수가 있었다. 하지만 현실화되지 않는 한 이념들은 자체적으로는 무용한 것에 불과하다. 따라서 사유가 신체로 되돌아가 강도의 장을 조직해야만 한다. 발생은 사유에서 재현으로 직접적으로 진행되는 것이 아니다. 현실화는 오직 사유가 감성으로 접혀 들어가는 한에서만 발생한다.

이 과정은 들뢰즈가 '시-공간적 역동성'이라 부른 것과 더불어 시작된다. '이들은 현실화와 분화를 수행하는 작인들이다'(C'est eux qui sont actualisants, différenciants)(214/276/266). 즉, 이들은 현실화와 분화의 실행자이다. 들뢰즈는 이러한 실행자들이 이념을 **'극화'**(dramatize)한다고 말한다. 작인들이기는 해도, 이들은 이념이 그들에게 지정한 역할을 수행한다. 시-공간적 역동성은 시간과 공간 속에서의 미조직된 운동이 아니다. 그것은 시간과 공간에 걸쳐 이념 속에서 주어진 규칙들에 따라 운동한다.

한편으로 이들은 현실화될 미분적 관계들과 특이성들에 상응하는 어떠한 공간을 창조하거나 찾아낸다. […] 다른 한편으로 이 역동성들은 공간적인 것 못지않게 매우 시간적이다. 이들은 현실화의 시간을 구성한다. 이러한 공간들은 상호적이고 완전하게 규정된 구조의 요소들 간의 미분적 관계들을 체현[incarner]하는 것에 그치지 않는다. 동시에 분화의 시간들이 구조의 시간, 점진적 규정의 시간을 체현[incarnent]한다(216/279-80/268-

9).[165]

이 점에 이르기까지 『차이와 반복』과 칸트의 『순수이성비판』 간에는 놀라울 정도의 구조적 유사성이 존재했다. 들뢰즈의 세 가지 종합들은 칸트의 종합들을 모델로 하고 있는데, 통각과 통각의 대상 및 범주들 대신 우리는 우발점과 그것의 이념들을 가지고 있다. 이러한 일반적인 구조적 유사성을 고려할 때 우리가 묻고 싶은 점은 이러한 시-공간적 역동성이 『순수이성비판』의 어떤 순간에 상응하는가 하는 것이다. 들뢰즈는 이 질문을 대답하기 매우 쉬운 것으로 만든다. '이러한 시-공간적 역동성들이 바로 칸트가 말하는 도식(schemata) 아닌가?' (218/281/270).[166]

들뢰즈는 칸트의 도식을 이렇게 설명한다. '칸트의 도식은 그 자체로 범주에 상응하는 시-공간적 규정이다. […] 도식은 이미지 안에 존재하는 것이 아니라, **사실상 개념적인 관계들을 체현**[*incarnent*]**하거나 실현하는 시-공간적 관계들 속에** 존재한다' (KP 18/28-92, 들뢰즈의 강조). 칸트의 도식과 들뢰즈의 시-공간적 역동성 간의 차이는 명백하다. 칸트에서처럼 개념에서 직관으로 운동하는 것 대신에 들뢰즈에서 우리는 이념에서 감성으로 운동한다.[167] 한편으로 이 차이는 미미한 것

---

165 이것이 바로 필자가 지면 관계상의 이유로 상세히 다루지 않았던 측면이다. 점진적인 규정의 시간은 또한 현실화의 시간 및 대상의 지속을 규정한다. '그것의 점진성으로 인해 모든 구조는 순수하게 논리적, 이상적, 혹은 변증법적인 시간을 지니고 있다. 하지만 이 잠재적인 시간 그 자체는 분화의 시간, 혹은 오히려 그 구조의 관계들과 특이성들에 상응하는 현실화의 리듬들, 혹은 차이나는 시간들을 규정하며, 잠재적인 것에서 현실적인 것으로의 이행을 측정하는 일을 담당한다' (210-11/272/262). 들뢰즈는 이러한 현실화의 시간을 '미분적인 리듬'이라고 부른다.

166 들뢰즈는 칸트에 대한 그의 네 번째 강의(1978년 4월 4일)에서 도식과 시-공간적 역동성 간의 관계를 다룬다.

에 불과하지만, 개념에서 이념으로의 변화는 계속해서 필자가 지금껏 강조해 온 칸트적 체계의 완벽한 재구성을 암시하는 것이기도 하다. 종합들, 범주들, 대상 등 모든 것이 들뢰즈에서는 특성 변화를 겪는다. 비록 이러한 개념들이 칸트와 들뢰즈 간의 유사한 구조적 분배를 따르고 있기는 해도 말이다.

이러한 차이들에도 우리는 도식과 극화가 동일한 목적을 공유한다는 사실에 주목해야만 한다. 개념적인 혹은 이념적인 규정들과 시-공간적 규정들의 결합 말이다. 이들은 또한 동일한 방식으로 이 목적을 달성한다. 즉, 이들은 모두 이념적/개념적 관계들을 '구현'하거나 '체현'한다. 현실화는 이념적 규정들이 강도적 규정들을 부여받는 과정, 즉 이념이 강도에 적용되는 과정이다.

6절. 비대칭적 종합

알고, 판단하고, 혹은 결론짓는 행위는 서로를 향한 특정한 충동들의 행위의 결과에 다름 아니다. [⋯] 모호한 힘들 간의 위태로운 휴전.[168]

『차이와 반복』의 마지막 장은 주로 강도 개념을 다룬다. 이 개념은 들뢰즈의 체계 속에서 두 개의 전적으로 다른 순간에 등장하는데, 이 장은 공식적으로 이러한 두 순간들을 따라 나뉘어져 있다. 먼저, 강도는 발생의 기원에 현전했다. 우리는 앞서 인식능력 이론과 수동적 종합들

---

167 다양한 지점에서 들뢰즈는 현실화를 '직관 속의 조직화'(247/318/308 및 231/298/290 참조)로 묘사한다.
168 클로소프스키, "Nietzsche, Polytheism, and Parody," p. 108.

모두에서 강도가 초월론적 감성의 소여이자 사유의 궁극적 기원임을 확인했다. 『차이와 반복』의 마지막 장(대략 마지막 장의 첫 절반가량)의 한 가지 기능은 이러한 강도적인 기원 및 수동적 종합의 과정에 따른 강도의 변화를 더 세밀히 기술하는 것이다. 둘째로, 이 장에서 들뢰즈는 또한 강도가 현실화의 과정에서 등장한다는 사실을 기술하고 있다. 강도는 이념을 그들의 잠재성으로부터 불러내어 그들을 실제적으로 현전하게 한다. 강도는 현실화 과정의 '결정자'이다. 이 장의 두 번째 절반은 바로 이러한 과정을 기술하고 있다.

따라서 강도는 우리가 받아들여야 하는 이중의 역할을 행하고 있다. 강도는 초월론적 감성에 주어지는 충격으로서 발생 전체를 시작하게 하는 것 뿐 아니라, 이 발생을 매듭짓게 하는 것, 혹은 이 발생의 '유한성'이기도 하다. 이념들의 현실화를 경험적 감성에 거주할 특수한 질들과 연장들 속에서 규정함으로써 말이다. 강도가 어떻게 이러한 이중의 역할을 수행하는지를 살펴보기 위해 우리는 세 가지 것들을 고려할 필요가 있다. 첫째는 이 장의 서두에 나타나는 들뢰즈의 강도 개념에 대한 논의이며, 둘째는 이 강도 개념과 수동적 종합 이론과의 관계, 셋째는 현실화 내에서의 강도의 역할이다.

강도

강도는 잠재성이 아니기에 이 둘을 혼동하는 것은 큰 실수가 될 것이다. 이들은 여러 관점에서 서로 구별될 수 있다. 예를 들어 강도는 느껴지는 것인 반면, 이념들은 사유이다. 강도는 현재에 속한다. 그것은 주체가 그 자신을 발견하는 환경에 의해 변용되는 정도를 표현한다. 하지만 이념은 미래에서, 규정가능성의 형식으로 공존한다. 아마도 가장 중요한 차이는 이념들과 강도들이 두 가지 다른 유형의 관계들을 구성한다는 사실일 것이다. 이념들은 '미분적 요소들 간의 관계들로 구성'되는 반면 강도들은 '비대칭적 요소들 간의 관계들로 구성'(244/315/305)된다.[169] 들뢰즈의 체계가 칸트의 것과 유사한 문제에 직면하는 것은 바로 이러한 이유 때문이다. 칸트에서 문제는 개념적인 규정들이 어떻게 시-공간적 규정들과 관련될 수 있는가 하는 것이었다. 들뢰즈에게 문제는 이념적 관계가 어떻게 강도적인 관계와 관련될 수 있는가 하는 것이다. 칸트에서 시-공간적 규정들에서 개념적 규정들로의 운동은 종합이라는 수단에 의해 달성되었다. 들뢰즈에게서도 강도에서 이념으로의 운동은 종합에 의해 달성된다. 칸트에서 반대의 운동은 도식에 의해 달성된다. 도식 대신 들뢰즈가 참조하는 것은 '극화'이다. 우리는 이미 종합이 어떻게 기능하는지를 확인했다. 남아 있는 것은 두 번째 과정인 극화를 이해하는 것이다. 이 과정은 다소 복잡한데, 극화가 이념들의 강도에의 적용을 가능하게 하는 방식을 이해하기 위해서 우리는 먼저 강도의 특성들에 대한 들뢰즈의 설명에 주목할 필요가 있다.

우선 이 논의는 전적으로 19세기와 20세기의 열역학의 맥락 내에서 진행되고 있는 듯 보인다. 들뢰즈는 볼츠만(Boltzmann), 카르노(Carnot), 그리고 큐리(Curie)의 작업으로부터 철학적 원리를 추출하고 있다고 주장한다. 하지만 앞 장에서 우리가 들뢰즈의 미분법 사용을 의문시했던 것과 마찬가지로, 이 열역학의 탐험 또한 또 다른 (바디우의 표현을 빌리자면) '비유'에 불과한 것이 아닐까?

강도적 양들을 연장적인 양들에 대립시킬 때 들뢰즈는 분할가능성(divisibility)을 강조하는 경향이 있다. 연장적인 양들이 균등한 부분들

---

169   들뢰즈는 결코 이러한 비대칭적 원소들이 무엇인지에 대해 말해 주지 않지만, 2장의 내용으로부터 우리는 이들이 파편화된 물질성의 불연속적인 순간들을 지칭한다는 사실을 알 수 있다.

로 분할될 수 있는 반면, 강도적인 양들은 그렇게 될 수가 없다(237/306/297). 30도의 물 한 잔을 두 잔으로 동일하게 나눌 때, 우리는 각각이 여전히 30도인 절반의 물 두 잔을 얻게 된다. 물 한 잔은 연장적인 양이다. 연장적인 양들은 분할되는 것의 본성 변화 없이 상대적인 단위들로 나누어 질 수 있다. 물은 여전히 물로 남아 있으며 한 잔은 균등하게 둘로 나뉜다. 강도적인 양들 간에는 그러한 전체-부분의 관계가 성립하지 않는다. 온도는 구성적인 부분들로 분할될 수 없으며, 분할되는 것의 본성 변화 없이 나누어질 수도 없다.

> 제가 '이것은 30도입니다' 라고 말할 때, 30도의 열은 10도의 세 배의 총합이 아닙니다. 연장적인 양의 수준에서는 30이 10＋10＋10이지만, 30도는 10도의 열의 세 배가 아닙니다. 다시 말해, 덧셈과 뺄셈의 규칙이 강도적인 양들에는 타당하게 적용되지 않습니다.[170]

온도는 구성적 부분들로 구성되는 것이 아니며, 온도 그 자체의 본성 변화 없이 직접적으로 나누어질 수도 없다. 들뢰즈는 '따라서 그것은 어떤 의미에서 분할될 수 없는 것이라 할 수 있는데, **어떠한 부분도 그 분할 이전에 존재하지 않고 어떠한 부분도 분할 이후에 동일한 본성을 보유하지 않는다는 이유에서만 말이다**' (237/306/297)라고 말한다. 그는 '각각의 온도는 차이인데, 이 차이들은 동일한 질서의 차이들로 구성되는 것이 아니라 이질적인 항들의 계열을 함축하고 있다' (237/306/297)고 결론짓는다. 속도의 예는 이 점을 보다 분명하게 설명해 준다. 속도는 어떠한 강도적 크기인데, 이 크기는 거리와 시간이라는 두 개의

---

170 칸트 세미나(1978년 3월 21일).

'이질적' 이고 연장적인 크기들과 관련해서 측정된다($r = d/t$). 각각의 속도는 이러한 두 개의 이질적인 계열들, 즉 운동과 시간을 '함축' 하는 '차이' 이다. 이 점은 다음 부분에서 더 중요하게 다루어질 것인데, 즉 강도란 이질적인 두 개의 계열들 상에서 구성되는 것이다.

들뢰즈는 1장의 대부분을 강도와 연장의 대립에 할애하고 있다. 하지만 점진적으로 밝혀지는 것은 그들 간의 차이가 아니라 이들이 밀접하게 관련되는 정도이다. 강도는 질과 연장 속에서 '말소' 된다. '강도 속의 차이들은 질화된 연장들의 체계 속에서 스스로 말소되는 경향이 있다' (224/289/282). 강도는 스스로 '목숨을 끊으려 뛰어든다' (224/ 289/282). 들뢰즈는 종종 이 과정을 세 가지 방식으로 지칭한다. 때때로 그는 이를 '말소' 라 부르고, 때로는 '펼침' (explication) 혹은 '개체화' 과정이라 부른다. 중요한 점은 이러한 말소 가운데 강도가 단순히 평형 상태로 나아가는 것이 아니라는 점이다. 스스로 소멸하는 가운데 강도는 실제로 연장과 질을 **창조**한다. 강도에서 연장으로 나아가는 이 운동을 표현하기 위해 들뢰즈가 어떤 용어를 사용하든지 간에, 스스로 소멸하는 가운데 강도가 연장을 만들어 낸다는 점이 중요하다.

> 강도는 그것이 자기 자신의 바깥으로 빠져나와 연장 **안에서**, 그리고 그 연장을 채우는 질 **안에** 놓이는 한에서 말소된다. 하지만 차이는 이 연장과 질 둘 다를 창조해 낸다. […] 강도의 차이는 이 체계 안에서 말소되거나 혹은 소멸되는 경향을 보이지만, 강도는 그 자신을 펼쳐 냄으로써 이 체계를 만들어 낸다(228/294/287, 들뢰즈의 강조).

들뢰즈의 구분에서 쟁점이 되는 것은 두 가지 유형의 양 서로 간의 대립이 아니라 한 유형의 양을 다른 유형의 발생적 원리로 설정하는 것이

다. 나아가 들뢰즈의 기획이 19세기의 물리학과 크게 관련된다는 주장
또한 매우 의심스러워 보인다. 강도는 그 자신으로부터 빠져나와 질과
연장 속에 자리한다. 그것은 '질화된 연장의 체계들' 속에서 무효화된
다. 이념들과 마찬가지로 강도는 질과 연장 가운데서 사라지는 것으로
끝을 맺는다. 하지만 이미 우리가 확인한 바와 같이, 질과 연장은 물리
학이 관심을 두고 있는 대상들의 두 가지 특성들이 아니다. 오히려 질
과 연장은 두 가지 '재현의 요소들'이다. 즉 들뢰즈가 이 장에서 설명
하는 바와 같이, '연장과 질은 일반성의 두 가지 형식들이다. 하지만
이는 연장과 질을 재현의 요소로 만들기에도 충분한 이유가 된다'
(235/303/295). 스스로를 말소하거나 펼쳐 내는 가운데서 강도는 재현
된다. 펼침 운동을 통해 강도 속의 차이는 동일성의 형식으로 제한된
다. '이 공식에 따르면 "펼쳐 내는 것과 동일화한다는 것은 동어 반복"
이다'(228/294/287). 개체화는 문제에 대한 해를 마련해 준다. 즉 그
것은 이념을 현실화하고, '의식의 명제'를 만들어 낸다. 강도는 '질화
된 연장의 체계' 속에서 말소된다. 이 모든 것은 강도가 재현 가운데서
말소된다는 사실을 지시하고 있다.

　따라서 우리는 강도의 과학적 개념에 너무 과하게 집중하는 것에 유
의할 필요가 있다.[171] 들뢰즈는 열역학이 아니라 재현을 정초하는 것에
관심을 두고 있다. 이 장의 한 지점에서 들뢰즈는 니체에 대해 다음과
같이 언급한다. '니체가 자기 시대의 에너지론에 관심을 둔 것은 사실

---

[171]　하지만 우리는 들뢰즈가 칸트의 강도 개념을 취하고 있다는 결론으로 도약하고
싶지도 않은데, 그 이유는 들뢰즈가 강도와 실재적인 것 간의 관계를 전도시키기 때문
이다. 칸트에서 질은 강도=0과 같이 시간의 텅 빈 형식과의 관계하에 생산되는 강도
의 정도이다. 하지만 들뢰즈에서 질은 강도의 생산 혹은 0에서 1로의 운동을 통해 생
산되는 것이 아니라 그것의 말소를 통해 생산된다. 들뢰즈의 칸트 세미나(1978년 3월
21)를 참조할 것.

이지만 그것이 철학자의 과학에 대한 향수와 같은 것은 아니었다'
(243/313/304). 들뢰즈에 대해서도 우리는 동일한 말을 할 수가 있다.
들뢰즈의 이념 이론이 근본적으로 수학과 관계되는 것이 아닌 것과 동
일한 방식으로, 그의 강도 이론이 열역학과 밀접한 관련을 맺고 있는
것은 아니다 (또한 그의 개체화 이론이 생물학과 연결되어 있는 것도
아니다). 들뢰즈는 과학자도, 과학 철학자도 아니다. 과학은 결코 사실
의 영역을 떠나지 않지만, 들뢰즈는 사실성 그 자체의 구성에 흥미를
가지고 있다. 그렇다면 이러한 논의들의 쟁점은 과학에서 이야기하는
강도의 본성과 같은 것이 아니라, 혹은 과학적 개념을 정초하는 것의
문제가 아니라 철학적인 개념을 발전시키기 위하여 과학으로부터 영감
을 받는 것에 대한 문제이다.[172] '강도적인 양은 초월론적 원리이지, 과
학적인 개념이 아니다' (241/310/301).

  강도가 초월론적 원리로서 기능하는 방식은 이미 이 장의 서두에 논
의되어 있다. 들뢰즈는 '차이는 다양성이 아니다' (La difference n' est
pas le divers)(222/286/280)라고 이야기한다. '다양성' (la divers)은
들뢰즈가 『순수이성비판』에서 빌려 온 기술적 용어로서 칸트의 영역본
에서 흔히 우리가 '다양체'(the manifold)라고 해석하는 것이다. 따라
서 우리는 이 장의 첫 문장들을 다음과 같이 다시 써 볼 수 있다. '차이
는 다양체가 아니다. 다양체는 어떠한 소여이다. 하지만 차이는 그것에
의해 이 소여가 주어지는 어떤 것이다.' 차이에 의해 다양체가 소여된
다고 말할 때 들뢰즈는 차이가 칸트적인 '직관의 형식들'에 대한 자신
의 버전이라는 사실을 암시하고 있는 듯하다. 차이는 대상들이 감각될
수 있게 한다.[173] 그는 첫 단락의 말미에 이 점을 분명하게 드러낸다. 직

---

172 DI 89 참조.
173 CPR A19/B33 참조.

관의 형식은 더 이상 칸트에서처럼 시간과 공간이 아니다. 들뢰즈에게 있어 그것은 오직 차이이다. '감각 가능한 것의 이유, 즉 현상하는 것의 조건은 시간과 공간이 아니라 비동등한 것 그 자체이다 [⋯]' (223/287/281).

우리는 이미 다른 두 곳에서도 이와 동일한 일이 발생한다는 사실을 확인했다. 인식능력 이론에서 들뢰즈는 '조우 속에서 [강도를] 직접적으로 포착하는 초월론적 감성' (144/188/181)에 대해 논했다. 수동적 종합들에 관한 정신분석학적 설명에서 들뢰즈는 감성을 '강도 속의 차이들이 흥분들의 형태로 여기저기에 분배되는 개체화의 장' (96/128/119)이라고 정의했다. 감각되는 강도가 인식능력들의 분출적 선으로 전달되는 것과 동일한 방식으로, 개체화의 장의 흥분들 또한 세 가지 종합들 속에 취해진다. 그렇다면 차이가 그것에 의해 소여가 주어지는 어떤 것이라고 말할 때, 혹은 차이가 초월론적 감성의 형식(그리고 내용)이라고 말할 때 들뢰즈는 전혀 새로운 것을 말하고 있는 것이 아닌 셈이다.

들뢰즈는 '강도가 세 가지 특성들을 지닌다'고 말하는데, 이러한 세 가지 특성들이 차이의 단순한 논리라고 일컬어질 수 있는 것을 설명한다. 즉, 이들은 세 가지 유형의 차이, 그리고 이 차이들 간의 다양한 관계들을 표현한다. 강도의 첫 번째 특징은 그것이 '자신 안에 비동등한 것을 포함하고[comprend] 있다'는 것이다. '그것은 양 안의 차이, 즉 양적 차이 안의 말소 불가능한[inannullable] 것, 혹은 양 안의 동등화 불가능한 것을 나타낸다' (232/299/291). 이러한 첫 번째 특징에 따르면, 비록 연장 안에서 그 자신을 무효화한다 해도 강도는 우발점(사건의 현실화될 수 없는 부분)과 마찬가지로 여전히 그 안에 남아 있게 된다. 말소되지 않고 말소될 수 없는, '모든 [연장적인] 양에 현전하는 근본적이고 본래적인 순간'(232/299/291)으로서 말이다. 모든 현실화를 넘어 지속하는 어떠한 차이가 존재한다.

둘째로, 강도는 차이를 '긍정'한다. 여기서 '긍정'이라는 단어를 사용하는 것은 다소 이상한데, 들뢰즈는 이 단어를 두 가지 의미로 사용하고 있는 듯 보인다. 첫째로, 차이를 긍정한다는 것은 강도가 부정적인 현상이 아니라는 것을 의미한다. 강도는 전적으로 긍정적이다 (54-5/78/67). 들뢰즈의 헤겔에 대한 논쟁에서 우리는 이미 이를 확인한 바 있다. '긍정'이라는 단어의 두 번째 의미는 차이를 긍정하는 것이 우리가 아니라는 사실에 기인한다. '우리는 연장 안에서 이미 전개된 것으로서만, 질들에 의해 이미 뒤덮인 것으로서의 강도만을 **안다**'(223/287/281, 필자의 강조). 경험적인 감성, 즉 서론에서 나온 '자명한 주체'는 오직 강도를 질과 연장에 의해 뒤덮인 것으로서만 이해한다. 대조적으로, 차이는 초월론적인 감성에 주어진 것이다. 따라서 '우리'는 차이를 긍정할 수 없다. 차이를 긍정하는 것은 오히려 강도이다.

이는 강도가 스스로를 긍정한다는 사실만을 의미하는 것은 아니다. 들뢰즈는 '강도,' '차이,' '거리' 간의 중요한 구분 하나를 설정하고 있다. 이 구분이 바로 강도의 세 번째 특징인데, 이 특징은 두 번째 특징을 보다 명확히 밝혀 주기도 한다. '우리가 강도 안에서 차이라 부르는 것은 실제적으로 함축하고 봉인하는 것을 말하고, **거리**라 부르는 것은 실제적으로 함축되거나 봉인되는 것을 말한다'(237/305/287, 영문 번역은 수정된 것). '차이'는 봉인하는 차이이다. '거리'는 봉인된 차이이다. 모든 차이는 거리가 될 수 있다.

하지만 강도는 차이와 거리를 기반으로 하여 구성된다는 점에서 이 둘과는 다르다. 강도는 '스스로를 긍정함으로써 그것이 긍정하는 일련의 다른 차이들을 참조한다'(234/302/294). 강도, 즉 비동등하고 말소

불가능한 것은 차이와 거리 둘 다를 긍정하는 일종의 세 번째 종류의 차이인데, 그것은 스스로를 긍정함으로써 이 모든 일을 행한다. 우리는 강도가 봉인되는 차이임과 동시에 봉인하는 차이라고 말할 수도 있다. 강도는 거리와 차이 둘 다를 기반으로 하여 구성되기에, 여기서 '긍정한다'는 동사는 더욱 구체적인 의미를 띠게 된다. 그것은 차이들 간의 세 번째 종류의 관계를 일컫는다. 차이들은 봉인하거나, 봉인될 수 있다. 또한 이들은 다른 차이들을 긍정할 수도 있다. 그렇다면 '차이'는 결코 동질적인 개념이 아니다. 사실 적어도 세 가지 종류의 차이가 존재하는데, 우리는 다음 부분에서 이러한 유형학이 재현의 발생 구조 전체를 이해하기 위해 필수적이라는 사실을 확인하게 될 것이다.

　아마도 가장 중요한 점은 들뢰즈가 '긍정의 발생 그 자체'를 주장한다는 사실일 것이다. '긍정과 긍정된 차이 둘 다의 발생을 결정하는 긍정적인 미분적 관계들'(55/78/67)이 존재한다. 긍정은 차이들 간의 세 번째 관계인데, 그 안에서 강도는 스스로를 긍정하지만 그렇게 하는 가운데 차이와 거리 또한 긍정한다. '긍정과 긍정된 차이' 둘 다의 발생이 존재하기에 강도 그 자체가 생산되는 것임은 자명하다. **그 자신의 긍정을 통한** 차이의 긍정으로서의 강도는 차이와 거리들이라는 다른 두 계열들 위에 구성된다. 실제로 들뢰즈는 심지어 이것이 '감성의 비대칭적 종합' 그 자체라고 말하기까지 한다.

> 각각의 계열들이 다시 어떤 계열들을 함축하는, 적어도 우월하고 열등한 두 개의 계열 위에 구축되는 강도는 심지어 **가장 낮은 것**까지 긍정한다. 강도는 가장 낮은 것을 긍정의 대상으로 삼는다. […] 모든 것은 높은 곳에서 낮은 곳으로 이동하며, 이 운동을 통해 가장 낮은 것을 긍정한다. 이것이 바로 비대칭적 종합이다(234/302/294, 들뢰즈의 강조).

강도와 긍정은 서로서로를 설명해 준다. 강도는 거리들과 차이들이라는 두 개의 다른 계열들 상에서 구성되는 세 번째 유형의 차이이다. 그것은 다른 차이들과 **관련되는** 차이이다. '긍정'은 이러한 관계를 표현해준다. 강도는 이러한 메커니즘, 즉 '긍정의 관계'를 통해 이러한 차이들과 관련된 채로 남을 수 있다. 앞서 우리는 아리스토텔레스의 '종의 규정'의 가장 흥미로운 측면들 중 하나로 들뢰즈가 '차이의 운반'을 꼽은 사실을 확인한 바 있다. 이 차이의 운반은 일종의 차이의 차이인데, 이는 '최종적 차이, 최하위 종(infirma species)의 차이가 어떤 선택된 방향 안에서 그 본질 전체를 응축할 때까지, 연쇄적인 분할의 수준들을 가로질러 차이와 차이를 연결한다'(31/47/40, 영문 번역은 수정된 것). 모든 종차가 최하위의 종 안에 응축된다. 강도는 이러한 차이 그 자체인 것처럼 보인다. 강도는 연쇄적인 차이의 수준들 (거리와 차이)을 가로질러 차이들을 다른 차이들에 연결한다. 그것은 거리들과 차이들의 계열들 위에 구성되며, 그 자신을 긍정하는 가운데서 가장 낮은 것까지 긍정한다. 자신은 최상의 차이임에도, 그것은 여전히 최하의 차이를 긍정하고, 또 그것과 연결되어 있다.

강도적인 양이 이 모든 세 가지 특징들의 집적체로 정의된다는 사실을 이해하는 것이 필수적이다. 그것은 차이나 거리가 아니다. 강도적인 양은 이 다른 두 개의 보다 기본적인 차이들을 승화하는 강도이다. '따라서 강도적인 양들은 봉인하는 차이, 봉인되는 차이들, 그리고 비동등한 것 그 자체에 의해 정의된다[…]'(238/306/298). 우리는 어떻게 차이의 이러한 거의 위계적인 구조를 설명할 수 있을 것인가?

수동적 종합

언뜻 보기에 이 장의 첫 절반가량에서는 심하게 단순한 몇몇 관계들을 중심으로 논의가 진행되고 있는 듯하다. 한편으로는 강도적인 '깊이,' 즉 차이들이 조직되는 '공간' (spatium)이 존재한다. 다른 한편으로는 강도가 '말소,' 혹은 스스로의 바깥으로 끌려 나오게 되는 연장적이고 질적인 '체계'가 존재한다. 이 장은 단순히 이러한 두 개의 극단들 사이를 오가고 있다. 강도적 깊이와 연장 속 체계, 차이와 차이의 말소, 강도와 연장, 거리과 길이 등등. 하지만 상황은 곧 엄청나게 복잡해진다. 단순 대립을 통해 강도적 공간을 연장에 대비시키는 것으로는 충분치가 않은데, 그 이유는 **강도적 깊이 그 자체가 다층적**으로 이루어져 있기 때문이다. 즉 그것은 강도, 차이, 거리라는 세 가지 유형의 차이들로 구성된다.

들뢰즈는 강도의 세 가지 특징들을 서술하는 것과 동시에 우리가 차이의 논리라고 부를 수 있을 만한 것을 확립한다. 그는 세 가지 유형의 차이들 간의 일반적인 세 가지 관계들을 설명하는데, 이러한 관계들은 깊이 전체가 조직될 수 있는 다양한 방식들을 표현해 준다. 가장 낮은 종류의 차이는 '거리' 라고 불린다. 거리는 첫 번째 등급의 봉인된 차이이다. 두 번째 종류의 차이는 '차이' 라고 불리는데, 이는 거리들을 봉인하는 두 번째 등급의 차이를 말한다. 세 번째 종류의 차이는 강도로서, 이는 다른 두 계열들의 위에서 구성되며 '긍정' 이라는 수단을 통해 이들을 연결한다.

들뢰즈는 이러한 긍정이 발생에 종속된다고 주장한다. 그렇다면 다른 두 관계들은 어떠한가? 차이들은 자발적으로 봉인하고 봉인되는 것일까 아니면 이들 또한 발생에 종속되는 것일까? 들뢰즈가 강조하고 있지는 않지만, **시간의 세 가지 수동적 종합이 차이들을 서로서로와의 관련하에 두는 것**은 명백하다. 이런 관점에서 볼 때 '깊이' 라는 표현은 차이들의 동질적인 장이 아니라, 종합과 차이 간의 일련의 관계들 전체를 지칭하는 것이 되어야 한다. '깊이'는 세 가지 종합들 모두, 그리고 그로 인해 발생하는 다양한 종류의 차이들인 차이, 거리, 강도로 구성된다.

세 가지 종합들을 가로 질러 발생하는 깊이의 분배는 다소 놀랍게 느껴진다. 언뜻 보기에 들뢰즈의 수동적 종합에 대한 논의는 이 장에서 단지 주변적인 역할만을 하고 있는 것 같다. 두 세 번만 명시적으로 언급할 뿐, 이후부터 들뢰즈는 모호한 방식으로만 수동적 종합을 언급하기 때문이다. 하지만 이 장을 면밀히 읽으면 우리는 수동적 종합이 이미 처음부터 마지막까지 내내 중요한 역할을 수행하고 있다는 사실을 즉각 깨닫게 된다. 들뢰즈가 강도를 정의하고 있는 첫 번째 단락을 살펴보자.

> 모든 강도는 변별적이며, 그 자체로 차이이다. 모든 강도는 $E-E'$이고, 이때 E 자체는 $e-e'$를 참조하고, e는 다시 $\varepsilon-\varepsilon'$를 참조하는 등의 과정이 계속 이어진다. 즉 각각의 강도는 이미 하나의 **짝짓기**(coupling)(여기서 각각의 짝의 요소는 다시 다른 질서의 요소들의 짝들을 참조한다)이다. […] 우리는 무한으로까지 공명하는, 이러한 무한히 이중화되는 차이의 상태를 **불균등한 차이**(disparity)라 부른다(222/287/281, 필자의 강조).

강도는 다른 차이들을 참조하는 차이이다. 이제 이러한 다른 차이들은 구체적인 질들을 지니는데, 즉 각각의 '강도'는 **공명**과 **짝짓기**를 참조한다. 여기서 들뢰즈는 명백히 수동적 종합들에 대한 물리적 설명에서 나온 주제들을 반복하고 있다. 이러한 물리적 설명으로 돌아갈 때 우리는 실제로 강도가 '긍정'과 마찬가지로 사실상 생산되는 것이라는 사실을 깨닫게 된다.

하나의 체계[174]는 둘이나 그 이상의 계열들을 기반으로 구성되어야 하는데, 이때 각 계열은 자신을 구성하는 항들 사이의 차이들에 의해 정의된다. 만일 우리가 계열들이 이러저러한 힘의 충동 하에 소통한다고 가정한다면, 이 소통이 차이를 다른 차이들과 관계시키면서 이 체계 내에서 차이들 간의 차이들을 구성한다는 사실이 명백해진다. 이러한 두 번째 등급의 차이들이 '분화소'(differenciator)의 역할을 떠맡는데, 다시 말해 이들은 첫 번째 등급의 차이들을 서로서로와 관련시킨다. 이런 사태는 특정한 물리학적 개념들에 의해 적절히 표현될 수 있다. 이질적인 계열들 간의 **짝짓기**, 이로부터 비롯되는 체계 내의 **내적 공명**, 그리고 또 다시 이로부터 비롯되는 강요된 운동이 바로 그것인데, 이러한 **강요된 운동**의 진폭은 기본적인 계열들의 진폭을 초과한다(117/154-5/143-4, 영문 번역은 수정된 것).

지금까지는 아직 새로운 내용은 없다. 계열들의 짝짓기는 첫 번째 수동적 종합을 나타낸다. '어두운 전조'의 힘의 영향하에 따라 나오는 공명은 두 번째 종합을 나타낸다. 짝짓기와 공명을 뒤로 하는 강요된 운동은 세 번째 종합이다. 하지만 바로 다음에 이어지는 문장에서 들뢰즈는 다음과 같이 말하고 있다.

　이러한 요소들의 가치는 그들이 속하는 계열 내에서 성립하는 차이, 그리

174　영역본은 이러한 체계들이 '영원 회귀에 의해 구성된다'(116/153/142)고 말함으로써 이 점에 관해 약간 오해의 소지를 남기고 있다. 이러한 체계들이 영원 회귀에 의해 구성된다고 말하는 것은 그들이 영원 회귀 이후에 발생하며, 영원 회귀에 의해 생산된다는 것을 암시한다. 하지만 들뢰즈는 이러한 체계들이 영원 회귀에 의해 **구성된다**고 말하지 않으며, 단지 그것에 의해 **변용된다**고만 말하고 있다. 영원 회귀는 이러한 체계들에 발생하는 무언가라 할 수 있다.

제3장 본문 읽기 265

고 한 계열에서 다른 계열로 이어지면서 성립하는 차이의 차이 둘 다에 의
해 규정되는데, 이러한 요소들의 본성은 다음과 같이 규정될 수 있다. 이
들은 강도들인데, 이 강도들의 특성은 그것이 다른 차이들을 참조하는 차
이에 의해 구성된다는 데 있다(E-E′에서 E는 $e-e′$를, e는 $ε-ε′$를 참조한
다…). (117/155/144).

강도는 또 다른 차이를 참조하는 차이이다. **여기서 들뢰즈는 강도가 참
조하는 그러한 다른 차이들이 무엇인지를 우리에게 정확히 말해 주고 있
다.** 강도는 차이들의 두 가지 계열들을 참조한다. 한편으로 강도는 첫
번째 종합이 물질적 불연속성으로부터 추출한 것을 참조한다. 다른 한
편으로 강도는 어두운 전조가 데려온 계열들 간의 차이를 참조한다. 강
도는 처음의 두 종합들 위에서 구성된다. 강도는 차이의 운반, 혹은 연
속적인 종합의 수준들을 가로질러 차이를 차이와 연결하는 차이의 차
이이다. '참조한다'는 말은 아마도 이 맥락에서 충분히 강력한 동사가
아닐지도 모른다. 들뢰즈는 강도들이 이러한 차이들에 의해 **구성된다**
고 말한다. 즉, 강도는 습관과 기억의 종합 가운데서 구성된다. 강도는
첫 번째 종합에서 추출된 차이들과 두 번째 종합에 포함된 차이들을 참
조하는 차이이다.[175]

---

175 들뢰즈는 『앙티-오이디푸스』에서 강도의 **구성**에 관해 훨씬 더 자세히 기술한다
(AO 19-21 참조). '이러한 순수한 강도들은 어디에서부터 오는가? 이들은 두 개의
선행적인 힘들인 밀어내는 힘(repulsion)과 끌어당기는 힘(attraction)으로부터, 그리
고 이러한 두 힘들의 대립으로부터 나온다[…]. 한마디로, 끌어당기는 힘과 밀어내는
힘들의 대립이 강도적인 요소들의 열린 계열을 생산한다. 결코 한 체계의 최종적인 평
형 상태의 표현이 아니라, 오히려 주체가 이행을 행하는 무한한 수의 정적이고, 준안
정적인 상태들로 구성되는 이 요소들은 모두 긍정적이다'(AO 19). 강도는 '밀어내는
힘과 끌어당기는 힘이라는 두 개의 선행적인 힘들'**에서 나온다.** 이러한 두 힘은 처음
두 개의 수동적 종합을 뜻한다. 습관의 피로 가운데서 첫 번째 종합은 '부분적인 대상

강도라는 것이 세 번째 종합 속에서 **구성**되며 따라서 처음의 두 종합들에 의존한다는 사실을 일단 깨닫게 되면, 우리는 들뢰즈의 강도에 대한 기술이 반복적으로 종합의 선들을 따라 펼쳐지는 방식에 주목하지 않을 수 없게 된다. 어디에서나 들뢰즈는 강도를 다른 차이들을 참조하는 차이로 정의하는데, 이 다른 차이들이란 추출된 차이이자 공명하는 차이이다. 예를 들어 들뢰즈가 '구성적인 불균등한 차이들 혹은 봉인된 거리들이 강도적인 깊이 안에 거주한다'(235/304/295)고 말할 때, 그는 단순히 동의어들을 남발하고 있는 것이 아니라 이 깊이의 다층적인 구조를 기술하고 있다. '강도적 깊이' 하에는 '불균등한 차이들', 혹은 두 번째 종합의 공명하는 차이들이 존재한다.[176] 그리고 이러한 '불균등한 차이들' 아래에는 첫 번째 종합에서 짝지어진 차이들, 즉 '거리들'이 존재한다. 거리들과 불균등한 차이들은 깊이에 속한다. 강도가 그 자신을 긍정하는 가운데 심지어 가장 하위의 것까지 긍정하고, 그리하여 거리와 차이를 '승화'[177]시켜 이 거리와 차이가 깊이 일반에 거주할 수 있게 해 주는 한 말이다. 이 모든 세 가지 종합들이 '구성적인 불균등한 차이들 혹은 봉인된 거리들이 강도적인 깊이 안에 거주한다'는 단언 안에 현전하고 있다. 이런 관점에서 우리는 강도의 세 가지 특징들, 즉 비동등한 것의 긍정, 봉인하는 차이 그리고 봉인된 거리 모두가 수동적 종합의 과정을 나타내는 것임을 확인할 수 있다. 말소될 수 없

들' 혹은 불연속적인 물질을 추방한다. 두 번째 종합에서 기억은 부분적인 대상들을 '끌어당기거나' 혹은 기록한다. '세 번째 종합은 끌어당기는 힘에 대항하는 밀어내는 힘을 측정하여 강도를 끌어내는데, 이 강도는 변용태의 양, 즉 주체가 물질에 의해 변용되는 정도를 표현한다.
[176] '우리는 무한으로까지 공명하는 이러한 무한히 이중적인 차이의 상태를 **불균등한 차이**(disparity)라고 부른다'(222/287/281, 들뢰즈의 강조).
[177] (235/303/294) 참조.

는 차이는 세 번째 종합의 강요된 운동 속에서 생산되는 순수한 강도이
지만, 이 차이는 차이들과 거리들의 이중적 계열들을 기반으로 하여 구
성되는 것이다. '깊이'라는 단어는 확실히 가장 근본적인 수준을 지칭
하는 것이 아니다. 더 낮은 깊이란 항상 존재하기 마련인데, 들뢰즈의
말을 빌리자면, 이는 궁극적으로

> 깊이 그리고 필수적으로 그것에 속하는 더 낮은 깊이에 관한 문제라 할 수
> 있다. 더 낮은 깊이를 '추구'하지 않는 깊이란 존재하지 않는다. 거리가
> 생겨나는 곳이 바로 이곳이다. 하지만 이 거리란 자신이 거리 둔 것에 대
> 한 긍정, 낮은 것의 숭고화로서 이해되는 거리이다(234-5/302-3/294).

깊이가 본질적으로 속해 있는 더 낮은 깊이는 물론 차이(공명)와 거리
(짝짓기)이다. 강도는 거리의 운반 가운데 이러한 두 개의 다른 차이들
을 한데 불러 모으며, 그 와중에 기본적인 두 개의 계열들을 초월한다.
　이러한 설명은 많은 질문에 대한 대답이 되는 것과 동시에 무수한 질
문들을 생겨나게도 한다. 제일 먼저, 강도는 처음부터 있었던 것이 아
닌가? 인식능력 이론과 정신분석학적 설명 모두에서 강도는 첫 번째
종합으로 하여금 그 자신을 초월적 실행으로 고양시켜 종합을 수행하
게 만들어 주는 것이 아닌가? 그렇다면 이 강도가 어떻게 세 번째 수동
적 종합 속에서 구성될 수 있는 것일까? 이 질문과 더불어 우리는 『차
이와 반복』의 가장 중요한 주제들 중 하나이면서 들뢰즈가 거의 발전
시키지 않는 주제에 접근해 보고자 한다. 수동적 종합들은 차이의 점진
적인 추출 혹은 순화를 나타낸다.[178] 실로 강도는 본래적으로 감각되는

178　『시네마 I』의 처음 몇 장들이 이러한 헤겔적인 주제를 가장 직접적으로 발전시키
　　고 있다. 거기서 '운동-이미지들,' 혹은 불연속적인 물질적 순간들은 그들 간의 상대

것이었지만 첫 번째 종합에서 우리가 강도를 조우한 것은 사이의 차이
로서였다. 즉 그것은 불연속적인 순간들의 **사이에** 존재했다. 그것은 홍
분이었다. 프로이트적 의미에서의 강도, 즉 유기체의 평형 상태를 파열
하는 어떠한 홍분 말이다. 습관의 첫 번째 종합은 그 차이를 '끌어냈
다.' 두 번째 종합은 그러한 차이들을 한데 불러 모았다. 두 번째 종합
은 첫 번째 등급의 차이들을 서로서로 관련시켰으며 그들을 봉인했다.
강도 그 자체는 오직 세 번째 종합 가운데서만 발생한다. 강도는 두 개
의 본래적 계열들을 초과하는 강요된 운동, 혹은 '그것의 경험적인 내
용을 저버리는'(89/120/111) 시간의 텅 빈 형식, 혹은 '모든 기억의 내
용을 포기하는' '전적으로 나르시시즘적인 자아'(111/146-7/136) 속
에서만 구성된다. 세 번째 종합 속에서의 강도는 더 이상 물질 사이에,
혹은 기억의 다양한 층위들 사이에 사로잡혀 있는 차이가 아니다. 모든
경험적 내용, 모든 기억은 오직 다른 차이들과 관련되어 있는 순수한
차이 가운데서 압도당한다.

이는 우리를 두 번째 문제로 이끈다. 앞서 필자는 강도와 잠재성을
뚜렷하게 구분했지만 또한 강도처럼 잠재성도 세 번째 종합 속에서 생
산된다고 주장하기도 했다. 잠재성은 계열의 세 번째 시간, 즉 영원 회

적인 관계들에 의해 정의된다. 이러한 관계들은 궁극적으로 '전체'와 관련되지만 의
식은 관계들의 점진적인 통합을 통해서 이 전체를 달성해야만 한다. 즉 의식은 세 번
째 종합의 실패(혹은 '활동-이미지 속의 위기')가 새로운 의식인 '시간-이미지'를
발생시킨 이후에야 전체에 도달할 수 있다. 여기서 의식은 운동-이미지들 간의 관계
들이 실제로는 내내 시간적인 관계들이었다는 사실을 깨닫는다. 본질의 단계적인 추
출이라는 이러한 주제는 『프루스트와 기호들』에서도 근본적인 역할을 수행하는데, 거
기서 도제는 세속적인 기호들에서도 ('객관주의') 그 자신 속에서도 ('주관주의') 진
리를 발견하지 못한다. 마지막에서야 그는 예술의 기호들, 즉 처음부터 이미 거기 존
재했지만 오직 순수하지 못한 상태에 있는 본질만을 발견할 수 있다. 도제는 처음부터
거기 존재했던 본질의 단계적인 발견이다.

귀 가운데 발생한다. 이 장에서 들뢰즈는 심지어 영원 회귀란 '어떠한 세계인데, 이 세계의 토대는 바로 차이이며 그 안에서 모든 것은 불균 등한 차이들에, 즉 무한으로까지 울려 퍼지는 차이들의 차이들에 의존 한다 (강도의 세계)'(241/311/302)고 말하기까지 한다. 그렇다면 들뢰 즈는 강도와 잠재성을 융합하고 있는 것일까? 전혀 아니다. 세 번째 종 합은 자아가 '전적으로 나르시시시즘적'으로 될 때 시작되었다. 그것 은 스스로를 향해 고개를 돌리고서는 자기 자신을 관조했다. 들뢰즈는 결코 무엇이 이 주체로 하여금 스스로를 돌아보게 하는지 말한 적이 없 다. 단지 그는 보통 자아가 전적으로 나르시시즘적일 수 있게 되는 어 떠한 '폭력'이 존재한다고만 말할 뿐이다 (114/150/139). 그렇다면 이 폭력은 어디에서부터 오는 것일까?

처음 두 개의 수동적 종합들 각각은 능동적 종합을 토대짓는다. 첫 번째 종합은 그것의 하위-재현적인 포착들을 초월하여 '실제적 대상' 을 향하려 한다. 파편적인 포착을 규정적인 재현으로 전환하려는 어떠 한 욕동이 존재하는 셈이다. 정신분석학적 설명에서 들뢰즈는 이렇게 속박된 흥분을 초월하여 실제적 대상을 향하려는 경향을 '현실 원칙' 이라 부른다. 현실 원칙의 덕분으로 우리는 '속박된 흥분들을 넘어 대 상의 의도라고 가정된 것을 향해'(99/132/123) 간다. 자신의 하위-재 현적인 측면 가운데서 두 번째 종합, 므네모시네는 '있어 옴'이라 불릴 수 있는 순수 과거를 정의한다. 우리가 확인한 바와 같이 이 두 번째 종 합은 **경험적인** 연합과 지나간 현재들의 재생(연합의 법칙의 규제를 받 는 재생)을 토대짓는다. 들뢰즈는 종합의 이러한 두 번째 측면을 '에로 스,' '기억들의 추구,' 혹은 우리의 '배려'라 불렀다.

처음의 두 종합의 관점에서 볼 때 실제적 대상, 즉 질과 연장 모두로 구성되는 재현은 포착들의 계열과 재생들의 계열들이라는 이중의 계열

들 위에 형성된다. 칸트에서는 이 지점에서 재인이 나타나 재생이 무언
가 새로운 어떤 것의 생산이 아닌 재생으로서 현상하는 것을 보증해 준
다. 하지만 들뢰즈에서는 이러한 일이 발생하지 않는다. 대신 '서로 다
른 참조점 두 개가 혼동된다'(109/145/135). 즉, 혼동의 연쇄에 사로
잡힌 자아는 실제적 대상을 기억들로부터, 초월론적 종합을 경험적 종
합들로부터 구분해 낼 수가 없다 (292/374/364). 이러한 혼동이 바로
전적인 나르시시즘으로 귀결되는 무언가라 할 수 있다.

> 리비도는 두 노선 사이의 차이를 내면화함으로써, 또한 스스로를 한 노
> 선[예를 들면, 므네모시네] 안에서는 영원히 전치된 것으로, 다른 노선[예
> 를 들면 실제적 대상들] 안에서는 영원히 위장된 것으로 경험함으로써 자
> 아로 회귀하거나 환류하게 되는데, 이를 통해 수동적인 자아는 전적으로
> 나르시시즘적이게 된다(110/145/135).

리비도의 환류, 즉 세 번째 종합을 촉발시키는 이 폭력은 규정적인 대
상을 발견할 수 없는 주체의 무능력의 직접적 결과이다. 실제적 대상을
인식하지 못하는 자아는 위장된 실제적 대상들과 전치된 잠재적 대상
들 간의 차이를 '내면화'한다. 전치와 위장은 차이의 두 가지 형식들이
다. 전치는 두 번째 종합의 원리인 '어두운 전조'를 변용하는 차이로
서, 들뢰즈가 종합들에 대한 물리학적 설명에서 '공명'이라 부른 것에
상응한다. 위장은 첫 번째 종합의 실제적 대상들을 변용하는 차이이다.
자아가 이러한 두 차이들을 내면화하거나 긍정할 때, 세 번째 차이, 즉
강도가 생산된다. 강도는 자신이 구성될 때 기반으로 삼는 다른 두 계
열들을 승화시키고 긍정하는 자기-긍정이다. 강도는 리비도가 자아로
환류하여 세 번째 종합을 촉발시키게 만드는 폭력이다.

　자아와 '나'의 구별, 강도와 잠재성의 구별, 감각과 사유의 구별, 힘의 의지와 영원 회귀의 구별은 세 번째 종합에서 필수적이라 할 수 있다. 잠재성과 강도는 어떻게 세 번째 종합의 구조 내에서 분배되는가? 세 번째 종합의 첫 번째 순간인 시간의 질서는 여전히 수동적 자아, 혹은 '힘의 의지'에 속해 있다. 여기서 수동적 자아 내에 어떠한 접합이 설정된다. 두 번째 순간, 즉 시간의 전체성 혹은 '휴지'는 수동적 자아의 종합을 발생시키려 시도하는 의식의 도래에 해당한다. 들뢰즈가 칸트에 대한 강의들에서 이야기하는 바와 같이, 휴지는 강도의 0도에 해당하는 것인데, 이로부터 다양한 정도의 강도가 발생하게 된다.[179] 이러한 강도의 정도들은 정확히 이전의 두 순간들, 즉 거리와 차이, 짝짓기와 공명의 종합에 해당한다. 이 모든 것들은 오직 수동적 주체에만 관련된다. 우리는 여전히 힘의 의지의 영역, 우리 자신의 정념의 영역에 있으며 여기서 강도는 단순히 드높은 기분(hohe Stimmung)이다. 들뢰즈는 긍정을 발생시키는 것이 힘의 의지라는 것을 곧 밝히게 될 것이다(55/78/67).

　강도와 잠재성은 둘 다 세 번째 종합 속에서 생산된다. 그렇다 할지라도 강도와 잠재성이 동일한 것은 아니다. 이 둘을 분리하는 것은, 말하자면, 시간의 선이다. 수동적 주체, 힘의 의지는 드높은 기분(hohe Stimmung) 속에, 최초의 계열을 넘어 시간의 **질서** 속에서 사유의 발생을 촉발하는 어떤 폭력 가운데 모이게 된다. 휴지는 시간의 **전체성** 속에서 사유의 불균형적인 통일성을 표현한다. 휴지가 시간의 **계열** 속에서 직접적으로 자아를 규정하려고 시도할 때, 이 둘은 모두 해체되어 위대한 사유(gross Gedanke), 영원 회귀, 혹은 이념의 사유자를 발생

179　칸트 세미나(1978년 3월 21일).

시킨다. 이는 마치 세 가지 종합들 모두가 세 번째 종합 안에 존재하는 것과 같다. 첫 번째 종합은 대상(시간의 질서)과 관련하여 실패한 종합이다. 두 번째 종합은 주체(시간의 계열)와 관련하여 실패한 종합이다. 세 번째의 유일하게 성공적인 종합은 영원 회귀의 종합, 즉 차이의 이념적 종합이다.

다음에서 보게 되겠지만 일단 사유자가 이념들을 사유하면 종합들은 결코 실패하지 않는다. 이념들은 주체와 대상 모두에 통일성을 가져다준다. 개체화와 현실화의 과정들은 통합된 주체가 통합된 대상을 사유하는 방식을 기술하고 있다.

능동적 종합

그럼에도 우리가 깊이 전체를 수동적 종합의 과정과 융합하려 할 때 발생하는 어려움 하나가 여전히 남아 있다. 여러 곳에서 들뢰즈는 깊이가 궁극적으로 수동적인 종합들의 하위-재현적인 작업들을 참조한다는 명제를 직접적으로 논박하는 듯 보이는 종합들을 언급한다. 다음의 인용문을 예로 들어 보자.

우리는 여기서 순수하게 공간적인 종합들이 이전에 구체화된 시간적 종합들을 반복한다는 사실에 놀라서는 안 된다. 즉 강도의 펼침 운동(explication)은 첫 번째 종합, 습관의 종합이나 현재의 종합에 의존하지만 깊이의 접힘 운동(implication)은 두 번째 종합, 기억의 종합과 과거의 종합에 의존한다. 게다가 깊이 안에는 임박한 세 번째 종합이 스스로를 깨워 보편적 '토대와해'(ungrounding)를 예고하고 있다. **그것은 자신의 분화구 안에서 우글거리는 들끓는 감성과 사유를 통합한다**(230/296/289, 필자의 강조).

놀라서는 안된다고 하는 들뢰즈의 경고에도 다수의 이유로 인해 우리는 놀라지 않을 수가 없다. 먼저, 시간적 종합들로서의 수동적 종합들은 이미 강도들을 종합했다. 그러면 이제 무엇이 그들을 **공간적** 종합들로서 구성하는가? 둘째로, 첫 번째 수동적 종합은 또한 하위-재현적 종합이며, 그것은 결코 연장을 향해 나아가지 않는다. 첫 번째 수동적 종합이 '묶인' 흥분인 것은 맞지만 그것은 흥분을 **말소**하지는 않는다. 셋째로, 들뢰즈는 마치 세 번째 종합이 가장 깊이가 깊은 종합인 것처럼 말하고 있다. 기억은 강도를 함축하고(안-주름 운동), 습관은 그것을 펼치지만(밖-주름 운동) 세 번째 종합은 '그것을 복잡화'(온-주름 운동) 하고는 모든 말소를 넘어 그 자신 안에 비동등한 것을 보유한다. 다시 말해 세 번째 종합은 다른 두 종합의 토대이다. 하지만 들뢰즈는 세 번째 종합이 사실상 다른 두 종합들 위에 구성되며, 모든 깊이가 더 낮은 깊이의 긍정이라고 하지 않았나?

만약 우리가 이 인용문을 종합에 의한 종합으로 받아들인다면 여기서 들뢰즈는 수동적 종합이 아니라 능동적 종합을 말하고 있는 것이라는 사실이 분명해진다. 강도의 펼침이 첫 번째 종합에 의존한다는 것은 말이 되지 않는데, 그 이유는 첫 번째 종합은 차이를 말소하지 않기 때문이다. 그것은 차이를 묶지만 이 묶기는 전적으로 하위-재현적인 것으로 남아 있다. 반면 펼침의 과정은 하위-재현적인 것으로부터 질적이고 연장적인 재현의 세계로 나아가는 것이다. 묶기와 펼침은 결코 동일한 과정이 아니다. 하지만 어떤 면에서 첫 번째 종합은 자신의 하위-재현적인 역할을 떠나 재현의 편에 있기도 하다. 첫 번째의 하위-재현적이고 수동적인 종합에 토대를 둔, 어떠한 능동적 종합이 존재하는데, 이 종합은 '실제적 대상' 즉 질과 연장의 종합으로서의 대상을 향한다. 이 경우, 강도의 펼침은 실로 첫 번째 수동적 종합에 의존하게 된다. 하

지만 오직 이 수동적 종합이 실제적 대상을 의도하는 능동적 종합을 정
초하는 한에서만 말이다. 묶기는 펼침을 토대 짓지만, 펼침은 수동적
종합이 아닌, 습관의 능동적 종합이다.

　다음으로 들뢰즈는 함축(안-주름 운동)이 두 번째 종합에 의존한다
고 말한다. 이는 덜 문제적인데 그 이유는 어떤 의미에서 두 번째 종합
은 심지어 그것의 수동적이고 하위-재현적인 기능 속에서도 차이들을
'함축'하기 때문이다. 두 번째 종합은 강도들을 공명하게 하고, 따라서
그들을 서로서로와의 관계 하에 둔다. 하지만 우리가 명심해야 할 것은
들뢰즈가 두 가지 '함축의 질서들'을 뚜렷하게 구분하고 있다는 사실
이다.

　　따라서 우리는 두 가지 함축, 혹은 쇠퇴의 질서를 구별해야 한다. 먼저 이
　　차적 함축이란 강도들이 자신들을 펼치는(설명하는) 질들과 연장에 의해
　　봉인되는 상태를 말한다. 다른 한편 일차적 함축은 강도가 봉인함과 동시
　　에 봉인되면서 자기 자신 안에 함축되는 상태를 말한다(240/309/300).

들뢰즈가 함축이 기억에 의존한다고 말할 때 그가 지칭하는 것은 이 두
개의 질서 중 어떤 것인가? 강도들을 서로서로의 관계하에 둠으로써
두 번째 수동적 종합은 의심할 여지 없이 '일차적 함축'을 발생시킨다.
그것은 거리를 차이로 바꾼다. 하지만 깊이에서 생겨나는 대상의 '발
생'에 대한 강조에서 분명하게 드러나듯이, 들뢰즈가 앞의 인용문에서
함축이 두 번째 종합에 의존한다고 말할 때 염두에 두고 있는 것은 '이
차적 함축'이다. 이차적 함축은 강도들이 연장 안에 함축된 채로 남아
있는 방식, 혹은 강도적 깊이가 그 자신의 말소된 상태 속에서도 여전
히 현전하는 방식을 기술한다.

이것이 정확히 기억을 토대로 하여 행해지는 능동적 종합의 역할이다. 앞서 두 번째 수동적 종합에 대한 논의에서 필자는 의도적으로 순수 과거의 역설들을 간과했는데, 이는 필자가 주장했듯이, 그러한 역설들이 오직 순수 과거와 재현된 현재와의 관계만을 참조했기 때문이다. 이것이 바로 '이차적 함축'에서 쟁점이 되는 사안이라 할 수 있다. 각각의 역설은 순수한 하위-재현적 과거가 지속하는 방식, 혹은 재현된 현재 속에 함축되는 방식을 표현한다. 순수 과거가 경험적 현재 속에 재현되지 않는다 할지라도, 그것은 현재와 동시성을 공유하며 현재에 선-존재하면서 현재와 공존한다. 순수 과거는 계속해서 그것이 정초하는 재현 속에 함축된다. 나아가 이러한 이차적 함축은 능동적 종합에 새로운 차원을 덧붙이기도 한다. 첫 번째 수동적 종합이 오직 대상의 동일성을 향해 확장될 수 있기만 한 반면, 그것은 기억과 만남으로써 그 대상을 '반성'하고 '재인'할 수도 있다. 이제

능동적 종합은 수동적 종합들의 토대 위에 확립된다. 여기서 능동적 종합은 묶인 흥분을 실제적이면서도 우리의 행위들의 종착점으로 설정된 대상과 관련시킨다. (재생의 수동적 종합에 의해 지지되는 재인의 종합 [또는 그것이 관조하는 대상을 재생하는 습관. 빛을 묶는 눈은 그 자체로 묶인 빛과 같다]). (98/130-1/120)[180]

차이를 공명시키는 대신 두 번째 능동적 종합은 '재인'과 '재생'으로 이어진다.

이 장에서 들뢰즈가 능동적 종합으로 관심을 전환하는 것은, 우리가

---

[180]   (82/112/104)도 참조할 것.

앞서 살펴 본 단락과만 관련되는, 잠시 지나가는 것이거나 주변적인 관
심이 결코 아니다. 이 장에서 들뢰즈는 능동적 종합들에 대해 말하는
것보다 '양식'(good sense)과 '상식'(common sense)에 대해 훨씬 더
빈번하게 다루지만 이는 능동적 종합들에 대해 이야기하는 다른 방식
일 뿐이다. 두 개의 능동적 종합들은 그들 간에 양식과 상식의 역할들
을 재분배한다. 들뢰즈는 이러한 두 개념의 관계를 이 장의 서두에서
차이의 말소와의 관련하에 상세히 설명했다. '시간의 종합, 특히 우리
가 첫 번째 종합이라고 규정한 것에 **근거**하고 있는' 양식은 말소하는
차이의 기능을 지니고 있다 (225/290/284). 그것은 '본질적으로 분배,
혹은 재할당을 행한다. […] 분배는 그것이 분배된 것으로부터 차이를
추방하려 할 때 양식에 합치된다'(224/289/282-3). 반면 상식은 시간
의 두 번째 종합에 근거한다. 그것은 주체와 대상 모두의 '통일성과 토
대'를 제공한다 (226/291/284-5). 게다가 서로서로 조화를 이루어 기
능하는 것이 불가능했던 수동적 종합과는 달리, 양식과 상식은 상호적
으로 서로 안에 함축되어 있다. 하나는 다른 하나 없이 기능할 수가 없
다. 상식은

> 스스로 자신을 넘어서서 미규정적인 대상을 이러저러하게 규정할 수 있으
> 며 또한 그런 대상들의 집합 속에 위치한 자아를 개체화시킬 수 있는 또
> 다른 역동적인 심급으로 나아간다. 이 또 다른 심급은 양식인데, 이 양식
> 은 개체화의 기원에 있는 어떤 차이에서 출발한다. 그러나 양식은 대상 안
> 에서 말소되는 경향이 있는 방식으로 그 차이의 분배를 보증한다. 또한 양
> 식은 차이나는 대상들이 스스로를 동등화하는 한편 차이나는 자아들이 균
> 일하게 될 수 있는 어떠한 규칙을 제공한다. 정확히 이러한 이유들로 인해
> 양식은 다시 그것에 보편적인 자아의 형식과 비규정적인 대상의 형식 둘

다를 마련해 주는 상식으로 나아간다(226/291/285).

양식은 대상(질+연장)의 방향에서 차이를 말소하지만 상식은 다양성이 관계하는 대상-형식을 제공해 준다. 들뢰즈가 끊임없이 양식과 상식을 비판하기에 들뢰즈의 독자들은 흔히 이러한 개념들을 기각해 버리는 경향이 있다. 종종 들뢰즈는 이 개념들을 넘어서기 위한 목적으로 양식과 상식에 대한 정교한 설명을 만들어 내는 것처럼 보이기도 한다. 하지만 만약 현실화라는 것이 우리가 잠재성으로부터 질과 연장에 의해 정의된 현실성으로 운동하는 과정이라면, 또한 만약 개체화라는 것이 강도가 말소되는 과정이라면, 이 두 개념이 반드시 정적인 발생의 구성적 순간들로 존재해야 한다는 것을 우리가 어떻게 부인할 수 있겠는가? 이들은 차이를 말소하는 것들이다. 이들은 개체화와 현실화의 이중적 과정을 구성한다. 개념들의 질서에서 역설이 항상 일차적이고 '양식은 항상 부차적'(227/292/285)인 것은 사실이다. 양식은 실로 부차적이다.

들뢰즈는 앞서 '순수한 공간적 종합들이' 시간적인 종합들을 '반복'한다거나, 혹은 이러한 종합들이 시간적 종합들에 '의존'한다고 말했다. '순수한 공간적 종합들'은 이 종합들이 수동적인 종합들 위에 정초되는 능동적인 종합들이라는 의미에서 수동적 종합들에 '의존'한다. 우리는 이제 왜 이들이 **'공간적인'** 종합들이라고 불리는지를 이해할 수가 있다. 강도는 '강도적인 공간'이라고 정의되지만 이 강도적인 **공간**은 자명한 주체가 경험적인 직관 속에서 익숙하게 되는 공간적 차원들을 결여한다.

고와 저, 좌와 우, 형상과 토대가 연장 안에서 상승과 하강, 횡적 흐름과

종적 흐름을 추적하는 개체화하는 요인들이라는 것은 의심의 여지가 없다. 하지만 이들이 이미 전개된 연장 안에서만 발생하기 때문에 이들의 가치는 오직 상대적이다. 따라서 이 요인들은 보다 더 깊은 심급, 어떤 연장이 아닌, 순수한 **안-주름**(implex)이라 할 수 있는 깊이 그 자체에서 유래한다(229/295/288, 들뢰즈의 강조).[181]

위/아래, 좌/우, 앞/뒤는 오직 전개된 연장의 세계에만 적용되는 공간적인 규정들이다. 하지만 깊이는 공간이 아니다. 깊이는 그로부터 공간이 생겨나는 원초적인 경험이다. 따라서 '순수한 공간적 종합들'은 차이를 그 자신과 소통시키는 순수한 시간적 종합들을 말하는 것이 아니다. 이들은 '대상'이 깊이의 그림자로부터 '발생'하게 되는 방식을 일컫는다 (230/296/289). 이들은 강도에서 연장으로의 운동을 나타내며, 따라서 **수동적인 종합들에 '의존'하는 능동적인 종합들을 나타낸다.**[182]

---

181 메를로-퐁티 또한 '깊이는 공간의 나머지 다른 차원들보다도 더 직접적으로 우리로 하여금 세계에 대해 미리 인식된 개념을 거부하고, 세계의 발생이 근거하는 원초적인 경험을 재발견하게 한다' (PP 298)고 주장한 바 있다.
182 나아가 들뢰즈는 종합들에 대한 설명의 바로 직후에 다음의 사실을 강조하고 있다.

우리는 감각 혹은 지각이 존재론적 측면을 지니고 있다는 사실을 알고 있는데, 이러한 존재론적 측면이란 오직 감각만 될 수 있거나 혹은 오직 지각만 될 수 있는 어떤 것에 직면하는, 감각이나 지각에 특수한 종합들을 일컫는다. 이제 깊이란 본질적으로 연장의 지각 속에서 함축된다(implicated)는 사실이 드러난다(230/296/289, 들뢰즈의 강조).

칸트에 대한 강의들에서 들뢰즈는 세 가지 종합들을 지속적으로 칸트의 지각 이론처럼 기술한다. 이런 맥락에서 '지각'은 다시금 세 가지 수동적 종합들의 집합체를 의미하는 것처럼 보인다. 이 집합체는 '존재론적' 측면을 지닌다. 이 측면은 우리가 이미 조우한, 자유롭고 수동적이며 하위-재현적인 종합들을 일컫는다. 하지만 지각에는 더 이상 존재론적이지 않고 현상학적인 두 번째 측면도 존재하는데, 이는 바로 질과 연장의 지각이다. '순수한 공간적 종합들'을 정의하는 것이 바로 이러한 두 번째 측면이다.

세 번째 종합은 어떠한가? 세 번째 종합 또한 능동적인 형식을 지니고 있는가? 사실 세 번째 종합 또한 여기서 그 특성을 바꾼다. 앞의 인용문에서 세 번째 종합에 관한 들뢰즈의 말을 주의깊게 살펴본다면 우리는 세 번째 종합이 더 이상 실패한 종합이 아니라는 사실을 눈치 챌 수 있을 것이다. 이제 그것은 두 인식능력들을 조정한다.

게다가 깊이 안에는 임박한 세 번째 종합이 스스로를 깨워 보편적 '토대와 해'(ungrounding)를 예고하고 있다. **그것은 자신의 분화구 안에서 우글거리는 들끓는 감성과 사유를 통합한다**(230/296/289, 필자의 강조).

종합의 반복된 실패 가운데 세 번째 종합은 오직 자아를 '나'로부터 분리시켰는데 이는 궁극적으로는 자아와 '나의 해체로 귀결되었다. 하지만 이제 세 번째 종합은 두 개의 인식능력들, 즉 강도들과 함께 들끓고 있는 감성, 그리고 이념들과 함께 우글거리고 있는 사유를 **통합**한다. 이 지점에서, 그리고 오직 이 지점에서만 강도들은 이념들을 **표현**하기 시작한다. 우리는 추후에 이념들이 종합을 규제할 수 있고, 또한 인식능력들의 불화적인 사용이 조화롭게 되는 과정을 목격하게 될 것이다. 이제부터는 상식과 양식, 상상력과 기억이 공통의 대상과 공통의 주체의 생산 가운데서 함께 작동하게 된다.

개체화와 현실화

개체화와 현실화는 연장과 질을 구성하는 재현된 대상이라는 동일한 종착점에 이르는 별개의 두 개의 과정이다. 강도는 질과 연장 속에서 말소되고 이념들은 이 동일한 질과 연장 속에서 현실화된다. 하지만 들뢰즈는 이 두 개가 별개의 과정이며, 나아가 잠재적인 것과 강도를 혼동하는 것은 잘못이라는 것에 대해 매우 분명하게 밝히고 있다. 이들이 중요한 특성들을 공유하고, 또 이념의 연계들과 특이성들이 '외연적'이라고 기술될 수 없는 것은 사실이지만, 이념들과 강도들은 두 개의 분리된 과정 및 (강도적이고 이념적인) 두 가지 종류의 관계들을 지닌 채 두 개의 분리된 인식능력들에 속한다. 또한 이 둘은 모두 시간의 다른 차원과 관계맺는다. 이념들은 미래에 속하는 반면 강도는 변용의 직접적인 현재를 표현한다. **개체화는 이러한 두 가지 인식능력을 한데 불러모으는 과정이다.**

매우 일반적인 수준에서 우리는 개체화 과정에 대한 중요한 점 몇 가지를 지적할 수가 있다. 첫째로, '문제를 해결하는 행위'(246/317/307)는 현실화가 아니라 개체화이다. 문제에서 해로 나아가는 운동, 이념에서 재현으로 나아가는 운동은 잠재적인 것 내에서 생겨나는 것이 아니라, 오직 강도들이 이념들을 **선별**하고 그들의 관계들과 특이성들을 현실화하는 한에서만 발생한다. 강도들은 이념들을 그들의 잠재성 바깥으로 끌어낸다. 즉 그들은 미래를 현재로 데려온다.

> [강도는] 이러한 [미분적] 관계들에, 또한 이념들 그 자체 간에 새로운 유형의 구분을 도입한다. 이후, 이념들, 관계들, 그리고 그러한 관계들 안의 변이들 및 변별적인 점들은 어떤 의미에서 분리를 경험한다. 함께 공존하는 대신 그들은 동시성 혹은 연쇄의 상태로 들어선다(252/325/314, 영문 번역은 수정된 것).[183]

강도는 이념을 선별하고 그것을 공존 상태에서 끌어내어 이념이 이행

---

[183] 다음을 참조할 것. '현실화와 더불어 새로운 유형의 구체적이고 분할적인 구분이 유동적이고 이상적인 구분을 대체한다'(258/332/321).

을 행하는 현재로 데려온다. 하지만 중요한 변신을 경험하는 것이 오직 이념뿐인 것은 아니다.

이것이 두 번째로 중요한 점인데, 즉 이념들은 강도에 형식을 부여해 준다. 이념들 간의 관계는 물질과 형식 간의 관계와 다소 유사하다. 강도들은 감각의 물질, 즉 수축되지 않은 무수히 많은 감각들의 물질이지만 '극화'를 통해 이념들은 이 물질에 형식을 부여해 준다. 즉 이념들은 그것을 '분화'한다. 들뢰즈는 몇 가지 이유들로 이러한 질료-형상론적 설명을 피하는데, 가장 중요한 점은 이념들이 외부에서부터 정적인 물질에 부여되는 미리 주어진 형식들이 아니라는 것이다. 이념들은 감성의 종합을 지배하는 생산의 규칙들이다. 이것이 바로 들뢰즈가 생물학적인 **은유**를 선호하는 이유이다. 이념들은 DNA이다. 강도는 세포질이다 (251/323/313; cf. 216/279/269). 이념들은 '강도적인 환경'의 조직화를 규제하는 생산의 규칙들이지만 이 환경의 본성은 이념들이 현실화되는 방식을 규정한다. 강도가 이념을 선별할 때, 그렇다면 그것 또한 변형을 겪는 셈이다. 이념들은 현재의 상황에 따라 현실화되지만, 이념을 표현하는 가운데 그 상황 또한 조직되거나 혹은 분화된다.

강도가 비록 상당한 변신을 겪는 것은 사실이지만, 그것은 여전히 현실화 속의 능동적인 요소로 남는다. 이는 '그러한 [이념들이] 현실화되는, 다시 말해 그들이 직관 안에서 조직화되는 개체화의 장의 활동 때문이다' (247/318/308). 강도는 항상 개체화 과정 속에서 우위를 점한다. 강도는 현실화될 특수한 이념을 선별하는 무언가이다. 즉 그것은 현실화 과정 속의 '규정자'이다 (245/316/307). '개체화는 항상 현실화를 지배한다' (251/323/313). 이념들은 '강도적인 환경' (251/323/313)의 요건들에 따라 선별된다. 그렇다면 잠재적인 것을 특권화 하는 것은 확실히 잘못일 것이다. 들뢰즈에게 있어 사유는 감성에 복무한다.

실제 경험의 조건들인 이념들은 직접적인 상황, 그리고 환경의 요건들에 따라 생산되고(역동적 발생) 선별된다(정적인 발생). 이념들이 그곳에 존재하는 것은 가장 먼저 감각될 것을 결정하기 위해서이다.

하지만 이러한 일반적인 수준을 떠나 보다 구체적인 현실화와 개체화의 과정 속으로 들어갈 때, 우리는 이 모든 것이 사실은 꽤 어려운 일임을 깨닫게 된다. 들뢰즈는 개체화가 어떻게 실제로 수행되는지에 대해서 전혀 분명하게 밝히지 않고 있다. 사실상 그는 대부분 현실화의 **첫 번째** 순간인 극화를 강조하기만 할 뿐이다. 우리가 살펴본 극화는 도식의 들뢰즈식 버전이다(이 장에서 그는 도식을 '외연'(extensio), 혹은 연장(exstensum)이 생산되는 행위라고 부른다[231/298/291]). 들뢰즈는 칸트의 도식을 시-공간적 관계들이 개념적 규정들을 **체현**하는 과정이라고 정의했다.

> 칸트의 도식은 그 자체로 범주에 상응하는 시-공간적 규정이다. […] 도식은 이미지 안에 존재하는 것이 아니라, **사실상 개념적인 관계들을 체현[incarnent]하거나 실현하는 시-공간적 관계들 속에** 존재한다(KP 18/28-92, 들뢰즈의 강조).

여기가 바로 들뢰즈에서 개체화 과정이 시작되는 곳이다. 강도들은 이념적 관계들을 '체현'하거나 '표현'한다 (252/325/314-5 참조). 강도들은 이념들의 관계들과 특이성들에 '집중'한다. 이념들이 일단 표현되고 나면 무슨 일이 발생할까? 이것은 어떻게 그리고 왜 현실화나 개체화로 귀결되는 것일까?

개체화의 과정을 이해하기 위해 우리는 극화가 바깥의 개방된 곳에서 발생하는 무언가가 아니라는 사실을 강조할 필요가 있다. 극화는 사유가 다시 감성으로 접혀 들어가는 과정이다. 능동적인 형식으로 세 번째 종합이 이러한 두 가지 인식능력을 통합할 때, 이념들은 강도들에 의해 표현되지만 이념들을 표현하는 강도들은 여기서 들뢰즈가 '강도 속의 개체' 라 부르는 것 안에 포함되고 조직된다.[184] **연장** 속의 개체는 개별적인 대상, 생산물, 즉 질과 연장을 구성하는 어떠한 사물의 규정적인 재현이다. 즉 그것은 문제에 대한 해에 해당한다 (246/316/308). '**강도** 속의 개체' 는 '개체화의 장' 이다. 그것은 아직 펼쳐지지 않은, 분화되지 않은 강도들의 집합이다. 이념들을 표현하는 것은 바로 이것들이다. 들뢰즈가 강도 속의 개체를 기술하고 있는 다음의 인용문을 한번 살펴보자.

> 개체들은 신호-기호 체계들이다. 모든 개체성은 강도적이며, 따라서 계열적이고 단계적인 체계이다. 개체성은 자신을 구성하는 강도들 안의 차이들과 소통하고 이들을 포괄하며 또한 그 자체로 긍정한다(246/317/307).

그렇다면 개체적인 것은 동질적인 장이 아니다. **강도 속의 개체는 하나의 체계**, 즉 계열적이고 단계적이며 소통적인 체계이다. 들뢰즈는 종종 이러한 강도들과 개체화하는 요소들의 집합을 '해체된 자아의 체계' (254/333/322)라고 부른다. 우리는 이것이 무엇을 의미하는지를 안다. 즉 '깊이' 라는 개념과 마찬가지로 강도적인 개체는 수동적인 종합들의 집합을 연결한다. 이러한 종합들은 해체된 자아의 체계성을 구성한다. 각각의 종합은 이러한 소통적인 체계 내의 한 단계이다. 사실 '깊이' 와 '강도 속의 개체' 라는 이 두 표현들은 서로 동일한 하나의 개

---

184 들뢰즈는 이념들은 전-개체적인 반면, 자아와 '나' 를 예고하는 강도들은 여전히 개체적이라고 끊임없이 강조한다 (258/332/321).

념을 지칭한다. 들뢰즈는 이미 종합들에 대한 물리학적 설명에서 이러한 해체된 자아의 체계를 기술한 바 있다. '이 체계에는 주체들이, 즉 애벌레 주체와 수동적인 자아들 모두가 거주한다. 수동적인 자아들이라는 이름은 그들이 짝짓기와 공명들의 관조와 구분 불가능한 것에서 기인한다. 애벌레 주체라는 이름은 그들이 역동성을 지지하는 자 혹은 감내하는 자들이라는 데서 기인한다'(118/155/144).[185] 수동적 자아들은 처음 두 종합들의 자아를 지칭한다. 애벌레 주체는 시–공간적 역동성 혹은 극화들을 지지하는 세 번째 종합의 자아를 뜻한다.[186] 해체된 자아의 체계, 혹은 강도 속의 개체는 종합들의 전체 집합이다.

이 점은 아무리 강조해도 지나치지 않는다. 이념들이 강도들에 의해 표현될 때, **이념들은 해체된 자아의 전 체계로 다시 돌아가 통합된다.** 들뢰즈는 때때로 사유하는 자와 사유 그 자체를 구분한다. 사유하는 자는 수동적 자아, 애벨레 주체, 혹은 '강요된 운동들'을 경험하는 '배아'이다. 이념들은 사유들이다. 이에 대한 보다 기술적인 버전을 따르면, 이념들은 '개체화하는 요소들 안에서, 혹은 사유하는 자의 보편적이고 구체적인 개체성, 혹은 해체된 자아의 체계를 구성하는 강도적인 양들의 함축된 세계 안에서 표현된다'(259/333/322). 분열된 '나'의 주변에 '우글거리는' 이념들은 해체된 자아의 **체계**(사유하는 자)에 의해 표현(사유)된다.

---

185 다음을 참고할 것. '하지만, 수동적인 자아의 형태를 띠고 있는 자아는 미리 존재하는 개체화의 장들에서 발생하는 사건일 뿐이다. 그것은 그러한 장들의 개체화 요소들을 관조하고 수축하며, 그들의 계열의 공명 지점에서 스스로를 구성한다'(226/354/346).

186 들뢰즈가 이를 '애벌레 주체'라고 부르는 이유는 그것을 '데카르트의 코기토와 같이 실체적이고, 완전한, 제대로-구성된 주체'(118/156/145)와 대조시키기 위해서이다.

이 진술의 가장 흥미로운 측면은 사유하는 자가 이념들을 사유할 수 있다는 간단한 사실에 있다. 이는 새로운 내용이다. 세 번째 종합 안에서 사유하는 자와 사유는 둘 다 해체되었다. 사유하는 자는 이념들을 사유하지 않았다. 그것은 대상을 사유하려고 시도했으며 그 자신을 사유하고자 시도했다. 이 두 가지 모두의 실패는 영원 회귀 안에서의 이념들의 생산으로 이어졌다. 하지만 이제 사유하는 자는 이념들을 사유한다. 자아와 '나'는 더 이상 서로서로 분리되어 있지 않다. 이제 해체된 자아는 분열된 자아와 관계를 맺고 있다. 이 둘은 우글거리는 사유와 들끓는 감성을 통합하는 능동적인 종합 속에서 '상호 관련'(259/332/322)되어 있다. 이러한 과정의 매우 엄청난 결과들이 개체화의 전 과정을 규정한다.

사유자가 이념들을 사유할 때, 이념들은 해체된 자아에 의해 하나의 전체로서 표현된다. 이념들은 불가피하게 종합들로 들어서게 된다. 다음의 인용문에 등장하는 '상이함'(disparateness)이라는 말은 이념 혹은 문제를 상징한다. '개체화 행위는 문제를 억누르는 데 있는 것이 아니라 상이함의 요소들을 그것의 내적 공명을 보증하는 짝짓기의 상태로 통합시키는 데 있다'(246/317/307). 개체화 행위는 문제를 억누르는 대신 문제의 요소들을 **처음 두 종합들로**, 즉 짝짓기와 공명으로 통합시킨다. 이는 개체화의 두 번째 단계를 지시한다. 첫 번째 단계는 다양한 방식으로 표현될 수 있다. 즉 사유가 감성으로 다시 접혀 들어간다, 강도들이 이념들을 표현한다, 혹은 자아와 '나'가 상호 관련 된다 등등. 두 번째 단계에서 **이념들은 해체된 자아의 종합들로 통합된다**. 문제는 짝짓기와 공명으로 통합된다.

이유를 설명하고 있지는 않지만, 들뢰즈는 각각의 종합, 즉 짝짓기와 공명이 이념의 특정한 순간을 통합한다는 점을 매우 분명하게 밝히고 있다. 이념의 특이성들은 첫 번째 종합에 의해 통합되는 반면 관계들은 두 번째 종합에 의해 통합된다. '개체화하는 요소들의 강도적인 계열들은 이념적인 특이성들을 감싼다 […]. 계열들 간의 공명들은 이념적 관계들을 작동시킨다'(279/357/349). 이는 매우 결정적이다. 강도적인 **계열들**은 특이성들을 통합하고, 이러한 계열들의 **공명**은 이념적 관계들을 작동시킨다. 상상력은 이념의 특이성들을 관조하고, 기억은 이념의 이념적 관계들을 관조한다.

주체가 처음으로 발생을 통과할 때는 잠재적인 이념들을 담지하는 사유의 인식능력이 아직 존재하지 않았다. 잠재적인 것은 생산되는 것이었고, 이념들은 '계열들의 세 번째 시간' 속에서 규정되었다. 이는 감성의 강도들이 미분적 관계들을 표현하지 않았다(사실은 표현하지 못했다)는 사실을 의미한다. 하지만 이제 극화 및 극화의 자아와 나와의 상호관계 덕분에 강도들은 미분적 관계들과 특이성들을 표현하거나 혹은 체현해 낼 수가 있다. 이는 종합의 본성을 완전히 변화시킨다. 즉 그것은 수동적 종합들을 능동적 종합들로 변형시킨다.

능동적인 종합이란 무엇인가? 칸트에서 수동적인 종합은 오성의 관할 바깥의 상상력에서 발생하는 것이었다. 들뢰즈가 말하는 바와 같이, 칸트의 수동적 종합은 정신에 의해서가 아니라, 정신 속에서 발생한다. 그것은 무의식적인 종합이었다. 하지만 칸트의 세 번째 종합은 확실히 오성의 관할 하에서 발생하는 것이었으며, 나아가 그것은 종합의 규칙들로 기능하는 범주들에 종속되었다. 능동적인 종합은 규칙의 지배를 받는 종합이다.

강도가 이념들을 표현하고 그들의 관계들 및 특이성들을 해체된 자아의 체계로 통합할 때, 이 체계를 구성하는 종합들은 능동적인 종합들이 된다. 들뢰즈는 강도적인 **계열들**이 특이성들을 표현하는 반면, 공명은 관계들을 작동시킨다고 말한다. 이제 상상력이 특이성들을 표현하는 강도들을 포착한다. 상상력이 이 강도를 짝지어 줄 때, 그것은 이제 특이성의 영향하에 있게 된다. 즉 그것은 능동적인 종합이 된다. 공명이 이념적 관계들을 표현하는 차이들을 한데 모을 때, 공명 또한 능동적인 종합이 된다.

상상력의 능동적인 종합은 그 자신을 넘어 대상의 의도성을 향하지만, 기억의 능동적인 종합은 이러한 종합에 대상의 형식과 주체의 형식으로 통일성을 부여한다. 이제 우리는 마침내 재현 속의 대상의 통일성에 다다른 듯하다. 이상한 것은 발생의 이러한 부분의 중요성에도 들뢰즈가 『차이와 반복』에서 이를 결코 발전시키지 않는다는 사실이다. 그는 우리에게 이념들이 해체된 자아의 전 체계로 통합된다고 말한다. 그리고 이러한 통합으로 인해 '계열들'이 특이성을 감싸는 반면 '공명'은 관계들을 표현한다고 말한다. 또한 우리는 이로부터 상상력이 나아가 연장을 규정하고, 기억은 나아가 질을 규정하게 될 것임을 추측할 수 있다. 하지만 들뢰즈는 어떻게 이 모든 것들이 행해지는지에 대해서는 함구한다. 양식과 상식에 대한 들뢰즈의 논의로 돌아가 보면 아마도 우리는 이러한 일들이 어떻게 발생하는지에 대해 좀 더 잘 이해할 수 있게 될지 모른다.

'양식'은 들뢰즈가 이 장에서 습관에 토대를 둔 능동적 종합을 기술하기 위해 사용하는 표현이다. 양식은 강도를 넘어 대상의 의도성을 향한다. '상식'은 기억에 토대를 둔 능동적 종합에 대한 들뢰즈식 표현이다. 상식은 재인, 혹은 그들의 질들에 따른 대상들의 유사성을 토대 짓는다. 들뢰즈는 양식이 이념적 특이성들의 영향하에서 연장을 규정하며, 또한 상식은 이념적 관계들의 영향하에서 질을 규정한다는 사실을 재확증할 것이다. 들뢰즈가 말하길, 양식은 '차이의 **양적인** 종합을 수반 하는 반면 상식은 '단일한 주체의 모든 인식능력들에 대해 동일하다고 가정되는 어떠한 대상과 관련된 다양성의 **질적인** 종합을 수반'(226/292/285, 필자의 강조)한다. 양식은 양적인 종합이다. 상식은 질적인 종합이다. 양식은 계열들 위에서 작동하는 첫 번째 수동적 종합 위에 정초된다. 이러한 계열들은 특이성들을 표현하며, 특이성들이 현실화될 때 이 계열들은 연장을 규정한다. 이것이 바로 양식이 양적인 종합인 이유이다. 하지만 상식은 계열들을 가로질러 공명을 발생시키는 기억의 두 번째 종합 위에 정초된다. 이 공명은 이념적 관계들을 작동시킨다. 이념적 관계들이 현실화될 때, 이 관계들은 질들을 규정한다. 이것이 바로 상식이 질적인 종합이라 불리는 이유이다.

그렇다해도 이러한 과정이 어떻게 재현으로 귀결되는 것일까? 일반적인 수준에서 이 과정은 명백해 보인다. 우리는 상식이 '본질적으로 분배, 혹은 재할당 […]'을 행하며, '분배는 그것이 분배된 것으로부터 차이를 추방하려 할 때 양식에 합치된다'(224/289/282-3)는 사실을 확인했다. 양식은 강도를 연장으로 전환한다. 그것은 차이를 말소하고 따라서 부분들이 서로서로에게 외재적인 어떠한 세계를 발생시킨다. 상식은 주체와 대상의 방향에서 이 종합의 통일성을 제공한다. 이 두 종합들은 이제 세 번째 종합에 의해 승인되고, 따라서 이제는 조화롭게 기능하게 된다. 첫 번째 것은 대상의 형식에 무수한 감각들을 가져오고, 두 번째는 이들을 규정적인 질들로 수축한다. 비록 들뢰즈가 매우 일관되게 설명하고 있긴 해도 이 점을 이해하기는 매우 어려운데, 이는 능동적 종합에 대한 들뢰즈의 이론이 『차이와 반복』에서 아직 완전히 발전되지 않았기 때문이다. 이는 그 다음 책인 『의미의 논리』에서도 마찬가지인데, 여기서 들뢰즈는 오직 두 개의 짧은 장만을 정적인 발생에 할애하고 있다.

능동적인 종합은『앙티-오이디푸스』(1972)의 '사회적-생산'이라는
장에 가서야 최초로 실제적으로 이론화된다. 하지만 여기서도 들뢰즈
의 설명은 우리가 원하는 것만큼 철저하지가 못하다. 들뢰즈의 사유의
이러한 측면을 이해하기 위해서는 보다 많은 연구가 필요하겠지만 적
어도 우리는 능동적 종합에 관한『앙티-오이디푸스』와『차이와 반복』
간의 두 가지 상당히 중요한 차이들을 지적해 볼 수는 있다. 먼저,『앙
티-오이디푸스』에서 상식(영토주의)과 양식(전제주의)은 더 이상 단
지 하나의 종합이라고만 일컬어지는 것이 아니다. 대신, 각각의 순간은
이전의 수동적 종합들 세 가지 모두를 작동시킨다. 예를 들어『차이와
반복』에서 상상력은 체화된 특이성들의 구속 하에 현실적 대상의 형식
혹은 연장을 규정한다. 하지만『앙티-오이디푸스』에서는 **세** 종합들 모
두가 각각의 순간에 작동하게 된다.[187] 두 번째 차이는 들뢰즈가『앙티-
오이디푸스』에서는 이념들이나 이들의 특이성들과 관계들에 대해 아
무 말도 하지 않는다는 것이다. 그렇다고 이들이『앙티-오이디푸스』
안에 존재하지 않는다는 것은 아니다. 사실상 능동적인 종합들이 존재
하면, 우리는 당연히 이들이 이념의 지배를 받는다는 것을 가정해야 한
다. 하지만 들뢰즈는 이 점에 대해 명시적이지 않으며, 그러한 이유로
『앙티-오이디푸스』는 이 책이 능동적 종합의 주제들을 발전시키고 있
음에도 여전히 이념들이 종합들을 규정하는 방식에 대한 질문에 답하

---

187   들뢰즈는『앙티-오이디푸스』에서 강도의 외연적인 부분들로의 이러한 분할을
'영토화'(territorialization)라고 부른다. 이 표현의 역사는 쉽게『차이와 반복』으로까
지 거슬러 올라갈 수 있다.『차이와 반복』에서 들뢰즈는 '양식'이 그 토대를 '농경적
질문'에 두고 있을지 모른다고 말한 바 있다. '이 유형의 분배는 '소유지' 혹은 재현
내의 제한된 영토들에 비유될 수 있는 고정되고 비율적인 규정들에 의해 진행된다. 이
러한 농경적 질문은 당연히[…] 부분들을 구분하는 인식능력으로서의 이러한 판단의
조직화에 있어 매우 중요한 문제였다'(36/54/45).

지 못한다. 『앙티-오이디푸스』에 잠재적인 것에 대한 논의가 눈에 띄게 부재하는 것이 바로 『자본주의와 분열증』(*Capitalism and Schizo-phrenia*)의 2권이 '리좀'(The Rhizome), 즉 수동적 자아와 분열된 '나' 간의 관계라는 주제를 다루는 도입부로 시작되는 이유이다. 물론 『차이와 반복』과 『자본주의와 분열증』 사이에서 모든 용어들은 바뀌게 되지만, 우리는 이미 『차이와 반복』이 그 자체로 10개의 다른 기술적 어휘들을 넘나들고 있다는 사실을 확인했다. 들뢰즈에서 중요한 것은 용어들이 아니라, 피히테에서처럼, 그 용어들 간의 관계들이다.

그렇다면 『차이와 반복』에서 개체화와 현실화는 어떻게 펼쳐지는가? 아직 폭넓게 수행되지도 않은 연구들을 살피고 기웃거리는 것이 만족스럽지 않다는 사실을 인정하면서도, 우리는 여전히 몇 가지 중요한 결론들을 끌어낼 수 있다. 들뢰즈가 4장에서 지적하듯이, 잠재적인 것에서 현실적인 것으로 나아가는 어떠한 직접적이고 평행적인 운동이 없다는 사실은 명백하다. 특이성들은 직접적으로 연장들을 규정하는 것이 아니다. 이념적 관계들 또한 직접적으로 질들을 규정하지 않는다. 개체화는 능동적인 형식을 띠는 세 번째 종합이 들끓는 감성을 우글거리는 사유와 통합할 때, 그것이 자아와 나 사이의 상호 관계를 생겨나게 할 때, 혹은 그것이 이념을 극화할 때 시작된다. 그것은 사유와 감성을 종합할 뿐 아니라 규제하며, 또한 앞으로 작동하게 될 다른 두 개의 인식능력들 즉 상상력과 기억, 양식과 상식의 조화로운 실행을 보증한다. 이념이 감성에 적용될 때 이념은 분리를 경험한다. 특이성들은 거리들에 체화되는 반면, 관계들은 차이 속에 체화된다. 거리들을 짝짓는 종합(습관)은 이제 그것이 관조하는 계열들 안에 체화된 특이성들의 영향하에서 짝짓기를 수행한다. 그것은 재할당과 말소를 행하는 능동적인 종합이 되고, 또 강도를 연장으로 전환시키는 양식이 된다. 두 번째 종합, 즉 공명은 '이념적인 관계들을 실행' 시킨다. 기억은 능동적이고 질적인 종합이 되는데, 이 종합은 각각의 연장을 뒤덮는 질을 규정한다. 이 과정의 말미에 우리는 규정적인 대상의 질과 연장을 관조하는 경험적인 감성과 조우하게 된다.

7절. 재현과 반복

타자-구조

『차이와 반복』의 결론은 대부분 들뢰즈가 이전 장들에서 한 말들을 단순히 요약하고 있다. 들뢰즈는 결론에서 책의 매듭을 짓고 주된 주제들을 되풀이하는데 많은 시간을 할애하고 있다. 몇몇 예외가 존재하는 것은 사실이나 이미 필자는 앞에서 그러한 논의의 대부분을 이 책의 주된 내용에 대한 논의로 옮겨 다루었다.

아마도 결론에서 들뢰즈가 이루는 가장 중요한 혁신은 타자-구조에 대한 그의 정교한 기술일 것이다. 이 책의 2절에서 필자는 타자-구조가 발생을 종결시키는 방식에 대해 기술했다. 들뢰즈는 마지막 장의 마지막 몇 페이지들에서 처음으로 타자에 대해 짧게 언급한다. 거기서 그는 타자를 각각의 재현이 그 자신의 기원들을 표현하게 해 주는 '봉인의 중심'으로 제시한다. 결론에서 그는 이 점으로 돌아가 약간 더 상세하게 다루고 있는데, 그가 지적하는 두 가지 점을 살펴보자. 먼저 들뢰즈는 타자가 또 다른 사람도, 혹은 심지어 '지각의 세계 일반의 특수한 구조'도 아니라는 사실을 반복한다. 오히려 타자는 '이 세계 전체의 전반적인 기능을 토대 짓고 보증하는 구조'(281/360/352)이다. 어떠한 재현 주변에서 운집하는 잠재성들을 기술하기 위해 들뢰즈가 '타자'라는 단어를 사용한다는 것을 우리가 명심한다면, 이는 이해하기 쉬운 내용이다. 나에게 잠재적인 것은 타자에게는 현실적인 것이다. 잠재성들은 전적으로 현실화된 대상과만 관계한다. 그들은 막 현실화된 질과 연장의 집합만을 의미한다. 이것이 바로 타자가 지각의 세계의 구조가 아닌 이유이다. 타자는 이 세계를 처음으로 발생시키는 구조이다. 그것은 '개별화하는 요소들과 전-개체적인 특이성들을 대상들과 주체들의 한계 내에서 둘러싸며, 이 대상들과 주체들은 다시 재현에 지각하는 것, 혹은 지각되는 것으로 제시된다'(281-2/360/352). 지각은 잠재성과 더불어 시작되며, 타자의 잠재성들은 재현의 발생을 완성한다.

두 번째로 들뢰즈는 타자-구조가 봉인의 중심으로 기능한다는 사실을 재확증한다. 타자-구조는 재현의 수준에서 우리와 개체화하는 요소들의 세계와의 연계를 유지해 준다.

> 타자는 개체화 요인들로 환원될 수 없다 […], 하지만 그것은 어떤 의미에서 이들을 '재현'하거나 혹은 상징한다. 사실상 지각의 세계의 펼쳐진 질과 연장들 가운데서 타자는 그들의 표현 바깥에서는 실존하지 않는 가능한 세계들을 봉인하고 또 표현한다(281/360/351).

이 책의 2절에서 필자는, 여기서 들뢰즈가 후설적 개념의 '세계' 혹은 '칸트적 의미의 이념'을 되살리고 있다고 주장했다. 이는 사실이다. 하지만 이제 타자 또한 결정적인 **인식론적** 역할을 수행한다는 것이 분명해졌다. 앞서 우리는 들뢰즈에게 있어는 어떠한 재현도 그것이 생산되는 한에서만, 혹은 그것이 이념에서 시작된 발생적 계열의 한계인 한에서만 참되다는 점을 확인했다. 게다가 재현들은 오직 이념의 '본래적인' 진리와 관련하여 '파생된' 진리만을 소유한다. 타자는 본래적인 진리와 파생된 진리 사이의 연계를 유지해 주는 것이다.

발생의 요약

개념적 구조의 관점에서 『차이와 반복』을 되돌아보면 이 책의 세 가지 측면들이 눈에 띈다. 첫 번째는 이 책 전체가 서론에서 개진된 두 가지 좌표, 즉 잠재적인 주체와 자명한 주체, 초월론적 감성과 경험적 감성 사이에서 펼쳐진다는 사실이다. 『차이와 반복』은 들뢰즈의 초월론적 미학이다. 기본적인 의식이 특이성들을 관조한다. 이 의식은 특이성들을 세 가지 종합들의 계열로 데려가지만 그것은 그 자신이나 어떠한 대상을 인식할 수가 없다. 이는 곧 의식의 해체를 초래하고, 그것이 이념들을 생산할 수 있는 규정가능성의 장으로 개방되게 한다. 이념들과 더불어 의식은 감성으로 돌아갈 수가 있게 되고, 또한 오직 물질적 인상의 흐름이기만 했던 것을 규정적인 재현들로 전환할 수가 있게 된다. 이 개념적 구조는 해체된 의식과 그것의 미규정적인 대상과 더불어 시작하여 잠재성들의 무리 안에 봉인된 지각의 규정적인 대상으로 끝맺는 하나의 이야기를 들려준다.

두 번째 측면은 이 책 전체의 칸트적 구조이다. 들뢰즈와 칸트 간에는 중요한 차이들이 존재한다. 들뢰즈에서는 어떠한 직관의 형식이나 통각의 통일성도 존재하지 않으며, 들뢰즈적인 주체는 정적인 형식주의를 가로질러 분배되는 것이 아니다. 그것은 실제 경험에 고정되고 또한 그것의 발생의 조건들에 고정된다. 하지만 들뢰즈가 칸트를 발생의 관점에서 다시 쓰고 있으며 형식주의를 완전히 제거하고 있긴 해도, 칸트적인 틀 구조의 상당 부분이 들뢰즈 안에 고스란히 남아 있는 것은 사실이다. 직관의 형식은 강도의 장이 되었을지 모르고, 통각의 통일성은 우발점이 되었을지 모른다. 하지만 그렇다고 해도 강도에서 이념으로의 운동은 여전히 세 가지 종합들(세번째 종합은 실패로 끝나게 된다)에 의해 달성되고, 이념에서 다시 감성으로 돌아가는 운동은 여전히 도식을 수단으로 하여 성취된다. '칸트적인 의미의 이념' 또한 발생의 마지막 순간에 타자-구조의 형식으로 재등장한다.

마지막으로, 필자가 이 책 전체에 걸쳐 주장한 바와 같이, 또한 다른 곳에서도 개진한 바와 같이, 들뢰즈의 모든 저작들은 동일한 개념적 구조를 발전시키고 있다. 『차이와 반복』이 다른 저작들과 다른 점은 이 책이 시간성을 강조한다는 데 있다. 필자에게 있어 이 점은 이 책의 가장 눈에 띄는 측면이다. 재현에 대한 논의가 명시적으로 드러나는 저작들만 꼽아볼 때, 『의미의 논리』, 『시네마 1』, 『시네마 2』, 『자본주의와 분열증』, 그리고 『철학이란 무엇인가?』는 모두 재현의 발생을 정교하게 기술하고 있다. 이들은 모두 『차이와 반복』의 개념적 구조를 이들 저작만의 고유한 방식으로 반복하지만, 이 중 어떤 책도 주체의 초월론적인 전 생애가 시간적으로 구조화되는 방식을 상세히 보여 주고 있지는 않다.

첫 번째 종합은 현재 일반을 생산한다. 두 번째는 과거를 생산한다. 규정가능성의 형식으로서의 잠재적인 것은 미래이다. 이념들이 현실화됨에 따라 그들은 미래를 떠나 현재 혹은 현실적인 것이 된다. 재현된 대상의 형식은 첫 번째 능동적 종합 속에서 생산된다. 포착의 노력 가운데서 녹초가 되어 버리는 습성이 있는 무수한 진동들에 의해 구성되는 살아 있는 현재와는 달리, 이 재현은 제대로 정의되어 있다. 그것은 구체적인 경계들, 즉 '부분 밖의 부분'(partes extra partes)을 지니고 있다. 그것은 이행을 행하는 경험적인 현재이다. 시간 속에서 이행하는 '지금' 말이다. 하지만 그것은 망각으로 이행하지 않는다. 그것은 기억의 능동적 종합 안에 취해진다. 두 번째 능동적 종합은 이 재현에 질을 부여해 주고, 그것으로 하여금 '유사성의 법칙'을 따르게 하여 '연합의 형식들이라고 알려진 유사성과 인접성의 다양한 관계들' 하에 둔다. 타자-구조는 잠재성들의 지평 안에서 모든 대상을 지탱한다. 따라서 우리는 각각의 순간의 시간성에 의해 발생 전체를 지시할 수 있다. 각각의 순간이 또한 어떠한 종합에 속하기에, 능동적인 종합까지 포함하여 모든 종합이 시간적이라는 사실 또한 명백해진다.

4장
수용과 영향

프랑스에서의 『차이와 반복』의 수용과 영향은 이 시점에서 추적하기가 다소 어렵다. 출간 직후 『차이와 반복』은 프랑스의 가장 중요한 사상가들 몇몇에 직접적인 영향을 끼쳤다. 몇 명만 거론하자면 미셸 푸코,[1] 모리스 블랑쇼,[2] 피에르 클로소프스키,[3] 장-프랑수와 리오타르,[4] 그리고 나중에는 알랭 바디우까지 이 모두가 『차이와 반복』의 주제들을 자신들의 저서에 포함시켰다. 심지어 들뢰즈의 1967년 저작 『냉정함과 잔인함』(*Coldness and Cruelty*)[5]에 깊은 감명을 받고 들뢰즈를 자신의 학

---

1   들뢰즈와 푸코의 관계에 관한 상세한 설명으로는 존 막스(John Marks)의 『생기론과 다양체』(*Vitalism and Multiplicity*)참조.
2   블랑쇼의 초기 저작들에서는 들뢰즈의 현전이 감지되지 않지만 『무한한 대화』(*The Infinite Conversation*)(1969)(pp. 162, 214, 274)에서는 확실히 들뢰즈가 드러나 있으며 『멈추어진 걸음』(*The Step Not Beyond*)에서는 더욱더 분명히 현전하고 있다. 물론 진정한 영향은 반대 방향으로 작용했다. 즉 블랑쇼에서 들뢰즈로 말이다.
3   엘레노어 카우프만(Eleanor Kaufman)의 『칭찬의 착란』(*The Delirium of Praise*) 5장을 참조할 것.
4   리오타르는 『리비도 경제』(*Libidinal Economy*)에서 그 자신만의 방식으로 강도 개념을 전개하고 있다. 사건의 관점에서 본 리오타르와 들뢰즈 간의 흥미로운 비교를 위해서는 리사 오티(Lisa Otty)의 「아방가르드 미학: 키치, 강도, 그리고 예술작품」 "Avant-garde Aesthetics: Kitsch, Intensity, and the Work of Art"을 참조할 것.
5   들뢰즈의 사유는 확실히 라캉이 사디즘과 마조히즘에 대해 사유한 방식을 변화시켰다. 『냉정함과 잔인함』에 빈번히 큰 칭찬을 보낸 라캉은 어느 한 지점에서 이 책이 '정신분석학의 영역에 군림하는 치떨리는 우둔함'을 상쇄해 주는 평형추의 역할을 한다고 말한 바 있다. 세미나 XVI(1969년 1월 22일) p. 217 참조.

파로 데려오고자 시도했던[6] 자크 라캉(Jacques Lacan)또한 이 저서를 읽었지만 그는 『차이와 반복』에서 개진된 개념적 장치보다는 자신의 이름의 빈번한 등장에 더 크게 관심이 있었던 듯 보인다.[7] 하지만 들뢰즈와 그의 동시대 사상가들 간의 이러한 교류가 주제적인 전유의 수준 이상이었는지 아니었는지 하는 것은 말하기가 어려운 것이 사실이다. 이 모든 이론가들은 그들 나름대로 독창적인 사유가들이었으며 『차이와 반복』에 대한 그들의 논평은 바디우와 라캉의 것을 제외하고는 종종 과도한 칭찬의 수준에 머물러 있었는데, 이 칭찬은 흔히 텍스트의 암묵적인 왜곡과 더불어 해당 철학자의 의제에 부합하도록 행해졌다 (이러한 기법은 들뢰즈에게만 특유한 것은 아니었다).[8] 이는 해당 저자들 전체에 대한 고려없이 각각의 철학자들 간의 관계들의 특징과 범위를 결정하는 것을 무척이나 어렵게 만든다. 감탄 일색의 문장들과 완곡한 참조들은 프랑스 철학의 근친상간적인 본성 이외에 다른 것을 표현하기에는 충분치가 않다.

　『차이와 반복』의 영어권 세계에서의 수용은 이 텍스트의 프랑스에서

6　댄 스미스의 리뷰, 「구조의 반대쪽」 "The Inverse Side of Structure" 을 참조할 것.
7　라캉은 다음과 같이 쓰고 있다. '예를 들어, 질 들뢰즈 씨는 그의 명제들을 두 개의 기념비적인 책의 형태들로 펼쳐낸 바 있는데요, 그 중 한 책이 크게 우리의 흥미를 끕니다. 『차이와 반복』이라는 제목에서부터 그것이 제 담론과 어떤 관련성을 띠고 있다는 사실을 여러분들이 알 수 있을 거라는 생각이 드는데요, 아마도 이 점을 가장 먼저 알고 있는 이는 물론 들뢰즈 씨겠지요' (Seminar XVI [1969년 3월 12일] p. 367). 라캉은 그가 『차이와 반복』과 『의미의 논리』 모두에서 몇 차례나 언급되며, 그가 '환기된' 다수의 경우 중 들뢰즈가 라캉의 가르침으로부터 거리 두기를 시도하는 것은 단한 지점에서 뿐이라는 사실을 지적한다 (LS 360n5). 라캉은 자크 나시프(Jacque Nassif)에게 들뢰즈의 사유 중 정확히 어떤 것에 결함이 있는지를 설명하도록 한다. 예상 가능하듯이, 또한 이해 가능하듯이, 여러 번의 사과 끝에 나시프의 논평은 라캉의 편을 드는 것으로 끝난다. 이후 들뢰즈는 라캉의 세미나들에서 다시는 언급되지 않는다.
8　엘레노어 카우프만은 『칭찬의 착란』에서 이러한 새로운 종류의 '찬양적 에세이'에 관해 매우 상세히 논하고 있다.

의 직접적인 수용만큼이나 복잡하다. 이 책 자체는 1994년이 되어서야 비로소 번역되었으며, 대부분의 독자들의 관심을 끈 것은, 또한 계속해서 끌고 있는 것은 주로 들뢰즈와 가타리의 공동 저서였다. 『차이와 반복』은 대체로 배경적 저서로, 더 많은 인기가 있었던 책들을 위한 적법한 입각점 정도로만 남아 있었다. 들뢰즈의 주요 저작으로 널리 인지되었고 또한 진지한 들뢰즈주의자라면 궁극적으로 꼭 읽어야만 하는 책으로 여겨졌지만, 종종 『차이와 반복』은 스스로는 설명되지 않은 채 모든 것을 설명하는 불가해한 자료로 남아 있었다. 생성이란 무엇인가? 잠재적인 것이다. 리좀은 무엇인가? 잠재적인 것이다. 그리고 잠재적인 것을 설명해야 할 처지에 놓였을 때, 사람들은 단순히 그것이 '베르그송의 존재론적 기억'이라고 말했다.[9] 어떤 학자들도 (존 막스[John Marks], 키이스 안셀-피어슨[Keith Ansell-Pearson], 그리고 댄 스미스[Dan Smith]를 제외하고) 이 책 자체의 구조에 관여하려고 시도하지 않았다. 사실상 2001년에 와서야 비로소 토드 메이(Todd May)는 『차이와 반복』이 간과된 텍스트라고 정확하게 말할 수가 있었다.[10] 이 책이 비평가들에 의해 높은 평가를 받기 시작한 것도 최근 몇 년간의 일이며, 그러한 이유로 이 책이 1968년에 쓰였음에도 여전히 무언가 새롭고 동시대적인 느낌을 주는 것도 사실이다. 비평가들은 이 책을 두 가지 방향으로 읽는 경향이 있었다.

첫 번째는 들뢰즈의 수학적이고 과학적인 비유들의 사용을 과대평가

---

9 한때 '이론'이라고 불렸던 영역에 종사하고 있는 이들이 그려 낸 들뢰즈는 수많은 부정적인 비판을 받은 바 있다. 하지만 그것이 모두 다 나쁜 것은 아니었다. 클레어 콜브룩, 이안 부캐넌, 그리고 장-자크 르세르클(Jean-Jacques Lecercle) 만이 중요하게 예외적인 몇몇 인물들에 속한다.

10 토드 메이, 「질 들뢰즈의 존재론과 정치학」"The Ontology and Politics of Gilles Deleuze" 참조.

하는 흥미롭지만 다소 증상적인 경향이다. 이는 비평적 설명과 변명적인 설명들 모두에 대해 사실이다. 아마도 이 텍스트의 수용의 가장 모욕적인 순간은 앨런 소칼(Alan Sokal)과 장 브리크몽(Jean Bricmont)이 『지적 사기』(Fashionable Nonsense)에서 들뢰즈의 과학과 수학의 사용을 비판한 일일 것이다. 안타깝게도 이들은 여기서 니체가 **원한**(ressentiment)과 사제의 성이라는 말로 의미한 바를 그 누구보다도 가장 잘 예화하고 있다.[11] 그들은 들뢰즈가 미분법에 대한 내용을 잘못 이해했으며, 한계 개념으로 이미 해결된 잘못된, 문제들을 부활시켰다고 주장했다(마치 들뢰즈의 전-형식적 미분법으로의 회귀가 의도적인 것이 아닌 것처럼 말이다!).

소칼과 브리크몽의 텍스트가 흥미로운 것은(여기서 필자는 비판적인 뉘앙스로 '흥미롭다'고 말하고 있는 것이 아니다) 그들이 어떤 것도 이해하지 못한다는 사실을 규칙적으로 지적하고 있다는 사실 때문이다. 그들은 단순히 들뢰즈와 가타리, 들뢰즈 혹은 가타리를 인용하고는 그 인용문이 무의미하다고 단언한다. 이것이 그들 연구의 가장 중요한 점이다(우리가 이 책에 어떤 중요성을 상정할 수 있다면 말이다). 그들은 결코 과학과 수학의 남용이 행해졌다고는 결론지을 수 없고, 오직 과학과 수학이 대안적으로 사용되었다고만 비판한다. 들뢰즈의 스타일은 그들이 이 책의 처음에서부터 설정한 게임의 규칙들에 부합하지 않는다.[12] 그들이 발견하는 것은 프랑스 철학이 전적으로 다른 담론적 장 안에서 쓰인다는 사실인데, 이 장안에 소칼과 브리크몽이 주장하는 직접적인 담론은 그 자체로 본질적으로 기만적인 것으로 여겨진다.

---

11 게리 거팅(Gary Gutting)은 『유럽의 과학과 철학』(*Continental Science and Philosophy*)의 서문에서 브리크몽과 소칼에 대해 공정한 평가를 내리고 있다.
12 알랭과 브리크몽의 *Fashionable Nonsense*, pp. 9-10 참조.

하지만 우리는 소칼과 브리크몽과는 달리 우리가 들뢰즈의 텍스트를 분명하게 설명할 수 있는 관점을 소유하고 있는 척 해서는 안 된다. 『차이와 반복』의 극도의 난해함은 이 책의 비평적이고 옹호적 수용 둘 다에 있어 중요한 역할을 수행한다. 지난 50년간 들뢰즈에 대해 쓰인 최고의 저작들은 대부분이 단순히 들뢰즈를 이해하려는 끊임없는 시도로 특징지어진다. 이런 관점에서 『차이와 반복』의 수용에 있어 가장 주목할 만한 사건들 중 하나는 마누엘 데란다(Manuel DeLanda)의 2002년 저작 『강도의 과학과 잠재성의 철학』(*Intensive Science and Virtual Philosophy*)이라 할 수 있는데 이 책은 들뢰즈 연구에 있어 전적으로 새로운 연구 방향을 촉발시킨 기념비적인 저작이다. 데란다의 저작이 여전히 『차이와 반복』을 가장 명쾌하고 훌륭하게 연구해 낸 저작들 중 하나인 것은 생물학, 수학, 그리고 과학 일반에 대한 들뢰즈의 탐험을 분명하게 설명해 내는 것에 있어서도 그렇지만, 이러한 탐험들이 들뢰즈로 하여금 비-본질적인 형이상학을 깨닫도록 도움을 주는 방식을 보여 주는 데 있어서도 아무도 그보다 훌륭히 해낸 사람이 없기 때문이다.

데란다의 책에 결점이 하나 있다면, 그것은 아마 그가 과학과 수학의 언어로 들뢰즈를 완전히 '재구성' 하여 『차이와 반복』 전체가 주체성에 관한 이론이라는 사실을 간과하는 경향이 있다는 것이다. 예를 들어 데란다가 시간의 첫 번째 종합을 논의할 때, 그는 다음과 같이 쓰고 있다. '들뢰즈가 때때로 현재를 심리학적인 이론과 같이 직접적인 과거와 미래의 수축으로 제시하는 것은 사실이다. 하지만 이는 단순히 설명의 용이함을 위한 것일 뿐 그의 이론에 근본적인 것은 아니다.'[13] 이는 명백

---

13   DeLanda, *Intensive Science and Virtual Philosophy*, p. 110.

하게 단순히 설명의 용이함을 위한 것이 아닌데, 그 이유는 들뢰즈는 결코 '진동자'나 과거와 미래의 종합에 대해 말하지 않기 때문이다 (그가 논하는 것은 오히려 현재를 생산하는 불연속적인 물질의 종합인데, 과거와 미래를 구성하는 시간적 구조를 지니는 것이 바로 이 생산된 현재이다). 데란다는 결코 이 점에서 단순히 재구성만 하고 있는 것이 아니다. 그는 자신의 재구성을 이용하여 들뢰즈의 텍스트들에 대한 보다 일관적인 해석을 기각하고 있다. 종합은 그것이 수동적이고 초월론적인 자아의 외부에서 발생한다면 전혀 말이 되지 않는다. 결과적으로 들뢰즈를 계속해서 과학과 수학에 적법한 담론으로 편입하려는 데란다의 시도는 그로 하여금 들뢰즈의 사유의 가장 근본적인 차원을 간과하게 할 뿐 아니라 들뢰즈의 존재론을 '현실주의적인 존재론'으로 변경시켜 그를 다시금 프랑스 철학이 막 극복한 그릇된 대안(정신이냐 물질이냐)으로 데려간다(4-5).

『차이와 반복』의 수용에 있어서의 두 번째 경향은 보다 전통적으로 철학적이고 종종 존재론적인 차원들을 강조하는 경향이다. 앞서 필자가 주장했듯이, 이러한 작업의 대부분은 이 텍스트를 단순히 이해하려는 시도에 머물러 있다. 초창기에 이러한 시도는 한편으로는 들뢰즈의 사유의 현상학적 차원들에 대한 레오나드 롤러(Leonard Lawlor)와 제프 벨(Jeff Bell)의 작업, 그리고 다른 한편으로는 들뢰즈의 생기론을 강조하는 존 막스와 키이스 안셀-피어슨의 작업으로 나뉘어 있었다. 댄 스미스의 경우는 현상학에서 생기론, 생물학과 수학, 그리고 존재론에까지 그가 건드리지 않는 지점이 없다는 점에서 독특하다고 할 수 있다. 만약『차이와 반복』에서 무언가 특히 혼란스러운 점이 있다면, 아마도 댄 스미스가 이미 그에 대해 글을 썼을 뿐 아니라 명쾌하고도 설득력 있게 써 놓았을 가능성이 높다. 보다 최근에는 리바이 브라이언트

(Levi Bryant)가 『차이와 반복』의 다소 어려운 여러 측면들을 명쾌하게 풀어 낸 훌륭한 연구서를 출간한 바 있다.[14]

보다 흥미로운 최근의 경향들 중 하나는 들뢰즈를 독일 관념론과의 관련하에 두려는 경향이다. 이 책에서 필자는 들뢰즈의 칸트주의를 강조했지만, 들뢰즈의 칸트 독해는 노발리스, 마이몬, 셸링과 헤겔에 대한 그의 독해들로 인해 매우 다채로워진다.[15] 들뢰즈는 그의 가장 특징적인 개념들 중 두 개, 즉 발생적 점이나 원리가 스스로를 알게 되는 과정으로서의 체계라는 개념 그리고 그 체계의 구조를 유지하면서도 그 체계의 소통을 가능하게 하는 기술적 어휘를 끊임없이 허물고 변경하는 철학적인 스타일이라는 개념 두 개를 피히테로부터 취한다. 들뢰즈의 관념론적 뿌리를 강조하는 이러한 경향은 앞으로 들뢰즈의 사유에 대한 가장 유용한 비평이 될 것임에 틀림없다.

『차이와 반복』의 수용에 있어 가장 중요하고 강력한 비평적 순간이 두 번 있었는데, 이는 들뢰즈에게 보다 우호적인 독자들로 하여금 들뢰즈 연구에서 가장 잘 확립된 공통의 견해들을 수정하게 했다. 알랭 바디우와 피터 홀워드는 둘 다 『차이와 반복』에 대한 거의 동일한 비난을 행했다. 바디우는 들뢰즈의 철학이 일자의 갱신된 형이상학을 구성한다는 유명한 주장을 펼치면서 세 가지 점을 중심으로 들뢰즈를 독해했다. '1. 들뢰즈의 철학은 일자의 형이상학을 중심으로 구성된다. 2. 이는 무소유와 금욕주의를 요구하는 사유의 윤리학을 제안한다. 3. 이 철학은 체계적이며 추상적이다.'[16] 하지만 아마도 가장 중요한 점은 여기

14　브라이언트의 『차이와 소여』는 인식능력 이론에 대한 확장된 연구로서, 타자-구조에 관한 훌륭한 장으로 끝을 맺는다.

15　줄리에트 시몽, 사이먼 더피, 이에인 해밀턴 그랜트(Iain Hamilton Grant) 및 알베르토 토스카노를 참조할 것.

16　Badiou, *Deleuze*, p. 17.

거론되어 있지 않은 네 번째 점일 것이다. 즉 바디우에게 잠재적인 것
은 세계에 내재적인 것이 아니라 초월적인 것이다.[17] 피터 홀워드도 동
일한 주장을 펼쳤는데, 그는 잠재적인 것이 낡은 신학의 부활이며 그것
이 일의적으로 창조하는 존재들에 초월적인 것으로 남아 있게 된다고
주장했다.

　　홀워드와 바디우는 명백히 들뢰즈를 이해하려는 시도의 맥락에서 이
야기하고 있는 것이 아니다. 각각은, 그들이 생각하기에 들뢰즈가 충족
시켜줄 수 없는 독립된 안건을 지니고 있다. 피터 홀워드는 세계와 관
여하고 세계를 변형하는 실천적인 철학을 발전시키는 과정 중에 있는
데, 그에게 있어 들뢰즈의 기획은 우리로 하여금 오직 끊임없이 세계를
벗어나게만 한다. 다른 한편 바디우는 이 세기의 가장 흥미롭고 도발적
인 존재론들 중의 하나를 창조하고 있는데, 그는 그가 자신의 기획의
관점에서 들뢰즈를 독해하고 있다는 사실을 결코 숨기지 않는다. 따라
서 그는 자신의 비평가들에게 다음과 같이 정당하게 이야기한다.

> 비록 [그들이] 들뢰즈에 대한 나의 주장이 내 책 『존재와 사건』의 주제들
> 에 합치된다는 사실을 보여 주려고 한다 해도 (이는 그들이 물려받은 자유
> 간접화법의 이론으로 행해져야 한다), 적어도 들뢰즈 자신이 시도했듯이,
> 이 책의 특이성을 요약하는 것은 여전히 필수적인 일이다.[18]

홀워드 혹은 바디우의 독해에 대한 실제적 연구는 그들의 독립된 기획
들의 수준에서 행해져야만 한다.

　　마지막으로 이들의 독해가 자신들의 기획들과의 관련하에 이해되어

17　바디우의 『들뢰즈』 4장을 참조할 것.
18　Badiou, *Theoretical Writings*, p. 68.

야 한다 해도, 홀워드와 바디우는 둘 다 그들의 작업을 들뢰즈에 대한 독해로서 제기했기에, 어느 정도로는 이러한 관점에서 그들을 평가할 수 있는 것이 사실이다. 단순히 필자는 『차이와 반복』에 대한 필자의 독해가 허용하는 한에서 그들의 작업과 관련된 두 가지 점만을 강조하고자 한다. 홀워드와 바디우는 둘 다 그들이 두 가지 점들을 간과한다는 조건하에서만 들뢰즈에 대한 해석을 개진시킬 수가 있다. 먼저, 이 둘은 모두 잠재적인 것과 강도를 능동적으로 융합하는 반면, 들뢰즈는 매우 명백하게, 그리고 신중하게 이 둘을 구별한다. 둘째로, 홀워드나 바디우 중 그 누구도 잠재적인 것이 세 가지 수동적인 종합들에 의해 생산된다는 사실을 눈치채지 못한다. 홀워드는 잠재적인 것이 생산된다는 들뢰즈의 반복된 주장을 지적하지만, 들뢰즈를 따라 이러한 생산에서의 세 가지 종합들의 역할에 대한 상세한 기술로 나아가는 대신, 기이하게도 들뢰즈가 이 과정을 **모호하게** 만들기 위해 그가 할 수 있는 모든 것을 한다고 주장하고는 대신 잠재적인 것의 발생을 다른 곳, 즉 『앙티-오이디푸스』에서 발견한다.[19] 이러한 두 가지 간과점들이 들뢰즈의 존재론과 들뢰즈의 정치학의 핵심을 관통하고 있기에, 여기서 우리는 홀워드와 바디우가 실제로 들뢰즈를 극복할 수 있었는지, 혹은 처음부터 그럴 필요가 있는 것인지 의문이 든다.

아무도 아직까지는 들뢰즈의 존재론의 핵심에 도달하지 못한 것이 사실이지만, 『차이와 반복』이 처음부터 정치적인 참여를 배제하는 철학적인 사유의 선을 개진하고 있다는 생각은 하트와 네그리[20]에서부터 폴 패튼[21]에 이르기까지 수많은 이들에 의해 설득력 있게 논박되었다.

---

19 Peter Hallward, *Out of This World*, pp. 43-4.

20 Michael Hardt and Antonio Negri, *Empire*, pp. 206 참조.

21 폴 패튼의 『들뢰즈와 정치』(*Deleuze and the Political*) 참조.

특히 이안 부캐넌(Ian Buchanan)은 그의 아주 초기 저작에서부터 들뢰즈의 사유에 매우 심오한 유토피아적인 차원이 존재한다는 사실을 끊임없이 강조한 바 있다. 그가 『앙티-오이디푸스』에 대해 하는 말은 『차이와 반복』에도 적용될 수 있을지 모른다. 그것은 '엄격한 의미에서 유토피아적인 책이다. 즉 그것은 환상적인 용어로 다른 세계를 기술함으로써가 아니라 이 세계를 벗어나는 방식을 보여 줌으로써 다른 세계에 대한 청사진을 제공한다. 그리고 이는 가치 있지만 **불완전한** 기획으로 남아 있다.'[22]

정치적, 비평적, 존재론적인 모든 전선에서 『차이와 반복』의 수용은 이 책의 난해함에 의해 정의된다. 엘렌 식수(Hélène Cixous)의 『중성』 (Neutre)에 대한 논평에서, 들뢰즈는 그녀를 '대단히 난해한 작가'라고 규정한 후 식수의 진정한 독착성을 발견하기 위해서 우리는 '우리 자신을 그녀 자신이 발견한 관점에 위치시켜야 하는데, 이때서야 비로소 이 책은 읽기가 쉬워지고 독자를 인도해 주게 될 것이다' (DI 230)라고 말하고 있다. 우리는 여전히 이러한 관점을 받아들이면서도 한편으로는 들뢰즈가 읽기 쉬워질 수 있을지에 대해 아마도 약간은 회의적으로 남아 있다.

---

22 Buchanan, *Deleuze and Guattari's Anti-Oedipus*, p. 139, 필자의 강조.

더 읽어야 할 책들

Ansell-Pearson. *Germinal Life: The Difference and Repetition of Deleuze*. New York: Routledge, 1999.

Badiou, Alain. *Being and Event*. Trans. Oliver Feltham. New York: Continuum, 2006.

_____. *Deleuze: The Clamor of Being*. Trans. Louise Burchill. Minneapolis, MN: University of Minnesota Press, 1999.

_____. *Theoretical Writings*. Trans. and ed. Ray Brassier and Alberto Toscano. New York: Continuum, 2004.

Bataille, Georges. *Visions of Excess: Selected Writings, 1927–1939*. Trans. Allan Stoekl. Minneapolis, MN: University of Minnesota Press, 1985.

Baugh, Bruce. *French Hegel: From Surrealism to Postmodernism*. New York: Routledge, 2003.

Beistegui, Miguel de. *Truth and Genesis*. Bloomington, IN: Indiana University Press, 2004.

Bell, Jeffery A. *Philosophy at the Edge of Chaos: Gilles Deleuze and the Philosophy of Difference*. Toronto: University of Toronto Press, 2006.

_____. *The Problem of Difference: Phenomenology and Poststructuralism*. Toronto: University of Toronto Press, 1998.

Bergson, Henri. *Creative Evolution*. Trans. Arthur Mitchell. Mineola, NY:

Dover Publications, 1998.

_____. *Matter and Memory*. Trans. N. M. Paul and W. S. Palmer. New York: Zone Books, 1991.

Blanchot, Maurice. *The Book to Come*. Trans. Charlotte Mandell. Stanford, CA: Stanford University Press, 2003.

_____. *Friendship*. Trans. Elizabeth Rottenberg. Stanford, CA: Stanford University Press.

_____. *The Infinite Conversation*. Trans. Susan Hanson. Minneapolis, MN: University of Minnesota Press, 1993.

_____. *The Space of Literature*. Trans. Ann Smock. Lincoln, NE: University of Nebraska Press, 1982.

_____. *The Step Not Beyond*. Trans. Lycette Nelson. Albany, NY: SUNY Press, 1992.

Bogue, Ronald. "The Betrayal of God". In *Deleuze and Religion*. Ed. Mary Bryden. London: Routledge, 2001.

Bryant, Levi. *Difference and Giveness: Deleuze's Transcendental Empiricism and the Ontology of Immanence*. Evanston, IL: Northwestern University Press, 2008.

Buchanan, Ian. *Deleuze and Guattari's* Anti-Oedipus: *A Reader's Guide*. London: Continuum, 2008.

_____. *Deleuzism: A Metacommentary*. Edinburgh: Edinburgh University Press, 2000.

Caputo, John. *Radical Hermeneutics: Repetition, Deconstruction, and the Hermeneutic Project*. Bloomington, IN: Indiana University Press, 1987.

Colebrook, Claire. *Gilles Deleuze*. New York: Routledge, 2002.

_____. *Philosophy and Post−Structuralist Theory: From Kant to Deleuze*. Edinburgh: Edinburgh University Press, 2005.

DeLanda, Manuel. *Intensive Science and Virtual Philosophy*. London: Continuum, 2002.

Deleuze, Gilles. *Bergsonism*. Trans. Hugh Tomlinson and Barbara Habberjam. New York: Zone Books, 1991. (*Le Bergsonisme*. Paris: PUF, 1966).

_____. *Cinema 1: The Movement−Image*. Trans. Hugh Tomlinson and Barbara Habberjam. Minneapolis, MN: University of Minnesota Press, 1986 [1983].

_____. *Cinema 2: The Time−Image*. Trans. Hugh Tomlinson and Robert Galeta. Minneapolis, MN: University of Minnesota Press, 1989 [1985].

_____. *Desert Islands and Other Texts 1953−1974*. Trans. Michael Taormina. Ed. David Lapoujade. New York: Semiotext(e), 2004 [2002].

_____. *Difference and Repetition*. Trans. Paul Patton. New York: Columbia University Press, 1994. (*Différence et repetition*. Paris: PUF, 2003) [1968].

_____. *Empiricism and Subjectivity: An Essay on Hume's Theory of Human Nature*. Tans. Constantin Boundas. New York: Columbia University Press, 1991 [1953].

_____. *Essays Critical and Clinical*. Trans. Daniel W. Smith and Michael A. Greco. London: Verso, 1998 [1993].

_____. *Expressionism in Philosophy: Spinoza*. Trans. Martin Joughin. New York: Zone Books, 1990 [1968].

_____. *The Fold: Leibniz and the Baroque*. Trans. Tom Conley. Minneapolis, MN: University of Minnesota Press, 1993 [1988].

_____. *Foucault*. Trans. Seán Hand. Minneapolis, MN: University of Minnesota Press, 2000 [1986].

_____. *Kant's Critical Philosophy: The Doctrine of the Faculties*. Trans. Hugh Tomlinson and Barbara Habberjam. Minneapolis, MN: University of Minnesota Press, 1984 [1963].

_____. *The Logic of Sense*. Trans. Mark Lester with Charles Stivale. Ed. Constantin V. Boundas. New York: Columbia University Press, 1990 [1969].

_____. *Masochism: Coldness and Cruelty*. Tans. Jean McNeil. New York: Zone Books, 1991 [1967].

_____. *Nietzsche and Philosophy*. Trans. Hugh Tomlinson. New York: Columbia University Press, 1986 [1962].

_____. "Pericles and Verdi: The Philosophy of François Châtelet". In *Dialogues II*. Trans. Joe Hughes. New York: Columbia University Press, 2007.

_____. *Proust & Signs*. Trans. RichardHoward. Minneapolis, MN: University of Minnesota Press, 2000 [1964].

_____. *Seminars*. www.webdeleuze.com/php/sommaire.html [last accessed on 10 Sept. 2008].

Descartes, René. *Mediations*. In *Selected Philosophical Writings*. Trans. John Cottingham and Robert Stoothoff. New York: Cambridge University Press: 1988.

_____. *Objections and Replies*. In *Selected Philosophical Writings*. Trans. John Cottingham and Robert Stoothoff. New York: Cambridge University Press: 1988.

_____. *Principles of Philosophy*. In *Selected Philosophical Writings*. Trans. John Cottingham and Robert Stoothoff. New York: Cambridge University Press: 1988.

Duffy, Simon. *The Logic of Expression: Quality, Quantity and Intensity in Spinoza, Hegel and Deleuze*. Burlington, VT: Ashgate, 2006.

During, Elie. "A History of Problems": Bergson and the French Epistemological Tradition". *Journal of the British Society for Phenomenology* 35.1 (2004).

Fink, Eugen. "The Phenomenological Philosophy of Edmund Husserl and Contemporary Criticism." In *The Phenomenology of Husserl: Selected Critical Readings*. Trans. R. O. Elveton. Ed. R. O. Elveton. Chicago: Quadrangle Books, 1970.

Foucault, Michel. "Theatrum Philosophicum". Trans. Donald F. Bouchard and Sherry Simon. *Language, Counter-Memory, Practice: Selected Essays and Interviews*. Ed. Donald F. Bouchard. Ithaca, NY: Cornell University Press, 1977.

Frege, G. *The Frege Reader*. Ed. Michael Beaney. Malden, MA: Blackwell Publishing, 1997.

Genette, Gérard. *Narrative Discourse: An Essay in Method*. Trans. Jane E. Lewin. Ithaca, NY: Cornell University Press, 1980.

Gill, Mary Louise. "Individuals and Individuation in Aristotle". In *Unity, Identity, and Explanation in Aristotle's Metaphysics*. Ed Scaltsas et al. New York: Oxford University Press, 2001.

Grant, Iain Hamilton. *Philosophies of Nature After Schelling*. London: Continuum, 2006.

_____. "Philosophy Become Genetic:" The Physics of the World Soul". In *The New Schelling*. Ed. Judith Norman and Alistair Welchman. New York: Continuum, 2004.

Gutting, Gary. "Introduction". *The Continental Philosophy of Science*. Oxford: Blackwell Publishing, 2005.

Hallward, Peter. *Absolutely Postcolonial: Writing between the Singular and the Specific*. New York, Palgrave, 2001.

_____. *Out of this World: Deleuze and the Philosophy of Creation*. New York: Verso, 2006.

Hansen, Mark "Becoming as Creative Involution?: Contextualizing Deleuze and Guattari' s Biophilosophy". *Postmodern Culture* 11.1 (2000).

Hardt, Michael and Antonio Negri. *Empire*. Cambridge, MA: Harvard University Press, 2000.

Hegel, G. W. F. *Hegel's Science of Logic*. Trans. A. V. Miller. New York: Humanity Books. 1969.

Heidegger, Martin. *Being and Time*. Trans. Joan Stambaugh. Albany, NY: SUNY Press, 1996.

_____. *History of the Concept of Time: Prolegomena*. Trans. Theodore Kisiel. Bloomington, IN: Indiana University Press, 1985.

_____. *Kant and the Problem of Metaphysics*. Trans. Richard Taft. Bloomington, IN: Indiana University Press, 1997.

_____. *Phenomenological Interpretation of Kant's* Critique of Pure Reason. Trans. Parvis Emad and Kenneth Maly. Bloomington, IN: Indiana University Press, 1997.

_____. *What is Called Thinking?* Trans. J. Glenn Gray and Fred Wieck, New

York: Perennial, 2004.

Hölderlin, Friedrich. *Essays and Letters on Theory*. Trans. Thomas Pfau. Albany, NY: SUNY Press, 1988.

Husserl, Edmund. *Analyses Concerning Passive and Active Syntheses: Lectures on Transcendental Logic*. Trans. Anthony Steinbock. Dordrecht: Kluwer Academic Publishers, 2001.

_____. *Cartesian Meditations: An Introduction to Phenomenology*. Trans. Dorion Cairns. The Hague: Martinus Nijhoff, 1977.

_____. *Experience and Judgment: Investigations in a Genealogy of Logic*. Ed. Ludwig Landgrebe. Trans. James E. Churchill and Karl Ameriks. Evanston IL.: Northwestern University Press, 1973.

_____. *The Idea of Phenomenology*. Trans. William P. Alston and George Nakhnikian. The Hague: Martinus Nijhoff, 1964.

_____. *Ideas I*. Trans. F. Kersten. Dordrecht: Kluwer Academic Publishers, 1998.

Hyppolite, Jean. *Genesis and Structure of Hegel's Phenomenology of Spirit*. Trans. Samuel Cherniak and John Heckman. Evanston, IL: Northwestern University Press, 1974.

_____. *Logic and Existence*. Trans. Leonard Lawlor and Amit Sen. Albany, NY: SUNY Press, 1997.

Joyce, James. *Ulysses*. New York: Oxford University Press, 1998.

Kant, Immanuel. *Critique of Pure Reason*. Trans. Guyer and Wood. New York: Cambridge University Press, 1998.

_____. *Prolegomena to Any Future Metaphysics*. Trans. Peter G. Lucas and Günter Zöller. Oxford: Oxford University Press, 2004.

Kaufman, Eleanor. *The Delirium of Praise: Bataille, Blanchot, Deleuze, Foucault, Klossowski*. Baltimore, MD: Johns Hopkins University Press, 2001.

Kierkegaard, Soren. *Fear and Trembling and Repetition*. Trans. Howard V. Hong and Edna H. Hong. Princeton, NJ: Princeton University Press, 1983.

Klossowski, Pierre. *Nietzsche and the Vicious Circle*. Trans. Daniel W. Smith. London: Continuum, 2005.

_____. "Nietzsche, Polytheism, and Parody". In *Such a Deathly Desire*. Trans. Russell Ford. Albany, NY: SUNY Press, 2007.

Lacan, Jacques. *Séminaires de Lacan*. http://gaogoa.free.fr/SeminaireS.htm. [last accessed on 10 Sept. 2008].

Lawlor, Leonard. *Thinking Through French Philosophy: The Being of the Question*. Bloomington, IN: Indiana University Press, 2003.

Lecercle, J.J. *Deleuze and Language*. Basingstroke: Palgrave Macmillan, 2002.

Leibniz, Gottfried Wilhelm. Discourse on Metaphysics. In *Philosophical Papers and Letters*. Trans. and ed. Leroy E. Loemker. Dordrecht, Holland: D. Reidel Publishing Company, 1969.

_____. *New Essays Concerning Human Understanding*. Trans. Peter Remnant and Jonathan Bennett. New York: Cambridge University Press, 1996.

_____. *Philosophical Papers and Letters*. Trans. ed. Leroy E. Loemker. Dordrect, Holland: D. Reidel Publishing Company, 1969.

_____. *Philosophical Writings*. Trans. Mary Morris and G. H. R. Parkinson. London: Everyman, 1995.

_____. *Principles of Nature* and *Grace*. In *Philosophical Writings*. Trans. Mary

Morris and G. H. R. Parkinson. London: Everyman, 1995.

Levinas, Emmanuel. *The Theory of Intuition in Husserl's Phenomenology*. Trans. André Orianne. Evanston, IL: Northwestern University Press, 1995.

Longuenesse, Béatrice. *Kant and the Capacity to Judge: Sensibility and Discursivity in the Transcendental Analytic of the Critique of Pure Reason*. Trans. Charles T. Wolff. Princeton, NJ: Princeton University Press, 1998.

Lyotard, Jean François. *Libidinal Economy*. Trans. Iain Hamilton Grant. Bloomington, IN: Indiana University Press, 1993.

_____. *Phenomenology*. Trans. Brian Beakley. Albany, NY: SUNY Press, 1991.

Makkreel, Rudolph A. *Imagination and Interpretation in Kant: The Hermeneutic Import of the Critique of Judgment*. Chicago, IL: The University of Chicago Press, 1990.

Malabou, Catherine. "Who's Afraid of Hegelian Wolves?" *In Deleuze: A Critical Reader*. Ed. Paul Patton. Oxford: Blackwell Publishers, 1996.

Marks, John. *Gilles Deleuze: Vitalism and Multiplicity*. London: Pluto Press, 1998.

Marrati, Paola. "Against the Doxa: Politics of Immanence and Becoming–Minoritarian". In *Micropolitics of Media Culture: Reading the Rhizomes of Deleuze and Guattari*. Ed. Patricia Pisters. Amsterdam: Amsterdam University Press, 2001.

May, Todd. *Between Genealogy and Epistemology: Psychology, Politics, and Knowledge in the Thought of Michel Foucault*. University Park, PA:

Pennsylvania State University Press, 1993.

_____. "The Ontology and Politics of Gilles Deleuze" *Theory & Event* 5.3 (2001).

Merleau-Ponty, Maurice. "Everywhere and Nowhere". In *Signs*. Trans. Richard McCleary. Evanston, IL: Northwestern University Press, 1964

_____. *Phenomenology of Perception*. Trans. Colin Smith. London: Routledge, 2005.

_____. *The Structure of Behavior*. Trans. Alden L. Fisher. Pittsburgh, PA: Duquesne University Press, 2006.

Nietzsche, Friedrich. *Thus Spoke Zarathustra*. Trans. R.J. Hollingdale. New York: Penguin Books, 1969.

_____. *Twilight of the Idols and The Anti-Christ*. Trans. R.J. Hollingdale. New York: Penguin, 1990.

Otty, Lisa. "Avant-garde Aesthetics: Kitsch, Intensity and The Work of Art." *Litteraria Pragensia* 16.32 (2006), pp. 36-58.

Patton, Paul. *Deleuze and the Political*. New York: Routledge, 2000.

Pisters, Patricia. *The Matrix of Visual Culture: Working with Deleuze in Film Theory*. Stanford, CA: Stanford University Press, 2003.

Porphyry. *Introduction*. Trans. Jonathan Barnes. Oxford: Oxford University Press, 2003.

Poulet, Georges. "Maurice Blanchot as Novelist." *Yale French Studies*, No. 8, What's Novel in The Novel. (1951), pp. 77-81.

Protevi, John. Hallward Review.

Ricoeur, Paul. *Freud and Philosophy: An Essay on Interpretation*. Trans. Denis Savage. New Haven, CT: Yale University Press, 1970.

_____. *Husserl: An Analysis of His Phenomenology*. Trans. Edward G. Ballard and Lester E. Embree. Evanston, IL: Northwestern University Press, 1967.

_____. *A Key to Edmund Husserl's Ideas I*. Trans. Bond Harris and J. B. Spurlock. Milwaukee, WI: Marquette University Press, 1996.

Sartre, Jean-Paul. *The Transcendence of the Ego: An Existentialist Theory of Consciousness*. Trans. Forrest Williams and Robert Kirkpatrick. New York: Hill and Wang, 1960.

Simont, Juliette. *Essai sur la quantité, la qualité, la relation chez Kant, Hegel, Deleuze: Les 'fleurs noires' de la logique philosophique*. Paris, L'Harmattan, 1997

Smith, Daniel W. "Axiomatics and Problematics as Two Modes of Formalization: Deleuze's Epistemology of Mathematics." *Virtual Mathematics*. Ed. Simon Duffy. Manchester: Clinamen Press, 2006.

_____. "Deleuze, Kant, and the Theory of Immanent Ideas." *Deleuze and Philosophy*. Ed. Constantin V. Boundas. Edinburgh: Edinburgh University Press, 2006.

_____. "Deleuze on Leibniz: Difference, Continuity, and the Calculus". In *Current Continental Theory and Modern Philosophy*. Ed. Stephen H. Daniel. Evanston, IL: Northwestern University Press, 2005.

_____. "Deleuze's Theory of Sensation: Overcoming the Kantian Duality". In *Deleuze: A Critical Reader*. Ed. Paul Patton. Oxford: Blackwell Publishing, 1996.

_____. "The Doctrine of Univocity: Deleuze's Ontology of Immanence". In *Deleuze and Religion*. Ed. Mary Bryden. London: Routledge, 2001.

_____. "The Inverse Side of the Structure: Žižek on Deleuze on Lacan." *Criticism* 46.4 (2004): 635–650.

_____. "Knowledge of Pure Events: A Note on Deleuze's Analytic of Concepts". *Ereignis auf Französisch: von Bergson bis Deleuze*. Ed. Marc Rölli. Munich: Wilhelm Fink Verlag, 2004.

Sokal, Alan and Jean Bricmont. *Fashionable Nonsense: Postmodern Intellectuals' Abuse of Science*. New York: Picador, 1998.

Toscano, Alberto. "Philosophy and the Experience of Construction". In *The New Schelling*. Ed. Judith Norman and Alistair Welchman. New York: Continuum, 2004.

_____. *The Theatre of Production: Philosophy and Individuation between Kant and Deleuze*. New York: Palgrave Macmillan, 2006.

Wahl, Jean. "Notes on Some Empiricist Aspects in the Thought of Husserl." In *Apriori and World: European Contributions to Husserlian Phenomenology*. The Hague: Martinus Nijhoff, 1981.

Welton, Donn. *The Origins of Meaning: A Critical Study of the Thresholds of Husserlian Phenomenology*. The Hague: Martinus Nijhoff, 1983.

찾아보기

|ㄴ|

네그리(A. Negri) 305
노발리스(Novalis) 303
니체(F. Nietzsche) 23–24, 45–46,
    53–54, 70, 114–121, 256, 300

|ㄷ|

더피(S. Duffy) 239
데란다(M. DeLanda) 301–302
데리다(J. Derrida) 207
데카르트(R. Descartes) 46, 105–106,
    124–128, 204, 230
둔스 스코투스(Duns Scotus) 86,
    101, 113, 119, 121

|ㄹ|

라이프니츠(G. W. Leibniz) 74–90,
    110, 156, 178
라캉(J. Lacan) 46, 156, 298
란트그레베(L. Landgrebe) 30
레비나스(E. Levinas) 101, 156
롤러(L. Lawlor) 92, 302
리오타르(J-F. Lyotard) 129, 297
리쾨르(P. Ricoeur) 29–38, 156

|ㅁ|

마이몬(S. Maiman) 28, 303
막스(J. Marks) 299, 302
말라르메(S. Mallarmé) 46
메를로-퐁티(M. Merleau-ponty)
    37, 127, 130, 156, 178, 194–196
메이(T. May) 299

|ㅂ|

바디우(A. Badiou) 45, 100–102,
    253, 297–298, 303–305
바타이유(G. Bataille) 34
발(J. Wahl) 30
베르그송(H. Bergson) 34, 39, 128,
    192–195
벨(J. Bell) 82, 84, 302
보프레(J. Beaufret) 209
부캐넌(I. Buchanan) 306
브라이언트(L. Bryant) 134, 190, 302
브릭몽(J. Bricmont) 300–301
블랑쇼(M. Blanchot) 51, 119–120,
    230–231, 297

|ㅅ|
사르트르(J-P. Sartre) 34
셸링(Schelling) 303
소칼(A. Sokal) 300-301
스미스(D. Smith) 73, 106, 144, 222, 302
스피노자(B. Spinoza) 43, 101, 112-114, 120-121
식수(H. Cixous) 306

|ㅇ|
아르토(A. Artaud) 135, 137, 231
아리스토텔레스(Aristotle) 71, 81-90, 103-104, 261
안셀-피어슨(K. Ansell-pearson) 299, 302
웰턴(D. Welton) 29
이뽈리뜨(J. Hyppolite) 65-71, 91-99

|ㅈ|
제임스(W. James) 39, 142
조이스(J. Joyce) 42-43
주네트(G. Genette) 42

|ㅋ|
카우프만(E. Kaufman) 297-298
칸트(I. Kant) 24-28, 69, 71, 120, 128, 157-162, 198, 200-212, 250-258, 282-293
콜브룩(C. Colebrook) 50
클로소프스키(P. Klossowski) 50-51, 116-119, 213, 297
키르케고르(S. Kierkegaard) 53-54, 70-72, 155

|ㅌ|
타르드(G. Tarde) 72, 155

|ㅍ|
포르피리우스(Porphyry) 82-83
푸코(M. Foucault) 45, 101, 297
풀레(G. Poulet) 230
프레게(G. Frege) 146-150
프로이트(S. Freud) 46, 156
프로테비(J. Protevi) 246
프루스트(M. proust) 45, 101, 134-142, 192
플라톤(Plato) 71, 81, 139-142, 180
피히테(J. G. Fichte) 28, 128, 303

|ㅎ|
하이데거(M. Heidegger) 37, 47-50, 105, 116, 156-157, 169-198, 216
하트(M. Hardt) 305
헤겔(G. H. F. Hegel) 53-54, 65-73, 81, 90-101, 156, 259-303
홀워드(P. Hallward) 246, 303-305
횔덜린(F. Hölderlin) 209-210
후설(E. Husserl) 21-40, 48-49, 100, 127-136, 149-153, 157-161, 237-238
흄(D. Hume) 45-46, 156